별난 기업으로
지역을 살린
아르들렌 사람들

Moutons rebelles
– Ardelaine, la fibre devéloppement local

다르게 일하기, 다르게 기업하기를 실현한
노동자협동조합 이야기

별난 기업으로
지역을 살린

아르들렌
사람들

베아트리스 바라스 지음 | 신재민·문수혜·전광철 옮김

COOPERATIVE
착한책가게

프랑스

오베르뉴론알프스
(레지옹)

아르데슈
(데파르트망)

발랑스(코뮌)

● 생피에르르빌(코뮌)

● 발레방(코뮌)

● 비엘오동(코뮌)

| 일러두기 |

1. 프랑스의 행정구역은 레지옹(Région, 18개)―데파르트망(Département, 101개)―코뮌(Commune, 35,357개)의 3단계로 이루어져 있다. 다른 체계와 비교하자면, 레지옹은 주(州), 데파르트망은 도(道), 코뮌은 시·군(市·郡) 정도가 된다. 이 책에서 행정구역과 관련하여 기관명과 단체장 등을 일컬을 때는 이해를 돕기 위하여 레지옹의 경우 '주정부/주지사/주의회/주의회 의장', 데파르트망은 '도청/도지사/도의회/도의회 의장', 코뮌은 '시청/시장/시의회/시의회 의장'으로 표현하였다.
또한 캉통(Canton)은 데파르트망을 세분화한 행정구역으로, 데파르트망 의회(도의회) 의원(도의원)을 선출하는 선거구 역할을 한다.

2. 현재 프랑스에서 사용하는 유로화는 2002년 1월 1일부터 정식 통용됐다. 유로화가 쓰이기 전까지 프랑스는 프랑을 사용했다. 아르들렌은 1972년부터 설립 준비를 시작해 현재까지 활동하고 있기에 프랑과 유로를 모두 사용했으나, 이 책에서는 독자 편의를 위해 구 화폐 단위인 프랑을 유로로 환산하여 유로로만 표기한다.

　이 책은 일하는사람들의협동조합(워커쿱)연합회 구성원들의 협력으로 출간되었습니다. 여러 사람의 협력으로 만들어진 이 책이 협동조합을 통해 세상의 변화를 꿈꾸는 많은 이들에게 영감을 주고 그 꿈을 지피고 결실을 맺어나가는 데 도움이 되기를 바랍니다. 또한 협동조합 간의 협동, 연대협력이 멀리 있지 않고 협동조합이 지닌 재능만큼 다양할 뿐 아니라 작은 실천으로 이루어질 수 있음을 확인하는 소중한 사례로 기억되기를 바랍니다.

　신재민 국제협력위원은 국제제조·서비스·노동자협동조합연맹(시코파, CICOPA)에 파견되어 지내는 동안 좋은 도서를 찾고 소개하는 부담을 마다하지 않았고, 협동조합 착한책가게 이성숙 이사는 완성도 높은 책을 만드느라 시종일관 긴장을 놓지 않고 몰입해주었습니다. 번역협동조합의 최재직 사무국장과 번역을 맡아준 조합원, 그리고 서울디지털인쇄협동조합 박성진 사무국장은 조합의 자원과 역량을 다해 번역과 인쇄에 매진해주었고, 워커쿱연합회

이선화 사무국장은 출판 프로젝트가 성공적으로 이루어지도록 꼼꼼하게 진행을 챙기는 등 사무지원에 노고가 많았습니다. 이 외에도 적지 않은 분들이 크고 작은 지원과 협조를 해주었습니다. 책이 발간되기까지 수고하신 모든 분들에게 감사의 마음을 전합니다.

우리 협동조합의 미래는 20세기에 웅장하게 형성된 선진 협동조합을 그대로 따르는 모습이라기보다는 21세기 우리 사회를 기반으로 새롭게 구성되는 개성적인 모습일 것입니다.

아르들렌 협동조합 이야기는 늦깎이로 협동조합의 길에 들어서서 새로운 길을 찾는 우리 모두에게 현재의 어려움과 답답함을 인내하고 그 너머에 있는 길을 상상할 수 있도록 안내하는 나침반 같은 역할을 할 것입니다. 모쪼록 새로운 길을 찾고 꿈을 이루어나가는 데 포기와 좌절이 없기를 바랍니다.

박강태

일하는사람들의협동조합연합회 회장

머리말

　이 이야기는 아르들렌 노동자협동조합의 역사다. 나는 '아르들렌'이라는 독창적 기업이 탄생하기까지 많은 사람이 쏟아부은 에너지를 되새기면서, 생각이 어떻게 실천으로 이어졌는지에 관해 기록하고자 이 책을 썼다.

　그렇다고 아르들렌의 모든 역사를 다루었다고 할 수는 없다. 이런 종류의 책을 쓸 때는 어쩔 수 없이 이야기를 간추리게 마련이다. 아르들렌 노동자협동조합이 경험한 두려움과 실패, 역경과 극복, 고통과 환희의 역사를 있는 그대로 모두 다 공유하기는 어렵다. 그래서 어쩔 수 없이 내 시선과 기억이 닿는 대로 쓰기로 했다. 하지만 오랜 시간에 걸쳐 보관 자료를 확인하고 함께한 동료들과 대화를 나누며 글을 다듬었다. 덕분에 이 책은 집단 증언이라는 가치를 지니게 되었다.

　이 책에는 아르들렌 노동자협동조합이 걸어온 지난 40여 년의 여정과 탐색, 수없이 마주했던 질문과 장애물, 그리고 결국엔 찾아내고야 말았던 해결책이 고스란히 담겨 있다. 1972년 제라르 바라스와 내가 생피에르빌에서 폐허가 된 방적공장을 발견하면서 시작된 아르들렌의 역사는 금세 공동의 모험으로 채워졌다. 그날 이후 수많은 사람이 하루, 한 달, 한 해 또는 여러 해 동안 협동조합 활동에 참여했고, 일상의 상당 부분을 협동조합에 바쳤다. 이름을 다 언급하지는 못했지만 그들 모두가 아르들렌이라는 경제·사회적 조직을 만드는 데 주춧돌을 놓은 것만은 분명하다.

이 책을 지금까지 아르들렌과 함께 걸어온 동료들과 지금은 세계 곳곳에 흩어져 사는 옛 동료들, 앞으로 아드들렌과 함께 걸어갈 사람들, 그리고 더 공정하고 인간적인 사회를 위해 오늘도 모험을 꿈꾸고 기꺼이 그 모험에 도전하는 이들에게 바친다.

이 책을 쓸 수 있게 격려해주고 이 책이 세상에 나올 수 있게 도와준 모든 이에게 감사드린다.

베아트리스 바라스

인생 학교에서 용기를 배우다

이 책은 아르데슈[1] 지역의 한 놀라운 협동조합에 관한 이야기다. 이 협동조합은 1975년부터 1982년까지 설립 준비에만 7년이 걸렸다. '할 일이라곤 하나도 없는' 황폐하기 그지없는 지역에서 출발한지라 서로의 삶과 일에 대해 알아가고 익히는 데 수년이 걸렸다. 어느 정도 준비가 끝난 1982년, 열여섯 명의 동료는 아르들렌 노동자협동조합을 만들었다. 아르들렌이라는 이름은 '아르데슈Ardèche', '양모laine', '양모기술Art des laines'에서 글자를 따 조합한 것이다.

이들은 이미 지역에서 쇠퇴한 양모산업을 다시 일으키고자

1 아르데슈는 프랑스 남동부의 오베르뉴론알프스 레지옹에 속하는 데파르트망이다. -옮긴이

했다. 바람이 부는 방향과 반대로 갔다고 해야 할까? 주위의 우려에도 아랑곳하지 않고 이들은 부지런히 제품을 개발해 생산하고 판매했다. 그 결과 1986년 아르들렌은 발랑스[2]시에서도 가장 낙후된 우선도시개발지구Zone á urbaniser en priorité, Zup[3]에 작업장을 마련했고, 1989년에는 새 건물도 지었다. 판로 확보를 위해 유럽 곳곳의 박람회 등을 찾아냈을 뿐 아니라 고객이 직접 아르들렌에 찾아올 수 있도록 박물관도 만들었다. 또 동료 간 상호학습을 조직하기 위해 지역에서 활동하는 대안기업과 연대기업 간 네트워크를 형성하기도 했다.

저자 베아트리스 바라스는 연구자의 관점이 아닌 창립 멤버로서 그간 쌓아온 역량을 발휘해 열정적이면서도 냉철하게 아르들렌의 역사를 얘기한다. 그렇다고 해서 이 책이 저자의 겸손한 표현 그대로 아르들렌의 역사만 담고 있는 것은 아니다. 이 책은 단지 한 협동조합의 역사를 이해하는 것뿐만 아니라 함께 살아간다는 것이 무엇인지 성찰하게 한다.

---

2 발랑스는 오베르뉴론알프스 레지옹에 속한 코뮌으로, 드롬 데파르트망의 수도이다. 론강의 서쪽 기슭에 자리한 발랑스는 리옹에서 남쪽으로 대략 100km 거리에 있다. -옮긴이
3 우선도시개발지구Zone á urbaniser en priorité, Zup란 도시 내 낙후된 구역 가운데 우선적으로 개발하기 위해 지정한 곳을 말한다. -옮긴이

아르들렌 조합원들은 협동조합이라는 프리즘을 통해 임금, 기업, 자본, 경쟁, 품질, 소비, 공정성, 노동과 노동조직, 노동시간 단축, 학습조직, 예술과 문화의 지위, 농촌의 황폐화, 시민 교육과 사회 변화, 개발 등 사회 문제 전반을 다시 생각해보도록 이끈다. 그렇다고 이러한 주제에 관해 최근 유행하는 이론을 담고 있지는 않다. 다만 자본 중심 기업이 강요하는 노동조건이나 신자유주의가 강제하는 삶의 방식을 어쩔 수 없이 받아들여야만 하는 것은 아니라는 증거를 보여준다. 그런 점에서 아르들렌 조합원들은 대안사회를 상상하고 실험했던 유토피아 사회주의자의 유산을 물려받았다고 할 수 있다.

아르들렌 노동자협동조합의 역사에서 우리가 배울 점은 무엇일까? 아르들렌에서 얻을 수 있는 교훈은 수없이 많지만, 나는 그 중에서도 다음 네 가지를 꼽고 싶다. 바로 아르들렌을 가능하게 한 자원의 본질, 활동 범위, 지속성, 목적성에 관한 것이다. 먼저 자원의 본질과 관련해서 아르들렌은 협동조합 설립에 자본이 결정적 요소는 아니라는 점을 가르쳐준다. 초기 자본이 없어도, 많은 금액을 대출받지 않고서도 협동조합을 시작할 수 있다는 얘기다. 이에 대해서는 노동자 자주관리기업 앙비앙스 부아에 관한 책[4]을 읽어도 좋을 것이다. 새로운 형태의 기업을 만들려면 자본보다는 분명한 아이디어가 먼저라는 걸 알게 될 것이다.

조합의 활동범위와 관련해서 아르들렌은 대안적 협동조합을 구상하고 실현하기 위해서는 지역 단위가 가장 이상적이라는 걸 보여준다. 이는 과거 유토피아 사회주의가 출현했던 시대와 달리 오늘날의 기업은 내수시장뿐 아니라 해외시장을 무대로도 활동하지만 대안적 협동조합이라면 지역 단위(아르들렌 제품이 해외까지 팔린다고 해도)를 중심으로 활동하는 것이 확실히 더 바람직하다는 것을 의미한다.

지속성과 관련해 베아트리스 바라스는 아르들렌과 같은 협동조합은 오랜 시간에 걸쳐 완성된다는 것을 보여준다. 아르들렌은 개인의 성장과 지역의 발전을 연결시킨 인생 차원의 긴 프로젝트이기 때문이다. 이 같은 장기적 관점은 강요된 노동이나 '성장' '전략' '단기 또는 중기' 같은 용어로 표현되는 프로젝트와 달리 프로젝트 참여자가 평온을 유지하면서 일을 만끽할 수 있게 한다. 아르들렌은 '양모산업 재건' 이상의 의미를 지닌 지속가능한 개발 프로젝트이다.

4 《톱으로 자릅시다. 다르게 일해 볼까요?Scions, travaillait autrement?》는 앙비앙스 부아Ambiance Bois라는 프랑스 기업의 집단적 자주관리 모험을 다룬 책이다. 세상을 바꾸는 대신 삶을 바꾸고 새로운 형태의 노동조직을 실험해 볼 회사를 만들기로 의기투합한 스무 살의 앙비앙스 부아 창립자들은 1988년 리무쟁에 있는 밀바슈 고원에 제재소를 만든다. 전통적인 생산 방식과 그 방식이 우리 삶에 차지하는 비중에 의문을 제기한 앙비앙스 부아 조합원들은 '다르게 일하기'가 결국은 '함께 살아가기'라는 것을 보여준다. ―옮긴이

마지막으로 목적성과 관련해 아르들렌은 개인의 부 축적이나 일자리 창출 자체를 추구하지 않는다. 아르들렌은 가족, 일, 소비, 문화, 학교, 여가 등이 자본주의 생산 시스템의 논리와 모순에 지배돼 파편화되는 것을 경계하고 이들이 삶 속에서 좀 더 조화를 이루도록 추구한다. 아르들렌 노동자협동조합은 사회·경제적 모순에 날을 세우기보다 그로부터 벗어날 수 있는 방법을 찾도록 안내한다. 바로 협동해서 일하고 일과 삶이 조화를 이루도록 하는 것이다. 이는 경쟁적으로 일하며 삶의 각 영역 사이에 갈등을 일으키는 것보다 더 풍요롭고 더 효과적이다. 당연히 경제적 성공과 사회적 성과가 뒤따를 수밖에 없다.

장프랑수아 드라페리

프랑스 국립기술공예학교[CNAM] 교수, 〈사회적경제국제리뷰[RECMA]〉 편집장

2019년 3개월간 브뤼셀에 있는 국제제조·서비스·노동자협동조합연맹CICOPA에서 파견 근무를 하는 동안 일하는사람들의협동조합연합회에서 발간할 노동자협동조합 및 사회적경제 관련 외국도서를 조사하는 것이 내게 부여된 임무 중 하나였다. 연맹에 근무하는 직원들에게 이리저리 물어보았을 때 그들은 모의라도 한 듯 한결같이 아르들렌 협동조합의 이야기를 다룬《복종하지 않는 양들Moutons rebelles》(이 책의 원제)을 추천해주었다.

아르들렌 협동조합에 대한 궁금증이 나날이 커져갈 무렵 우연한 기회에 프랑스 그르노블에서 '노동자협동조합과 공익협동조합:협동의 의미'라는 주제로 열린 세미나에서 참석했다가 아르들렌 협동조합 사례를 발표하러 온 탄야 볼프 이사장을 만났다. 그녀와의 절묘한 만남은 연합회 총서의 첫 번째로 아르들렌 협동조합 이야기를 출간하는 것이 좋겠다는 심증을 굳히게 했다.

마음 한편에는 이 책을 출간하는 것이 어쩌면 모험일 수도 있겠다는 걱정도 들었다. 총서의 첫 번째 책을 성공시켜 그 다음 책을 연속해서 발간하자는 것이 연합회 출판사업단의 목표였으니 말이다. 사실 아르들렌 협동조합은 협동조합의 원칙을 세우는 데 기여한 로치데일 공정선구자협동조합이나 해외 협동조합 선진지 견학할 때 성지순례하듯 다녀오는 스페인의 몬드라곤처럼 규모가 크고 잘 알려진 협동조합도 아니지 않은가! 그런데도 아르들렌 협동조합을 지금 우리나라에 소개하는 것이 매우 시의적절하다는 것이 출판사업단 구성원들의 일치된 의견이었다. 협동조합 기본법이 제정된 이후 다양한 분야에서 등장한 수많은 협동조합들이 자기 진단과 혁신을 통해 새롭게 변모하고 지속적으로 성장해나갈 수 있는 모멘텀이 필요하다고 생각했기 때문이다.

이상과 실천이 교차하는 실험과 도전의 공간

아르들렌을 처음 접했을 때 머릿속에 떠오른 것은 브나로드 운동이었다. 브나로드는 '민중 속으로'라는 뜻의 러시아말로, 러시아 말기에 지식인들이 이상사회를 건설하려면 민중을 깨우쳐야 한다는 취지로 만든 구호이다. 일제강점기인 1930년대에 우리나라에서도 수많은 학생들이 농촌에 내려가 야학을 열고 음악과 연극, 위생생활 등을 가르쳤다. 당시 농촌계몽운동을 배경으로 한 심훈의 소설 〈상록수〉 속 주인공들은 자신들이 가진 재능과 열정을 나누면 모두가 함께 더 나은 삶을 살 수 있다는 믿음과 확신을 지닌 선구자들이었다.

다른 시간, 다른 공간, 다른 사상을 배경으로 하지만, 68년 프랑스 혁명을 계기로 새로운 사회에 대한 이상을 품고 강의실보다는 지역을, 현장에서의 실천을 선택했던 아르들렌 창립자들의 선구적 시도는, 풀무학교를 중심으로 지금도 진행 중인 충남 홍성군 홍동면의 협동경제 모델, 한국 협동조합운동에 큰 전기를 마련한 강원 원주 협동조합운동, 대학시절 학생운동으로 인연을 맺은 세 부부가 전남 영광군 묘량면에 정착하면서 시작된 여민동락공동체 등과 오버랩되기도 했다.

이 책의 원제에서 알 수 있듯이 자본주의 시스템, 상황, 패배주의 등에 순응하지 않겠다는 각오는 그들이 산전수전을 다 겪게 만든 원동력이었다. 아르들렌 협동조합의 40여 년 역사에서 어떤 험난한 일들이 더 있었을지 가늠하기조차 어렵지만 독자들이 글을 읽다 보면 그들의 에너지, 열정, 고난, 헌신을 생생하게 느낄 수 있을 것이다.

아르들렌은 '살고 싶은 세상을 만들어가자', '다르게 일해보자', '머리가 아닌 몸으로 배우고 실천하자'라는 뜻이 만나 길을 열어왔다.

"우리는 함께 일하는 협동조합을 만들고 옛 방적공장 부지에서 아르데슈의 양모산업을 되살리기 위한 공동 프로젝트를 실현하겠다는 의지 하나로 모였다. 혼자서는 아무것도 할 수 없으나 함께하면 성공할 수 있다는 게 전부였다." (본문 71쪽)

아르들렌 사람들은 협동조합의 가치를 몸소 배우고 실천하면서 체득하였다. 조합원들의 전문성, 실력, 능력은 하루아침에 만들어진 것이 아니다. 도제 교육식으로 자신의 직업적 소양 및 기술을 갖춰나갔다. 그것은 협동조합이 실제로 작동하도록 하기 위해서 반드시 필요한 일이었고 조합원들은 필요한 일을 하나씩 배워나갔다. 아르들렌에서는 조합원이 거의 평등하고 의사결정권자와 실무자 사이에 칸막이 없이 책임이 분담된다. 지칠 줄 모르고 배우고 다양한 업무를 맡고 협업하며, 협동조합이 직면한 산적한 문제들에 대해 함께 머리를 맞대고 해결책을 찾아내는 등 세분화되고 서열화된 조직문화와 대조되는 아르들렌 협동조합만의 조직문화를 만들어냈다.

저자는 아르들렌의 '성공'은 경쟁이 심하지 않은 틈새시장을 찾아냈기 때문이 아니라 조합 문화 덕분에 가능했다고 말한다. 독자들은 이 책을 통해 '머리로 배운 협동조합이 아닌 몸으로 배운 협동조합'의 차이를, 그리고 그 차이가 낳은 결과가 무엇인지를 확인할 수 있을 것이다.

협동조합의 원칙이라는 나침반을 들고 나아가자

그간의 협동조합 실태조사에서 나타나듯이 현재 수익 모델이 미비하고 영세해 시장에서 경쟁력이 높지 않은 협동조합이 많은 것이 사실이다. 그렇다고 정부 지원에 기대는 부실 협동조합이 부지기수라고 협동조합을 싸잡아서 악의적으로 비판하는 건 옳지 않다. 인력, 기술, 자금 등이 부족한 여건 속에서도 구성원과 사회의 필요에 대응해 사업 형태로 구현하고 자원 연계 및 협력을 통해 내실 있는 성장을 도모하는 협동조합들도 많기 때문이다.

아르들렌은 시장에서 경쟁력을 갖추려면 협동조합 원칙 따로, 비즈니스 따로가 아니라 오히려 협동조합의 본질로 돌아가야 한다는 것을 보여준다. 자조·자기책임·민주주의·평등·공정·연대는 협동조합만의 고유한 가치이며, 다른 기업과 구분하는 축이 된다. 가치를 잃는 순간 협동조합이라 불릴 이유가 사라진다. 협동조합의 고유한 특성과 가치를 내재화하지 않은 채 일반 기업의 논리를 따라가다 보니 '협동조합다움'을 잃어버린 곳들이 많다. 협동조합의 원칙을 박제화하지 않고 비즈니스에서 구체적으로 구현하는 것이야말로 협동조합에 활력을 불어넣고 지속적으로 성장해나갈 수 있는 길임은 분명하다.

"오늘날 경제는 가장 취약한 계층을 착취하고 자원 고갈 위험을 외면하는 포식자의 모습을 띠고 있다. 이에 대한 비판의식도 사회 전반에 고루 퍼져 있다. 하지만 비판과 고발에만 머무르지 말고 행동을 통해 언행일치를 해야 하지 않을까? 이것이 미래 세대를 위한 책임감 있고 합리적인 행동이다." (본문 266쪽)

"돈보다 인간을 우선시하는 것, 사회와 세계에 열려 있으면서도 지역에 뿌리내리는 것, 거기에 미래가 있다." (본문 346쪽)

이것이 바로 우리가 협동조합을 해야 하는 이유다. 이 책을 통해 독자들은 협동조합이 돛을 달고 현실 경제로 나설 때, 어떤 나침반을 들여다보아야 하는지에 대한 답을 구할 수 있을 것이다.

저자는 한국의 독자들과 아를들렌의 이야기를 나눌 수 있게 된 것이 크나큰 기쁨이라고 말하면서 독자들의 이해를 높이기 위해 한국어판에 추가로 들어가면 좋을 사진들의 원본을 찾아 보내주었다. 저자의 마음 씀씀이에 다시 한 번 감사드린다. 아를들렌 사람들의 협동조합과 지역에 대한 열정, 에너지가 제대로 전달되지 못한다면 그건 순전히 옮긴이들의 부족함 탓이다.

"이 책은 한 협동조합의 역사를 알기 위해서뿐 아니라 '함께 사는 것'의 의미를 알기 위해서도 꼭 읽어야 하는 책이다."라는 장프랑수아 드라페리의 추천사처럼 이 책이 협동조합 운영뿐만 아니라 지역에서의 삶을 고민하고 실천하는 사람들의 통찰력과 실천에 깊이를 더해주는 학습서로 두루 활용되기 바란다.

옮긴이를 대표하여

신재민

차례

1장

1972~1975
옛날 옛적에

잠자는 방적공장

1972년 10월 12일 제라르와 나는 친구 한 명과 생피에르빌로 향했다. 2마력의 자동차는 아주 힘겹게 움직였다. 가파르고 메마른 계곡을 돌고 돈 끝에 아르데슈 산악지대에 있는 작은 마을에 도착했다. 우리는 한때 이 지역에서 가동됐던 방적공장에 대해 알고 있는 사람이 있을까 해서 근처 식료품 가게에 들렀다. 가게 주인은 우리를 유심히 살펴보다가 말을 걸었다.

"여기 사람들 아니죠? 어디서 왔어요?"

"오브나^{5}요."

"누굴 만나러 왔나요?"

"아뇨. 양모 방적공장을 찾고 있어요. 혹시 어디에 있는지 아시나요?"

"잘 아시겠지만 거긴 아무것도 남아 있지 않아요. 가봤자 헛수고죠."

"그래도 어디에 있는지만 좀 알려주시겠어요?"

"음… 저 아래 강가에 있어요. 쭉 내려가다 보면 다리 바로 앞에 있죠. 공장 문을 닫은 지는 오래됐고요."

우리는 가게 주인이 알려준 길을 따라가서 폐공장이 있는 길 가에 차를 세웠다. 방적공장의 첫인상은 그리 좋지 않았다. 차가 다니기엔 좁기 그지없는 흙길이 방적공장 앞까지 이어져 있었는데 공장 지붕은 거의 무너지고 없었고, 공장 옆에는 엉성한 양철 지붕으로 덮인 닭장과 가시나무로 둘러싸인 작은 채소밭이 있었다. 전화번호부를 뒤져 찾아낸 아르데슈도의 마지막 양모 방적공

5　오브나는 아르데슈 데파르트망에 속한 335개 코뮌 중 하나이다. -옮긴이

생 피에르빌의 방적공장 마침내 찾아낸 생피에르빌의 마지막 남은 양모 방적공장은 단번에 우리를 사로잡았다.

장에 가보자던 우리 목적은 이뤄진 듯했다.

    우리가 생피에르빌에 있는 마지막 방적공장에 관심을 두었을 무렵 섬유공예작가였던 제라르는 오래된 베틀 하나를 구입해 장식용 양모 양탄자를 짜고 있었다. 그는 종종 다른 지역에서 운영 중인 양모 세척장이나 방적공장을 찾아가 새롭고 다양한 종류의 양모를 꾸준히 구매했는데 덕분에 우리는 종종 양 사육자들과 이야기를 나눌 기회가 있었다.

"양모는 더 이상 값어치가 없어요. 보세요, 다들 퇴비 더미에 던져버리잖아요."

우리가 만난 양 사육자들은 모두 '아무것도 잃을 것이 없었던' 왕년의 이야기를 할 때에만 활기를 띠었다.

"정성을 다해 깎은 양털은 강물에 씻은 뒤 흐르는 물에 며칠간 담가둬요. 하얗게 하려고 암모니아를 약간 넣기도 하고요. 그러고 나면 어머니가 매트리스나 양말을 만들려고 실을 자았죠. 전쟁 중에는…."

양 사육자들의 이야기는 항상 생존을 위해 모든 것을 스스로 만들어야 했던 가난한 시절로 거슬러 올라갔다. 그들에겐 슬픈 기억을 떠올리게 하는 시절이었겠지만 잊힌 수공예 기술과 노하우를 되살리고자 한 우리에겐 참으로 매력적인 시절이었다.

우리는 드디어 발견한 폐 방적공장을 바라보며 가만히 서 있었다. 그때 공장 옆 채소밭에서 인기척이 느껴졌다. 조심스레 다가가보니 작은 꽃무늬가 있는 고풍스런 앞치마를 두르고 머리에 두건을 쓴 한 여인이 팔짱을 낀 채 고개를 숙이고 있었다. 우리가 펠리시 쿠르비에르 부인을 처음 만난 게 바로 그때였다.

"모든 게 끝났어요. 방적공장 지붕은 1971년 겨울 폭설에 무너졌죠. 안으로 들어가지 마세요. 위험하니까. 저는 요즘도 매일 밤 삐거덕거리는 소리를 들어요. 이마저도 언젠간 다 무너져 강으로 흘러가 버리겠죠."

부인의 한탄은 절망적이었지만 그 말을 듣고도 제라르는 방적공장을 되살리겠다는 뜻을 굽히지 않았다. 망가진 공장은 제라르를 물러나게 만들기는커녕 오히려 사로잡았다. 우리는 부인을 설득해 조심스레 공장 안으로 들어갔다. 맨 먼저 직조실로 들어섰다. 놀랍게도 모든 것이 제자리에 놓여 있었다. 마치 '백 년 동안' 그대로 멈춰버린 듯 실감개에는 털실이 잔뜩 감겨 있었고, 기계들은 하나같이 재가동할 준비가 된 듯했다. 거미줄과 잔해, 물이 샌 흔적과 구멍 난 바닥은 장식처럼 보였다. 하지만 위층으로는 올라갈 수 없었다. 1톤쯤 되는 허물어진 기와를 기둥들이 겨우 떠받치고 있었기 때문이다.

공장 끝에는 폭설 당시 용케 피해를 면한 쿠르비에르 부인의 거처가 있었다. 그녀는 우리를 지하로 안내해 오래된 물레방아 두 개를 보여주었다. 하나는 제분용이고 다른 하나는 방적공장 전력

공급용이라고 했다. 고정 손잡이와 밸브로 유량을 조절하면 물의 낙차를 이용해 물레방아가 잘 돌아갔다고 했다. 지금도 여전한 물레바퀴와 회전 축, 그리고 도르래와 벨트가 그것을 증명해주는 것 같았다.

이 방적공장은 1900년대 초반 쿠르비에르 부인의 시부모님이 운영했다가 그녀의 남편이 물려받았다고 했다. 하지만 '전쟁 중' 남편이 수감되는 바람에 그녀와 노동자 두 명이 함께 공장을 돌려야 했다. 전쟁이 끝난 후 사업은 조금씩 축소됐고 1960년대에 접어들어 공장은 완전히 가동을 멈췄다.

공장을 나서기 전 우리는 쿠르비에르 부인 거처에서 커피를 마셨다. 쿠르비에르 부인은 나무 화덕 주위에서 바쁘게 움직였다. 부엌 벽이 검게 그을려 있었다. 헤어질 때 우리는 서로의 손을 맞잡았다. 집으로 돌아오는 길에 우리는 각자 공장에서 받은 인상을 이야기했다. '잠자는 숲속의 공주' 같았던, 궁핍한 상황에 처한 여인과의 만남이 우리 마음을 움직였다. 오브나와는 아주 다른, 경사가 가파른 마을…. 우리는 뭐라 설명하기 어려운 감정에 사로잡혔다.

당시 제라르와 나는 아르데슈의 발레방시에 살고 있었다. 우리는 1971년 1월 발레방으로 왔다. 일곱 살 때부터 고등학교를 졸업할 때까지 아르데슈에서 지낸 제라르는 그곳을 잘 알았다. 그는 프로방스의 샤토르나르에서 태어났지만, 오브나 최초의 공공 임대아파트 건설을 지휘해야 하는 아버지를 따라 아르데슈에 정착했다. 이후 제라르는 공예기술학교에 진학하기 위해 엑상프로방스에서 학교를 다녔는데 정작 공예기술학교에 합격한 뒤에는 스트라스부르에 있는 건축학교를 선택했다. 졸업 후 파리에서 일하던 제라르는 부모님이 정착한 생레미드프로방스로 옮겼지만 부동산 개발 투자 붐으로 변질된 프로방스에 실망해 진짜 '자기 인생'을 살고자 아르데슈로 돌아왔다. 스물다섯 살 때였다.

나 베아트리스는 파리에서 언어치료사 공부를 마친 뒤 1970년 여름 프로방스에서 제라르를 만나 사랑에 빠졌다. 그와 함께 아르데슈로 이주하는 것이 싫지 않았다. 어린 시절 아버지를 따라 라로셸에서 파리로, 파리에서 아비뇽으로 자주 이사를 다녔고, 본적지인 크뢰즈의 작은 마을에서 방학을 보내곤 했기 때문이다. 당시 나는 아르데슈에 정착한 몇 안 되는 언어치료사 중 한 명이었기에 일자리를 구하는 게 어렵지 않았다.

우리가 아르데슈에 온 데에는 이유가 하나 더 있었다. 바로 비엘오동 재생이라는 원대한 계획을 실행하기 위해서였다. 비엘오동은 아르데슈 협곡 가장자리에 있는 발라주크에 속한 마을이다.

막 오른 '비엘오동'의 재건

청소년 시절 제라르는 고고학에 매료돼 친구 한 명과 함께 열정적인 고고학자 앙리 소마드와 라울 페로 사령관을 선생님처럼 받들었다. 제라르와 친구는 그분들과 함께 현장을 파헤치는 데 모든 여가 시간을 보냈다. 제라르는 그때의 추억을 지금도 잊지 못한다. 제라르는 청동기 시대 유적지로 알려진 동굴을 탐사하다 아르데슈 끝자락에서 비엘오동을 발견했다.

19세기 초 비엘오동 주민들은 큰 양잠농장을 짓기 위해 마을이 내려다보이는 고원으로 이주했고, 농장을 짓는 데 쓸 지붕, 골조, 화덕, 건축물 일부 등을 해체해서 가져갔다. 발견 당시 마을에는 담쟁이덩굴과 팽나무로 뒤덮인 주택 십여 채의 흔적만 남아 있었다.

자동차가 들어갈 수 없고, 수도와 전기도 들어오지 않는 폐허 같은 마을을 재건한다는 건 완전히 미친 짓으로 보였다. 하지만 우리는 바보가 아니었다. 우리는 그곳에 살 집을 짓겠다고 생각한 것이 아니라 그저 '작품'을 만들겠다는 정도의 생각만 품었을 뿐이다. 당시 또 다른 부부 한 쌍도 초기부터 이 프로젝트에 참여했는데 결국 파리를 떠나지는 못했다. 제라르와 나는 새로운 파트너를 찾으려 노력했지만 좀처럼 찾지 못했다.

당시 아르데슈에서는 쇠락한 마을을 재건하려는 움직임이 유행처럼 번지고 있었다. 비엘오동 재건을 꿈꾼 우리는 맨 처음 폐건물을 사기 위해 토지 소유자 열 명 남짓에게 연락을 했다. 그들에게 폐건물이나 토지 일부를 팔라고 설득하는 데 3년이나 걸렸다. 개발하는 데 필요한 최소한의 구획을 합친 후에야 비로소 진지하게 마을 재건을 생각할 수 있었다.

나는 청소년기 내내 왕성한 스카우트 활동을 했고 여름 캠프 때에는 청소년 자원봉사 작업장에서 일해봤기 때문에 마을 재건 활동을 어디서부터 시작해야 할지 감을 잡을 수 있었다. 비엘오동 마을을 되살리기 위한 우리의 계획은 공익을 목적으로 공간(고성, 건물, 거리, 광장 등)의 가치를 되살리려는 청년 작업장 정신과 완벽히 부합했다. 우리는 전국청년작업장협회Etudes et Chantiers[6]와 접촉했고, 협회는 우리의 비엘오동 재건 계획을 지원 작업장 목록에 등록해 주었다.

6   전국청년작업장협회는 1962년에 설립된 비영리민간단체로 노동통합을 목표로 사회적 배제에 반대하는 활동을 펼친다. 국내외에서 자원봉사 활동 조직과 11~17세 청소년을 대상으로 환경 건축, 문화재 복원 등의 분야에서 현장실습 교육을 실시한다. -옮긴이

청년 작업장

1972년 부활절 연휴를 시작으로 비엘오동 '청년 작업장'은 방학 때마다 활기를 띠었다. 작업장은 아주 성공적이었다. 우리는 폐허를 되살리는 '개척자'가 된 듯 수풀을 걷어내고 수많은 자갈을 치웠다. 아치형 지하실, 계단, 집 등이 제 모습을 조금씩 드러냈다. 불안정한 벽은 보강했다. 여름에는 100명 남짓이 함께 일했다.

작업장을 통해 우리는 집단 프로젝트에서 개인의 책임감을 경험하게 하는 훌륭한 교육방법론을 발견했다. 작업장은 톱니바퀴가 맞물려 돌아가듯 각 분야가 서로 호흡을 맞추는 것이 중요했다. 강으로 모래를 찾으러 가야 하고, 시멘트 부대를 등에 짊어지고 공사 현장으로 날라야 할 뿐 아니라 삽으로 회반죽을 만들고, 무언가를 세우거나 혹은 제거해야 한다. 물과 음식, 재료를 운반하고 요리도 해야 한다. 모든 사람이 업무에 따라 팀으로 나뉘고, 각 팀의 작업은 다른 팀의 작업과 유기적으로 연결돼야 한다. 회반죽을 만들려면 모래와 시멘트가 필요하고, 건물을 지으려면 회반죽이 필요하며, 활기차게 일하려면 좋은 식사가 제공돼야 한다. 상명하달의 수직적 체계나 각자 한 가지 일만 맡아서 하는 부문화된 구조는 청년 작업장에서 환영받지 못한다. 모든 참가자는 작업장에서 체류하는 동안 다양한 작업을 경험할 수 있도록 순환 업무를 한다. 이를 통해 전체를 조망할 줄 알고 다양한 활동 속에서 스스로를 평가할 수 있다. 남들보다 조금 더 알고 있다는 것은 다른 사람을 훈련시킬 수 있다는 뜻일 뿐이다. 각자는 팀, 연대, 그리고 함께하기를 통해 협동을 구체적으로 체험하면서 작은 사회에 참여하는 경험을 한다.

한 그룹의 청년이 해마다 정기적으로 비엘오동 청년 작업장을 찾아와 향후 만들게 될 공동체 활동의 싹을 틔웠다. 참여자들이 "비엘오동은 무엇이 될 것인가?"라고 물으면 우리는 "당신에게 달려 있다."라고 답했는데 사실 모두가 살고 싶은 마을을 만들기까지는 10년 아니 20년이 더 걸릴지도 모를 일이었다. 우리는 비엘오동이 젊은이들의 '비영리' 활동 공간이 되길 지향했다. 그렇다고 현실 경제를 배척하는 것은 아니다. 비엘오동에서 살려면 돈을 버는 일을 해야 할 뿐만 아니라 농사나 방문 안내와 같이 현장에서 요구되는 일도 잘 수행할 수 있어야 했다. 당시 아르데슈 남부는 관광지로 엄청나게 개발되는 중이었고 우리는 부동산 투기로부터 지역을 보호해야 했다. 일선 학교가 방학을 하면 우리는 청년 작업장에 몰두했다. 학교 방학 시즌이 아닐 때에는 나는 언어치료사로, 제라르는 건축설계사나 섬유공예작가로 일했다. 제라르는 짬이 날 때마다 나에게 아르데슈의 아름다운 풍경과 다양한 모습을 보여주었다.

1970년대 아르데슈는 온갖 사회적 실험이 이루어진, 진정한 의미의 실험실이었다. 신비로운 성향을 지닌 공동체, 정치적 극단주의자, 농업 프로젝트 그룹, 음악 그룹, 동성애 그룹 또는 인도 여행에서 알게 된 동양철학을 신봉하는 공동체 등 다양한 그룹이 들어와 있었다. 이들 공동체와 대화를 나누려면 문을 열고 들어가 "당신들은 누구십니까? 무엇을 찾고 있습니까?"라고 몇 마디 던지는 것으로 충분했다. 그들은 각자의 경험을 소중히 여기며 다른 사람과 공유하려 했다. 우리는 그들과 교류하며 많은 것을 배웠다. 하지만 그들이 보여준 내부 갈등, 경찰과의 충돌, 경제적 생존을 위한 믿기지 않는 고난들[7]은 우리에게 공동체에 대한 환멸을 안겨주기도 했다.

"당신 68세대죠?"

약간의 도발을 함축한, 이 확신에 찬 말을 얼마나 많이 들었던

7 Lire Daniele Leger et Bertrand Hervieu, *Au fond de la foret, l'Etat*, Seuil, 1979.

가. 모호한 개념 속에 갇히는 일은 결코 유쾌하지 않다. 특히 아르데슈 지역에 새로 정착한 청년들을 경멸하는 듯한 편견과 선입견 때문에 68세대라는 말을 들으면 우리는 다소 공격받는 느낌이 들었다. 수천 명의 프랑스 젊은이처럼 우리 역시 '1968년의 혁명적 사건들'로부터 강하게 문화적 충격을 받았다. 당시 18~25세 사이였던 우리는 68세대임을 부인할 수 없다. 그해 나는 파리 의과대학 병원 언어치료 전공 1년차였다. 아비뇽에서 막 상경한, 고작 열여덟 살 청년이었다. 당시 나는 무슨 일이 일어나는지 이해하려 애쓰는 놀란 관중의 입장에서 사태를 지켜봤다. 그해 제라르는 심각한 사고를 당한 아버지를 대신해 생레미드프로방스에서 일하느라 학업을 중단한 상황이었다. 우리는 비록 '사건'에서는 약간 비껴 있었지만 그 시절 모든 젊은이가 답을 찾고자 했던 심오한 질문을 비켜갈 순 없었다. '어떻게 살고 싶습니까? 미래 세대에게 어떤 사회를 물려주길 원합니까? 삶에서 어떤 가치를 구현할 것입니까?' 이러한 질문이 던져졌을 때 과연 우리는 순응주의 압력에 굴복하지 않고 진실을 끊임없이 옹호해나갈 수 있을까.

1968년 가을 새 학기가 시작됐을 때 교수와 학생들은 아무 일도 없었던 것처럼 제자리로 돌아왔다. 무언가 일어났었다는 건 파리 거리 모퉁이마다 보안기동대 버스가 서 있던 것에서나 느낄 수 있었다. 수많은 젊은이가 쓸쓸한 실망을 안고 학업을 포기한 채 '이상에 맞는 세상을 만들기 위해' 시골로 내려갔다. 우리가 아르데슈에 온 것은 제라르가 유년기와 청소년기를 보낸 곳이기도 했지만 '새로운 세상'을 만들기에 적합한 후보지라고 보았기 때문이기도 했다.

생피에르빌로의 귀환 : 방적공장 살리기

생피에르빌 방적공장을 발견한 후 우리는 당장 아무것도 하지 않으면 남은 것조차 곧 무너질지 모른다는 우려가 들었다. 사람을 모으고 협회를 만들어야 했다. 허물어져가는 방적공장에 남아 있는 기계들은 아르데슈가 보유한 유일한 문화유산이니 박물관을 만들 수도 있을 터였다. 하지만 누가 관심을 가지긴 할까? 그런 고민을 하면서 우리는 사람들과 자주 이야기를 나누었다. 그러던 어느 날 더는 참을 수 없는 지경이 됐다. 우리는 전화기를 들고 교환원에게 생피에르빌 16번을 연결해달라고 요청했다.

"안녕하세요, 쿠르비에르 부인. 혹시 저희를 기억하시나요? 3주 전쯤에 그곳에 갔었는데."
"네. 기억나요."

"저기 제 말씀 좀 들어보실래요? 사실 아직 어떻게 해야 할지는 모르겠지만 방적공장을 되살리기 위해 뭐든 해보고 싶어요."

"오, 저런! 당신들은 정말 구세주예요."

그녀는 목이 멘 채로 대답했다. 그 말을 들은 순간부터 우리는 책임감을 느끼기 시작했다. 방적공장을 위해 해결책을 찾아야 했다. 그런데 무엇을 할 수 있을까? 이미 비엘오동에 온 힘을 쏟고 있던 상황이었다. 우리는 주변 사람을 끌어모으기 위해 이야기를 나눠보았다. 하지만 오브나에서 본 생피에르빌은 '세상의 끝'처럼 여겨졌다. 스카우트 단체와 단원에게도 접촉을 시도했지만 아무도 전화를 받지 않았다. 허공에 대고 말하는 데 지친 우리는 더 신중히 상태를 점검하고자 다시 생피에르빌로 갔다. 제라르는 상황의 심각성을 제대로 파악했다. 경사면 네 개로 이뤄진 옛 지붕 골조는 벽을 밀어내고 있었고, 기와 무게와 잔해들 때문에 건물은 곧 붕괴될 위험이 있었다. 서둘러야 했다. 그렇지 않으면 복구조차 할 수 없는 지경이 될 것이다.

우리는 일을 더 빨리 추진하기 위해 쿠르비에르 부인의 남편도 만났다. 하지만 서로 난감했다. 티를 내지는 않았지만 그들 부부에겐 공장을 수리할 최소한의 돈도 없어 보였다. 우리는 부부에게 붕괴 위험이 있으니 공장에서 간단한 복구를 시도할 수 있도록 허락해달라고 요청했다. 쿠르비에르 부인은 동의했지만 남편은 당사자가 아니라는 듯 입을 꾹 다물었다.

그날 이후 우리는 주말 대부분을 생피에르빌에서 보냈다. 우리가 무너진 지붕을 치우기 시작하자 쿠르비에르 부인이 돌보고 있던 소년 질베르가 다가왔고 다음엔 이웃이자 친구인 알랭, 키키라는 애칭으로 불리는 크리스티앙, 그리고 그의 형제 제라르 등 다른 사람들이 모여들었다. 그들은 열의를 가지고 오래된 골조와 기와를 창문 밖으로 끄집어내는 것을 도와주었다. 공장에서 끄집어 낸 잔해들을 밖에 쌓아놓고 보니 3층 건물 높이보다 높아 보였다. 이웃 젊은이들이 도와준 덕분에 우리는 용기를 얻었다.

지붕을 치운 후 우리는 비를 막을 해결책을 찾아야 했다. 주인 부부는 돈 댈 형편이 안 됐으므로 우리 자비로 임시 골조 재료를 구입했다. 하지만 작업에 필요한 장비가 없었기 때문에 우리가 직접 골조를 맞춰야 했다. 나는 아래에서, 제라르는 위에서 골조를 맞췄다. 현기증 나는 높이였다. 내 인생에서 가장 두려웠던 때가 바로 그 순간이었다. 얼음이 꽁꽁 언 날 엄청난 높이에서 좁은 기둥을 타고 걷는 곡예사, 바로 그 모습이었다.

복구 작업은 1973년 봄까지 계속됐다. 옛 방적공장과 잔존물을 비로부터 보호하는 데 성공했다 싶어 행복했다. 그 사이 우리는 쿠르비에르 부인에게 신뢰를 얻었고 서로 더 잘 알게 됐다. 그

녀는 당시 아르데슈 지역에 널리 퍼진 개신교 (영국 국교회의 반대파로,
창시자 다비의 이름을 따서 만든) '다비스트' 소속으로 신앙심이 아주 깊
었다.

그녀는 부엌 식탁에 성경을 놓고 언제든지 찾아 읽었고, 식사
때마다 '감사기도'를 했다. 그녀가 믿는 종교는 엄격했지만 쿠르
비에르 부인은 가녀린 얼굴에 조용하고 상냥한 여성이었다. 우리
는 그녀가 금전적으로나 정신적으로 큰 어려움을 겪고 있음을 쉽
게 알 수 있었다. 그녀는 사회복지시설에서 보낸 아이들 몇 명을
돌보는 일을 하고 있었는데 그중 한 명은 발달장애인이어서 걱정
거리가 끊이지 않았다. 그럼에도 그녀는 결코 큰 소리를 치는 일
없이 끝없는 인내심과 친절함으로 아이를 대했다. 쿠르비에르 부
인은 남을 비방하거나 불평할 줄 몰랐다. 그녀는 모든 것이 암흑
속으로 사라진 곳에서도 여전히 빛을 보았다.

당장 다음날 무엇을 해야 할지 몰랐고, 변화를 가져올 수단도
없는 상태였지만 우리는 서로를 믿었다.

하나의 사건, 의구심과 혼란을 키우다

여느 때처럼 일을 하러 간 어느 날 쿠르비에르 부인은 우리에

게 남편의 병세가 위중하다고 말했다. 단순한 독감이 아닌 더 심각한 병 같았다. 그녀의 남편은 전쟁 중 독일군 포로로 있으면서 폐질환을 앓았다고 했다. 그의 삶이 얼마 남지 않았음을 직감한 우리는 모든 작업을 중단한 채 정기적으로 생피에르빌 방적공장을 방문했다. 쿠르비에르 부인은 침대 머리맡에서 남편의 임종을 맞이했고 우리는 쿠르비에르 부인의 곁을 지켰다. 1973년 5월 13일 쿠르비에르 부인의 남편이 세상을 떠났다.

쿠르비에르 부인의 남편이 사망한 후 우리는 큰 혼란에 휩싸였다. 상속 관련 공증인이 쿠르비에르 부인이 방적공장 전체 소유자가 아니라고 말해주었기 때문이다. 알고 보니 그녀의 남편은 포로 시절에 만난 동료와 공동 소유로 이 방적공장을 매입한 것이었다. 그녀의 시부모 역시 경영인이었을 뿐 소유주는 아니었다고 했다. 결국 쿠르비에르 부인은 방적공장 부동산 절반만 상속받았다. 그야말로 비극적인 상황이었다. 겨우 생계를 유지할 정도였던 그녀로서는 나머지 반을 매입하는 게 불가능했다. 게다가 살고 있던 집까지 비워야 한다는 건 그야말로 처참한 일이었다. 우리는 진퇴양난에 빠졌다.

비엘오동 재건 작업에서도 겨우 파손된 건물 청소와 보수 작업에 필요한 정도의 자금만 조달할 수 있을 뿐인데, 이제 생피에르빌 방적공장 매입까지 고려해야 할 상황이었다. 우리는 곧 공동 소유자를 만나보았지만 협조적이지 않았다. 그는 쿠르비에르 부인의 남편과 이 방적공장을 공동 매입하면서 수지맞는 사업이 될 것이라 기대했지만 어떤 이득도 보지 못했다고 했다. 그는 자신이 얼마나 실망스러웠는지를 우리에게 이해시키려고 했다.

이쯤 되자 우리는 이 모험을 더 이상 홀로 감당할 수 없다는 생각을 하게 됐다. 방적공장 재건을 위한 세금, 노동, 비용, 프로젝트 규모는 이미 다른 대규모 프로젝트(비엘오동)를 진행하고 있는 우리가 감당할 수 있는 차원이 아니었다.

쿠르비에르 부인은 우리가 관여해주기를 기다렸지만 답을 줄 수 없었다. 그녀는 지속성 있는 해결책을 찾아야 한다는 절박함 앞에서 주저했다. 결국 그녀는 부동산을 매각하기로 했고 관심 있는 매입자들이 공증인 사무소에 연락을 해왔다.

비엘오동 젊은이들, 방적공장을 만나다

1974년 크리스마스 연휴 동안 우리는 스무 명 남짓 되는 비엘오동의 젊은 활동가들에게 실을 잣고 직물을 짜는 직업을 소개했다. 우리는 그들에게 생피에르빌 방적공장과 아르데슈의 양모산업 재건 기회에 대해 말해주고 그들을 직접 생피에르빌에 데려가기도 했다. 우리는 의욕적인 참가자들이 생피에르빌에 관심을 갖도록 애썼지만 그들은 부르고뉴, 프랑슈콩테, 파리와 같이 먼 곳에 살았고, 자기 지역에 애착심이 커 떠나올 생각을 하지 않았다.

1974년 여름 비엘오동의 청년 작업장 활동가 그룹은 종종 토론 주제로 '관광산업'을 다루었다. 당시 아르데슈 남부 지역은 지역 농업인과 관광(부동산) 개발자 사이에 싸움이 벌어지던 시기였다. 네덜란드인들이 별장이나 휴양시설을 짓기 위해 오래된 농가를 사들였는데 원주민과 거리를 두고 경계하는 바람에 지역 상인들의 반발심을 자극했다. 이 때문에 도로는 "네덜란드인은 집으로 돌아가라."는 구호로 도배가 됐다. 아르데슈가 몬테카를로 랠리[8] 구간에 들어간 것도 반향을 불러일으켰다. 벽에는 "랠리가 지나가면 마을은 죽어난다."는 구호가 나붙었다.

날로 심각해지는 이농 현상을 마주하며 무엇을 할 것인가? 이 시절 많은 도시민이 '귀농'을 했지만 일부만 정착할 뿐 대부분은 '닭 세 마리와 돼지 두 마리'만으로는 살 수 없음을 깨닫고 도시로 되돌아갔다. 그 시절 농·산촌은 살 만한 곳이라는 인상을 주지 못했다. '시스템'을 거부한 채 '아웃사이더'로 살기만을 원하는 한

---

8 1911년에 시작된 세계 최대 자동차경주대회의 하나로 모나코에서 출발해 프랑스의 알프스-마리팀, 아르데슈, 드롬, 오-알프스, 이제르를 통과해 다시 모나코로 돌아오는 코스이다. -옮긴이

지속가능한 경제 기반을 만들기는 어려웠다. 이제 겨우 현대적이고 혁신에 기초한 '새로운 농촌개발의 필요성'을 말하기 시작했을 뿐이다.

청년 작업장에서 우리는 협동의 힘을 배웠다. 모이고 연대하면 산도 움직일 수 있다는 것을 알았다. 하지만 몇몇 사람들은 우리에게 '햇볕 잘 드는 목가적 환경에서 주어진 시간 안에 강제로 일정한 생산량을 달성하지 않아도 되는 경우에나 협동은 쉬운 일'이라고 했다. 그들 말에 따르면 양모 방적공장을 재건한다는 건 완전히 비현실적인 일이었다. 우리가 협동의 가치를 말할 때 그들은 '여름방학 동안은 청년 작업장이 잘 돌아갈지 몰라도 현실 경제에서는 원활하지 않을 것'이라는 말을 빼놓지 않았다. 하지만 그럴수록 우리는 그들과 반대로 점점 더 확신을 갖게 됐고 우리 생각이 틀리지 않다는 걸 증명해 보이고 싶었다.

모험에 뛰어들다

1975년 부활절 우리는 비엘오동 작업장에서 활동가들과 조만간 매각될 방적공장에 대해 이야기를 나누었다. 우리 앞에 놓인 과제는 분명했다. 우리는 활동가들이 더욱 의욕적으로 참여할 수 있도록 애를 썼다.

　　"문화유산을 복원하자."
　　"아르데슈에서 양모산업을 재건하자."
　　"진짜 협동조합을 설립해보자."

　　비엘오동을 되살리는 데도 20년이 필요할 텐데 또다시 험난한 모험으로 이끌려고 하니 청년들은 우리를 약간 정신 나간 사람으로 생각했다. 우리는 비엘오동을 살고 싶은 정주 공간(괜찮은 주거지, 상수도, 전기, 일자리가 있는)으로 만드는 데 10년 이상이 걸린다고 말해왔다. 반면 생피에르빌은 전적으로 경제적 프로젝트를 실현하는 문제였다. 생피에르빌에서 양모를 가공하면 지역 수요에 대응할 수 있을 것이고 분명히 그 일로 살아갈 수 있을 것이다. 그런데 누가 시작할 것인가?

　　우리는 쿠르비에르 부인을 지속적으로 방문했고 매각대금을 정하기 위해 공동 소유자와 연락을 주고받았다. 1975년 5월 공동 소유자는 마침내 6,098유로를 불렀다. 방적공장을 온전히 매입하려면 쿠르비에르 부인에게도 같은 금액을 지불해야 했다. 그즈음 언젠가 우리는 쿠르비에르 부인을 만나러 갔는데 먼발치에서 몹시 난처해하는 그녀의 모습을 보았다. 방적공장을 사려는 다른 매입자를 소개받은 것이었다. 언젠가 인사를 나눈 적 있는 이웃 주민 마르셀 뒤마 씨가 우리에게 "파리 사람인데 송어 양식을 하겠다나 봐요."라고 얘기해주었다.

우리는 매우 난감했다. 우리 모험이 여기서 중단되는 것을 받아들여야 할까? 비엘오동 프로젝트에 더해 방적공장까지 매입하는 것은 우리 역량을 넘어서는 일이었다. 우리는 아직 투자 파트너도 찾지 못한 상태였다. 그럼에도 우리는 쿠르비에르 부인에게 매입 의사를 밝혔다. 내가 언어치료사로서 벌어들이는 소득으로 대출을 받을 가능성이 있었다. 우리는 그녀에게 '송어 양식을 하겠다는 파리 사람과 우리 둘 중 하나를 선택하라'고 요구했다. 만약 우리를 선택한다면 부인은 현 거처에서 지금처럼 살 수 있고 우리는 친구들과 함께 방적공장을 재가동할 것이라고 덧붙였다. 그녀는 대답을 주저했다. 그때 뒤마 씨가 "젊은이들을 선택하세요. 난 언제나 젊은이들이 좋아요!"라며 우리에게 호의적인 방향으로 그녀를 부추겼다.

쿠르비에르 부인은 뒤마 씨의 충고에 따라 우리에게 우선권을 주었다. 1975년 7월 15일 나는 매매계약서를 작성해달라고 공증인에게 편지를 썼다. 공동 소유자 각각에게 6,098유로씩, 총 1만 2,196유로를 주고 매입하기로 했다. 그중 7,622유로는 대출을 받고, 4,574유로는 부인에게 3년간 매달 갚기로 했다. 매매 계약에는 쿠르비에르 부인이 생을 마감할 때까지 지금 거처에서 살아도 좋다는 조항을 넣었다.

모험을 위한 팀을 꾸리다

1975년 여름 우리는 비엘오동에서 일하고 있었다. 모든 것이 불확실했다. 우리는 마음이 통할 거라고 생각되는 사람을 만날 때마다 생피에르빌 방적공장 재가동 프로젝트를 소개하며 파트너를 찾는다고 밝혔다. 여름이 끝나갈 때쯤 우리는 누가 모험을 시도할 준비가 됐는지 알아보기 위해 사람들에게 돌아가며 의견을 물어보았다. 두 사람은 현금을 기부해주기로 했고, 여섯 사람은 프로젝트 참여의사를 밝혔는데 그중 셋은 빠르게 입장을 철회했다. 이상하게도 끝까지 참여의사를 밝힌 사람들은 우리가 잘 알거나 우리와 특별히 친했던 사람들이 아니었다.

피에르 퀴작은 농업기술 자격증을 딴 지 얼마 안 됐다. 리옹 출신인 그는 부모님이 보규 지역 휴양센터 설립을 주도했던 협회 구성원이었기 때문에 바캉스 대부분을 이곳에서 보내서 아르데슈를 잘 알고 있었다. 그는 농가에서 살 생각은 없었지만 농촌에서의 삶과 농사에 커다란 매력을 느끼고 있었다.

프레데릭 장은 프랑스일주동업자조합Compagnons du Tour de France[9]에서 석공 훈련을 받았다. 파리 출신인 그는 학교 시스템과 맞지 않아서 갈등을 겪었다. 석공처럼 건설이나 손으로 하는 활동이 더 잘 맞았다. 사회당 충성당원의 아들로서 '새로운 세상을 만든다'는 것이 마음에 들었던 모양이다.

카트린 샹브롱은 당시 파리에 살고 있었다. 경영기술대학에서 1학년을 마친 상태였는데 아버지는 대학교수이고 어머니는 고등학교 선생님이었다. 1968년 카트린 가족도 모두 문화 충격을 겪었다고 했다. 그녀는 말뿐인 것을 견디지 못했고 구체적인 행동과 실천, 그리고 모험을 꿈꿨다.

1975년 여름 끝자락에 제라르는 서른, 나는 스물다섯 살이었다. 우리는 마침내 열성적인 파트너들과 일할 수 있게 돼 무척 기뻤다. 그들과 함께 역량과 시간을 나누면서 프로젝트를 진전시킬 수 있을 거라 확신했다.

우리는 그들을 데리고 방적공장으로 가 쿠르비에르 부인에게

---

9   프랑스일주동업자조합은 평생교육, 직업고등학교 과정, 일학습병행 또는 수습, 직업훈련 전문기관으로 목공, 석공, 철물, 배관 등 건설 분야의 숙련 기술자 양성을 목표로 한다. 동업자Compagnon가 되기 위해서는 4~6년간 전국을 일주하면서 매년 2개 이상 도시에 머물며 성당, 성 등 공공시설 및 문화재를 복원, 재건축하는 공사현장에서 직접 배우고 훈련하는 과정을 거쳐야 한다. −옮긴이

베아트리스 바라스(저자)**와 쿠르비에르 부인** 누구보다 우리를 신뢰해주었던 쿠르비에르 부인은 암흑이 드리우는 것 같은 상황에서도 빛을 보는 사람이었다.

소개했다. 그녀는 우리 부부를 신뢰했지만 새로 합류한 사람들을 어떻게 맞이해야 할지, 또 마을 사람들은 뭐라고 수군거리고 다닐지 두려워했다. 마을 사람들은 예전에 이곳 버려진 농가에 살러 들어왔던 턱수염 장발족, 공동체 생활자들, 히피족들에게 매우 큰 반감을 갖고 있었다. 그럼에도 쿠르비에르 부인은 새 동료들을 환대해주었다. 그녀는 '방적공장 재건'이 우리 힘만으로는 불가능하다는 것을 충분히 이해했다. 그리고 우리 부부에게 그러했던 것처럼 새로운 동료들도 신뢰했다. 마침내 모험을 위한 팀이 꾸려졌다.

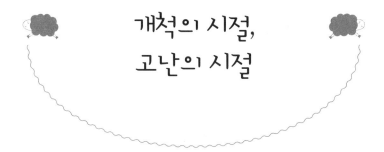

2장

1975~1978
개척의 시절,
고난의 시절

조금이라도 돈을 모으기 위해 우리는 농가에서 포도 따는 일을 하기로 했다. 언어치료사로 일하던 나는 휴가를 연장해 포도를 땄다. 킬로그램 당 더 많은 돈을 준다는 얘기에 보클뤼즈에 있는 농장까지 가서 일했다. 노동조건은 안 좋았지만 더 많이 벌기 위해서 장시간 노동을 했다.

방적공장 재건을 위해 갓 구성된 우리에게 첫 경제적 시련이 찾아왔다. 위기를 잘 극복하기 위해선 효율적이고 협력적으로 일해야 했지만 마찰과 말다툼을 피할 수 없었다. 하지만 그런 과정을 겪으면서 내부 결속이 다져지는 것 같았다. 저녁이면 우리는

'어디서부터 시작할 것인지' 의견을 나누고 토론하는 시간을 가졌다. 경제적 문제를 해결하려면 뭔가를 해야만 했다. 살기 위해서뿐 아니라 프로젝트에 들어갈 자금을 마련하기 위해서도 돈을 벌어야 했다. 게다가 재건 공사를 하려면 일할 시간까지 내야 했다. 이것은 딜레마였다. 유일하게 정기적으로 일하며 수입이 있던 내가 조직 관리를 맡았다. 다른 팀원들은 농업 분야의 몇 가지 계절노동 말고는 일자리를 찾기가 쉽지 않았다. 도시로 가면 분명 일자리가 있겠지만 멀리 떨어지면 고립될 수 있다는 점이 걱정됐다. 프로젝트를 위해 각자 열심히 일해 돈을 모으기로 하고 헤어진 뒤 결코 다시 모이지 못한 어떤 그룹의 이야기를 들은 적도 있다. 우리는 서로를 알아가면서 일상을 함께하는 방식으로 팀을 견고하게 만들어야 한다고 느꼈다.

지출을 줄이면 돈을 벌기 위해 자주 나갈 필요가 없었다. 식비를 줄이기 위해 텃밭을 가꾸거나 작은 가축을 기르는 건 어떨까? 중요한 건 프로젝트 추진에 필요한 시간과 자금을 균형 있게 확보하는 것이었다. 비록 방적공장 부동산은 개인 소유였지만 우리는 양모산업 재건이라는 프로젝트를 위해 공동으로 사용하기로 했다. 신뢰는 투명성에서 나온다는 생각에 공동 회계장부도 만들어 모든 지출을 기록하기 시작했다.

첫 번째 공사

포도 따기 작업을 마친 뒤 우리는 제라르와 내가 임대한 집에서 잠시 머물렀지만 곧 방적공장 재건 사업을 위해 생피에르빌로 출발했다.

방적공장은 우리가 매입한 후 그대로 방치된 상태였다. 골조는 다시 세웠지만 모든 것이 엉성했다. 기와가 떨어지며 흔들린 벽 가장자리는 군데군데 무너져 있었다. 건물 바닥은 벌레가 먹었고, 방적기계들 상태도 매우 나빴다. 한마디로 모든 것이 엉망진

오랫동안 방치된 방적공장 우리가 매입한 방적공장은 지붕이 거의 무너져 내리고 벽도 군데군데 허물어져 있었다.

창이었다.

당장 우리가 거주할 공간도 마련할 수 없었다. 우리가 거주할 만한 유일한 곳은 쿠르비에르 부인이 돌보는 소년 질베르의 방이 있던, 방적공장 옆에 있는 집뿐이었다. 임대료를 낼 형편이 못 됐던 우리는 질베르가 사는 집 아래 옛 물레방아 터에 임시 거주 공간(캠핑)을 만들기로 했다. 욕실이 없고 화장실도 밖에 있었지만 간이숙소보다는 나았다.

어느덧 여름이 지나고 겨울이 다가왔다. 나는 긴 여름휴가를 마치고 생피에르빌에서 한 시간 거리에 있는 오브나에서 다시 일을 시작했다. 겨울에 오브나와 생피에르빌 사이를 오가는 것은 위험했는데 우리 자동차 상태까지 썩 좋지 않았다.

우리는 더 추워지기 전에 어렵고 위험한 지붕 수리를 끝내려고 모든 힘을 쏟았다. 매일 하루를 시작하기에 앞서 한 손에 삽을 들고 최선을 다하자는 구호를 외치며 서로를 북돋았다. 외바퀴 손수레, 삽과 흙손에 숙달된 우리에게 콘크리트 믹서 구매는 쓸데없는 지출일 뿐이었다.

쿠르비에르 부인은 식사를 준비해주었다. 우리는 그녀의 부엌에서 몸을 덥혔고 렌즈 콩, 병아리콩, 완두콩 등 영양가가 있으면서도 값싼 재료로 만든 음식을 맛볼 수 있었다. 부인의 호의에 보답하기 위해 우리는 교통수단을 제공하거나 필수품을 보급하는

지붕 보수 처음에 우리는 어렵고 위험하기 짝이 없는 지붕을 수리하는 데 모든 힘을 쏟았다.

등 우리가 할 수 있는 일은 뭐든 다 했다. 얼마 안 가 우리는 마치 친할머니를 대하듯 그녀를 '펠리시'라고 불렀다.

때때로 곡예 같았던 작업은(방적공장 지붕은 지상에서 12미터 높이였고 바로 옆으로 강이 흘렀다) 제라르, 피에르, 프레데릭 같이 신중한 젊은 이에겐 큰 문제가 되지 않았지만 카트린과 나에겐 꽤나 힘든 작업이었다. 우리는 비엘오동에서도 석공 일을 적잖이 해서 단련이 됐지만 한겨울에 아찔한 높이에서 빠른 시간 안에 작업을 한다는 건 결코 쉬운 일이 아니었다. 겉으로 표현하지는 않았지만 젊은 여성이었던 나와 카트린은 장보기, 요리, 청소와 같은 주변적인 일을 맡으면서 프로젝트에 '부수적 존재'가 될 위험이 있다는 걸

빠르게 알아차렸다. 그래서 항상 최선을 다했고 모든 일에 열성적으로 참여했다. 우리는 우리가 지닌 두려움과 신체적 한계, 저조한 실행력을 극복하는 데 명예를 걸었다. 또 남성이 특히 좋아하는 분야인 농사, 배관, 석공 분야 기술을 습득하는 것도 좋아했다. 의사결정에 참여해 의견을 내고 우리 입장을 변호하기도 했다. 그 결과 우리의 말에 무게가 실렸고, 우리는 항상 프로젝트에서 완벽한 파트너가 될 수 있었다.

질베르 방을 펠리시 집으로 옮긴 후 우리는 우리가 살 작은 집 복원 공사를 시작했다. 지붕을 다시 하고, 파티션을 세우고, 전기와 배관을 다시 깔았다. 카트린과 나는 '집 공사가 끝나면 모든 게 나아지겠지' 하는 절박한 심정으로 둘이서 모든 배관 공사를 맡아 했다. 그때 숙련 배관공을 위한 작은 매뉴얼을 보면서 용접을 익힌 것은 결코 잊을 수 없는 추억이 됐다. 우리가 '이음매', '파이프 연결부속' 등 구입해야 할 목록을 들고 건축자재 매장에 찾아갈 때마다 우리를 의심쩍게 쳐다보던 매장 주인들 얼굴도 잊을 수 없다. 하지만 우리의 끈기에 그들 중 몇몇은 동맹군이 돼 좋은 정보를 많이 알려주었다.

우리 자신의 힘에 의지하다

　자재를 구입하려면 돈이 필요한데 우리가 '저축'한 약간의 돈은 순식간에 사라져버렸다. 대출을 받아볼까도 생각해봤지만 언제 어떻게 수익이 날지 기약이 없는 프로젝트에 위험을 불사할 수는 없었다. 비엘오동 프로젝트처럼 사람들의 이타심에 호소해 기부를 받아볼까 하는 생각도 했지만 우리 프로젝트는 사람들의 관심을 끌기에 충분해 보이지 않았고, 공공기관에다 지원을 요청할까도 생각했지만 믿음을 주지 못할 게 뻔했다. 당시 아르데슈에서 양모에 대해 말하면 곧바로 '히피', '몽상가', 더 나아가 '불온한 사람'으로 취급받기 일쑤였기에 지원받을 리 만무했다.

　우리는 마오쩌둥 어록처럼 '우리 자신의 힘에 의지'하거나, '하늘은 스스로 돕는 자를 돕는다'는 오랜 격언을 따를 수밖에 없었다. 즉 우리 스스로 일을 해서 돈을 벌어야 했다. 비록 나의 언어치료사 일이 정기적인 수입원이긴 했지만 그것에만 의존하지 않겠다는 의지가 있었다. 그래서 초기 10년 동안은 매년 포도 따기, 체리 따기, 공사 품앗이 등을 해서 함께 돈을 벌었다. 그걸로 충분치 않았기에 개인적으로도 일을 해야 했다. 남자들은 석공 일을 찾았지만 전문대학을 1년 다녔을 뿐인 카트린은 일자리 구하기가 쉽지 않았다. 특히 회계 쪽 일을 구하는 것은 하늘의 별따기였다. 그러던 중 카트린은 오브나에 있는 수영복 공장에서 재단하는 일을 하게 됐다. 우리의 목적은 약간의 돈을 저축하는 것이었으므로 아주 저렴한 주거, 최소한의 편안함 추구, 외출 자제 등으로 최대한 절약했다. 비록 임시 노동으로 실업급여를 받을 자격을 얻었고 그렇게 받는 실업수당으로 휴식을 취할 수는 있었지만 그것을 남용하지 않는다는 데 자긍심을 가졌다. 사람들이 우리 프로젝트에 대해 '기업이나 정부 지원금으로 추진한다'고 뒤에서 수군거리는 걸 듣고 싶지 않았다. 우리는 정부에서 받을 수 있는 지원금보다 더 많은 세금을 낼 수 있다는 걸 증명하기 위해 수입 지출 계산에 공을 들였다. 우리에게 중요한 건 연대가 기적을 일으킬 수 있고, 최저임금을 받는 사람도 기업을 설립할 수 있다는 것을 입증해내는 것이었다.

허리띠를 졸라매다

아무것도 생산하지 않는 한 협동조합을 설립할 수 없었으므로 재정에 관한 내부 규약을 만들었다. 각자의 자율성과 자발적인 상호부조를 재정 원칙으로 채택했다. 그것은 각자가 법적으로나 재정적으로나 독립적이라는 것을 의미했다. 각자 급여를 수령한 후 개인적 필요에 따라 자신의 돈을 지출하는 것이었다. 공동구좌를 만들지 않기로 했고 개인적 지출이 쓸모 있는 건지 아닌지를 다른 사람과 협의할 필요도 없도록 했다. 한마디로 우리의 운영 원리는 자기규제였다. 오직 프로젝트, 음식, 주거, 교통과 같이 공동사용을 위한 투자에 관해서만 함께 토론하기로 했다.

우리는 장부에 모든 수입과 지출을 기록하고 월별, 분기별, 연도별 결산을 해서 돈을 관리했다. 투명성은 신뢰의 기초였다. 여느 가족처럼 우리도 각 구성원이 각자가 지닌 수단과 맡은 역할에 따라 자동차 수리, 전기료, 행정서류 처리, 회계 등을 각각 담당했다. 프로젝트로 돈을 모으자는 의지는 충만했지만 대부분 최저임금을 받았던 우리에게 유일한 구원은 주거비, 식비, 교통비, 경상비를 절약하는 방법밖에 없다는 것을 깨달았다. 우리는 투자(이 시기에는 주로 건축자재에 대한 투자였다)를 위해 회계장부를 꼼꼼히 관리하며 총 수입의 20%까지만 지출하기에 이르렀다. 우리 모두 일이 진척되고 있다는 느낌을 받았다. 더 많이 절약하는 것을 전제로 했기에 여유롭고 안락한 생활을 누리는 것을 스스로 용납하지 않았다.

- 주거비 : 최소 지출
- 의복 : 수거와 재활용

- 음식 : 생산자 직거래로 현미 구입, 타르틴에 버터 바르지 않기

    (돼지기름을 시도해봤는데 아침으로는 영 아니었다)
- 교통 : 직접 수리한 오래된 자동차

이 같은 스파르타식 생활을 하면서 오브나에 재활교육 강의를 갈 때면 나는 내 직업적 이미지와 실제 내 삶 사이의 간극 때문에 내심 웃음이 나기도 했다. 꼭 이중생활을 하는 것만 같았다.

"당신이 평생 행복하길 원한다면…"

밖에서 돈을 벌기 어려워질수록 생활필수품 지출을 가능한 한 최소로 줄일 방법을 찾아야 했다. '자급자족'은 돈을 아끼는 방법인 동시에 우리 삶을 공장이나 사무실에 저당 잡히지 않고 프로젝트에 더 주력하며 현장에서 살 수 있도록 하는 해결책처럼 보였다.

이듬해부터는 땅을 파고 텃밭을 가꾸기 시작했다. 방적공장 옆 경작할 만한 땅에 씨를 뿌렸다. 처음엔 텃밭 가꾸는 방법을 몰라 이웃인 뒤마 씨에게 자문을 구했다. 그 분야 전문가였던 그는 기꺼이 가르쳐주었다. "만약 네가 한 시간 동안 행복하길 원한다

면 술에 취해 있어라. 만약 네가 한 주 동안 행복하길 원한다면 여행을 떠나라. 만약 네가 한 달 동안 행복하길 원한다면 너의 돼지를 죽여라. 만약 네가 일 년 동안 행복하길 원한다면 결혼을 해라. 만약 네가 평생 동안 행복하길 원한다면 텃밭을 가꿔라!"

우리는 봄철 내내 텃밭에 전념했고 많은 식재료를 직접 생산할 수 있었다. 카트린이 텃밭을 책임졌고 피에르가 도왔다. 이어서 우리는 땅을 빌려 가축을 길렀다. 해가 갈수록 텃밭은 넓어졌고 가축도 오리, 토끼, 돼지, 암소 등으로 다양해졌다. 나아가 버터를 직접 만들기도 하는 등 자급자족 경제에 발을 들여놓았다.

식재료 보관은 생산만큼이나 어려운 일이었다. 살균소독을 하다 병에 금이 가거나 지하실에서 썩은 당근이나 쥐 또는 새가 파먹은 소시지를 발견하는 것만큼 실망스러운 일이 있던가. 그런 경우를 피하기 위해 우리는 책으로는 결코 알 수 없는 농사 지식을 이웃 농부에게서 얻었고, 오랜 경험을 지닌 지역주민에게 자문을 요청했다. 덕분에 마을 사람들을 많이 알게 됐고 서로 호감도 갖게 됐다. 농사는 우리가 지역에 동화되도록 하는 실질적 도구였다.

"나는 도시 지식인 집안에서 자랐기 때문에 농사에 대해 아무것도 몰랐다. 그래도 잘하고 싶은 마음에 경험 많은 마을 사람들에게 모든 것을 물어가며 배우려고 했다. 씨를 뿌리기 전엔 노트를 들고 뒤마 씨를 보러 갔다. 그는 샐러드, 비트, 배추 씨는 어떤 시기에 뿌려야 하는지, 또 당근 씨는 어느 달에 뿌려야 하는지 알려줬다. 텃밭을 가꾸는 것은 섬세하면서도 살아 숨 쉬는 일이었다. 하나로 설명하기 어려운 각각의 방식과 습관이 있는 거였다. 그래도 나는 왜 경사진 방향으로 씨를 뿌려선 안 되는지, 왜 밭의 위쪽 방향으로 땅을 뒤엎어야 하는지를 빠르게 이해했다. 마을 사람들은 젊은 여성이 작은 트랙터로 땅을 일구고, 쌍갈래 괭이질을 하고, 퇴비를 옮기는 것을 이상하게 보았지만 결국 새로 경작된 땅을 보며 만족스러워했다.

물론 고난도 있었다. 돼지 '도살자'를 찾으러 마을을 돌아다닐 때, 왜 죽었는지 이유를 알 수 없는 작은 토끼들을 발견했을 때, 콩 통조림이 다 터져버렸을 때(당분을 함유한 야채는 살균된 상태에서도 발효될 수 있다는 것을 몰랐다), 적절한 순간에 물을 주지 않아서 감자 수확이 좋지 않았을 때, 마을 사람이 자기 집 창문 앞에 당나귀와 암소가 지나가는 것을 보고 '우리 것이 아닌지' 확인하려 전화했을 때, 영농 교육을 받은 친구가 당근과 회향을 구분하지 못한다는 것을 알았을 때….

텃밭은 최상의 학교였다. 나는 내 자신과 자연에 대해 많은 것을 배웠고, 밖에서 일하는 것을 마음껏 즐겼으며, 식재료 생산과 쓸모 있고 구체적인 모든 일을 하는 데서 진정한 기쁨을 느꼈다. '고난'의 시절인 동시에 기가 막힌 시절이었다. 그 시절로 다시 돌아가도 같은 선택을 할 것이다."

－ 카트린

농촌에 사는 노하우를 가르쳐준 학교

사실 우리가 이곳에 처음 왔을 때는 농촌생활에 대해서 아무것도 몰랐다. 농촌에서 살아가는 법과 검소하면서도 잘 살 수 있는 법에 관해 학교에서는 배우지 못했다.

달의 변화에 따라 파종하는 법을 알고 있는 정원사 할아버지, 먹기 위해 닭을 도축해 털을 뽑고 내장을 비우는 펠리시, 바구니를 엮는 이웃, 양말 짜는 법을 아는 할머니, 잼과 병조림을 만드는 아주머니, 돼지를 도축하는 법과 맛있는 머릿고기, 파테, 햄, 소시지를 만드는 섬세한 조리법은 물론 소금에 얼마나 절여야 하는지를 아는 남자 등 모두가 경이로웠다. 우리는 하루에 밤을 100킬로그램 이상 줍는 농부와 그 주운 밤을 분류해내는 농부의 속도 앞에서, 땅을 경작하기 위해 괭이를 다루고 낫으로 꼴을 베는 그들의 능력 앞에서 그리고 일에 대한 그들의 열정과 용기 앞에서 감탄했다.

이러한 배움은 우리 삶에 변화를 불러왔다. 전에 알던 것과는 완전히 다른 삶의 가치와 방식을 가르쳐주는 새로운 학교의 학생이 된 것 같았다. 그것은 선대가 남겨준 자원으로, 후대가 지속가능할 수 있는 법을 알려주는 인생학교이기도 했다. 우리를 인생학교로 인도해준 모든 선생님께 감사한다.

환대받지 못한 이주민의 심정을 느끼다

생피에르빌 사람들은 우리를 의심스런 눈초리로 쳐다보았다. 그들은 우리가 양모 일을 시작할 수 있을 거라고 믿지 않았다. 반은 노동자(실크 방적)로, 나머지 반은 농부로 풍요로운 삶을 살았던 그들은 마을이 한창 잘나갔을 때를 기억하고 있었다. 공장이 문을 닫고 엄청나게 많은 사람이 도시로 떠나는 것을 보면서 그들은 자녀들에게 "떠나거라. 여긴 끝장난 거야. 여기서 할 수 있는 일은 아무것도 없어!"라고 말할 수밖에 없었다. 젊은이들은 결국 "밥벌이를 하러 하나둘씩 마을을"[10] 떠났다.

우리가 마을에 정착한 것이 마을 사람들에게는 불편한 일이라는 걸 느낄 수 있었다. 방적공장을 되살리겠다는 우리의 생각이 기특하다 할지라도 우리의 정착은 마을에 형성된 고통스런 숙명론적 분위기를 뒤흔드는 것이었다. 우리는 우리를 믿어달라고 먼저 요청하지 않았다. 오히려 지역주민들에게 우리를 증명해내고 그들이 우리의 행동을 판단할 수 있도록 시간을 갖기로 했다.

그 시절 공동체 생활자들과 아웃사이더들의 행동거지는 일을 더 어렵게 만들었다. 그들은 도발적인 의상을 입고 지역 문화를 무시하며 오만한 발언을 해서 마을 사람들의 반감을 샀다. '콩티 사건'은 커다란 정신적 충격을 안겨주었다. 한 공동체 창시자가 은행을 털고 경찰에 쫓기다가 경찰 한 명을 포함해 여러 사람을 죽인 사건인데 경찰은 산을 수색하고 모든 공동체를 압수 수색했지만 결국 그를 찾아내지 못했다.

마을 사람들은 우리가 이전 외지인과 달리 '일하는' 사람들이라는 점을 높이 평가했다. 그들은 방적공장이 있는 마을 이름을 따서 우리를 '퓌오송 젊은이들'이라고 불렀다. 그래도 우리 생활 방식에 대해서는 약간 미심쩍어 했다. 쿠르비에르 부인이 마을에 장을 보러 갈 때 마을 사람들은 종종 우리에 대해 질문하곤 했다. 그녀는 우리를 험담하는 사람들에게 동조하는 걸로 비칠 만한 발언을 하지 않도록 언제나 조심했다. 그런 식으로 그녀는 우리를

---

10 아르데슈 지역을 사랑한 가수 장 페라가 당시 프랑스, 특히 아르데슈 지역의 극심한 이농현상을 주제로 1964년에 작사, 작곡한 '산La montagne'이라는 노래의 한 구절이다. -옮긴이

많이 도와주었다.

우리 또래는 대부분 이곳을 떠나 도시로 갔기 때문에 마을에는 젊은이들이 얼마 없었다. 남은 젊은이들도 우리를 탐탁지 않아 했다. 우리는 동네 술집에 거의 가지 않았기 때문에 그들과 '우애의 술잔'을 나눌 기회를 갖지 못했다. 그런 기회를 가졌더라면 확실히 많은 일이 더 순조롭게 진행되었을지도 모르겠다.

저명인사들도 우리와 거리를 두었다. 생피에르빌 시장은 최근 이곳에 정착한 코르시카 출신 의사였는데, 개성이 무척 강했다. 우리는 그가 연예 주간지 〈프랑스 디망슈〉에 '생피에르빌에 미확인 비행물체^{UFO}가 출현했'고 알려 1면 기사로 실리도록 했다는 이야기를 듣고 무척 놀랐다. 그런 시장이 있는 시청으로부터 지원을 받는다는 건 생각하기 힘들었다.

몇몇 이웃과 '원주민'들이 환대를 해주었지만 우리는 여전히 이민자처럼 느껴졌다. 이곳 사람들이 우리 가족을 알지 못하고 우리가 어디서 왔는지도 정확히 모른다는 사실이 그들과 우리 사이의 틈을 벌어지게 했다. 우리는 마치 고아나 무국적자 같았다. 사람들은 우리가 도피가 아닌 선택으로 이곳에 왔다는 것을 믿지 못했다.

"농촌 사회에서 새로운 이주민의 지역 동화 문제는 종종 몇 가지

시나리오로 나타난다. 이방인이 지역에 한두 달 머문다면 그건 관광객이다. 만약 겨울을 보낸다면 마을 사람들은 그를 관찰하고 더 머물기를 바란다. 2년 가까이 머물면 마을 사람들은 그에게 말을 건다. 5년이 지나면 그의 말과 행동에 일관성이 있는지 검증하려고 한다. 만약 그가 계속 남아 있으려고 한다면 그가 너무 야망이 없는 건 아닌지 의아해한다."

– 제라르 바라스

첫 번째 양털 깎기 시즌

석공 일, 텃밭 가꾸기 등 잡다한 일을 하는 중에 우리 프로젝트도 발전했다. 마을 사람들은 많은 말을 했지만 여전히 우리에게 열려 있다는 느낌은 들지 않았다. 양 사육자들은 "양모는 이제 쓸모가 없다."며 우리를 보고 놀라워했다. "이제 사람들은 양모 대신 합성섬유를 원한다고!" 우리는 우리 프로젝트가 사람들의 열의를 불러일으키지 못한다는 것을 분명히 느꼈다.

그렇다고 실망만 한 것은 아니었다. 1970년대에 천연섬유와 수공업에 대한 열풍이 서서히 불기 시작했다는 것을 알았기 때문이다. 하지만 우리 지역은 다품종 소규모로 양을 기르고 있어서

공장 직조실에서 놀랍게도 공장 안에는 모든 것이 보존돼 있었지만 '백 년 동안' 그대로 멈춰 있었던 듯했다. 이 방적기계들은 이후 여러 번 수리를 했는데도 박물관이나 고물상에 보내는 게 안성맞춤이라는 사실만 확인했을 뿐이다.

품종별 양모 생산량이 적었고 양모 방적 노하우도 서서히 사라져 가고 있었다. 우리는 지역 양모산업이 쇠퇴의 길로 접어들었음을 알고 있었다. 따라서 양모 가치를 높이려면 양털 깎기부터 완제품 판매에 이르기까지 모든 단계를 재구성해야 할 필요가 있다고 생각했다. 문제는 '어떻게 시작할까' 하는 것이었다.

방적공장에 있던 예전 기계를 다시 사용하기는 어려울 것 같았다. 여러 번 수리를 했는데도 박물관이나 고물상에 보내는 게 안성맞춤이라는 사실만 확인했을 뿐이다. 우리는 먼저 양 사육자와 만나 우리 프로젝트를 알리기 시작했다. 양털 깎는 일은 투자 비용이 덜 들고 또 쉽게 배울 수도 있겠다 싶었다. 우리는 양·염 소기술연구소^{Institut technique ovin et carpin, Itovic}와 양모 전문가 크리스티앙 데투슈에게 연락했다.

양털 깎기와 양털 분류 훈련 과정을 개설한 크리스티앙은 자기 일에 열정적이고 양모산업 전문가를 육성하려는 진정한 활동가였다. 그는 양모산업이 겪어온 모든 변화를 몸소 체험했으며 프랑스 양모산업의 전반적인 몰락을 인식하고 있었다. 그는 양모산업계가 국내 양모보다 수입 양모를 더 선호한다고 알려주었다. 왜냐하면 다품종 소규모로 양을 사육하는 프랑스에서는 양모 수집과 분류에 많은 시간과 비용이 들지만, 아르헨티나나 남아프리카 혹은 뉴질랜드에서는 동일한 품종을 대규모로 키우고 있어서 양모 가격이 훨씬 저렴하기 때문이라고 했다. 크리스티앙은 자신의 자리가 위협받을 수 있다는 걸 알면서도 주변 사람들에게 소규모 수공업이 할 일이 여전히 남아 있다는 걸 설득하려 애썼다. 우리 프로젝트에 방향을 제시하는 의견을 들은 것도 그때가 처음이었다. 피에르는 1977년에, 프레데릭은 그 다음해에 양털 깎기 교육을 받았다. 부모님 도움을 받아 장비를 구입한 두 사람은 1978년 처음으로 양털을 깎았다. 운 좋게도 양 사육자들은 기꺼이 두 사람에게 기회를 주었다. 둘은 아주 자랑스럽게도 첫 해에 양 3,500마

양털 깎기 프레데릭은 양·염소기술연구소에서 양털 깎기 훈련을 할 때 레이날 씨를 만났다. 그는 왼손잡이인 프레데릭에게 오른손으로 털을 깎으라고 말해준 사람이었다. 그건 정말 훌륭한 조언이었다. (사진: 실비 크롤라)

리의 털을 깎았다.

"양·염소기술연구소에서 양털 깎기 훈련 과정을 밟을 때 레이날 씨를 만났다. 정말 운이 좋았다. 그는 전직 양털 깎는 사람이었고 아르데슈 농업회의소Chambre d'agriculture de l'Ardèche 기술자였다. 그는 양 사육자에게 동물 사료에 대해 가르치는 한편 지역의 모든 털 깎는 사람들에게 전동식 시스템을 가르쳤다. 그는 왼손잡이인 내게 오른손으로 양털을 깎으라는 훌륭한 조언을 해주었다. 또 그는 우리가 일을 시작할 수 있도록 양털 깎는 장비를 빌려줬고 양 사육자들의 연락처도 알려주었다. 그는 그를 신뢰하는 양 사육자들에게 우리가 일을 잘한다고 보증해주기도 했다. 그가 상원의원 J씨의 연락처를 알려준 덕분에 우리는 상원의원 농장에서 털 깎기를 할 수 있었고 이어 다른 곳들도 소개를 받았다. 우리를 열심히 일하는 사람들로 인정한 상원의원 덕분에 더 많은 지역 인사의 일을 받을 수 있었다. 우리 지역에서 양털을 깎던 한 사람이 일을 그만둔 것도 우리에겐 행운이었다. 지역을 순회하며 양털을 깎는 사람이 몇몇 있었지만 그들은 좋은 인상을 주지 못했던 것 같다. 우리도 처음엔 날 쓰는 법을 잘 몰라서 조금 서툴렀다. 고백하지만 우리의 첫 번째 양털 깎기는 사실 피범벅이었다. 양들의 귀를 몇 번이나 잘랐던가! 때때로 우리는 마치 18세기에 온 듯한 농장에 간 적도 있다.

양 사육자들에게 우리는 히피족이 아님을 증명해야 했고 그들의 습관과 문화가 옳다 그르다 평가하는 태도를 취하지 않았다. 우리는 그들과 공통의 가치를 갖고 있으며 그들의 규칙을 존중할 수 있다는 것을 보여주어야 했다.

우리는 여느 양털 깎는 사람들과 달리 양 사육자들의 요구에 발빠르게 대응했다. 우리는 방적공장이 있는 퓌오송에 상시 전화 접수 창구를 개설해 사전 예약제로 일했기 때문에 이동 스케줄을

짤 수 있었다. 또한 양털에 지푸라기가 들어가지 않도록 덮개를 씌우는 등 양모 품질에 주의를 기울였다."

– 프레데릭

비엘오동을 포기하지 않고 생피에르빌을 시작하다

우리는 시간뿐 아니라 자금까지 두 프로젝트에 동시에 투입해야 했다. 여름 두 달 동안 비엘오동 작업장에 시간과 역량을 투입하는 동시에 생피에르빌 방적공장 재건도 진척시켜야 했고, 청년 작업장에 필요한 장비를 마련할 자금을 조달하는 동시에 양모 프로젝트에도 투자를 해야 했다.

여름 청년 작업장 준비를 위해 비엘오동에 도착했을 때 우리는 놀라움을 금치 못했다. 무단 점거자들이 침입해 불을 피운 것이다. 작업장 문은 강제로 열려 있었고 작업장 장비도 사라진 상태였다. 이제 막 복원하기 시작한 현장을 감시하지 않으면 아무것도 남아 있지 않게 될 판이었다. 하지만 방적공장 프로젝트를 진척시키면서 비엘오동에 상근자를 둘 만큼 인원이 충분하지 않았다. 두 프로젝트를 동시에 진행하려면 더 많은 사람이 필요했다.

비엘오동 작업장에는 항상 많은 자원봉사자가 찾아왔기 때문에 카트린과 프레데릭이 비엘오동 작업장을 담당하기로 했다. 둘은 비엘오동에서 왜 생피에르빌 방적공장 프로젝트를 해야 하는지, 무엇이 문제인지를 묻는 젊은이들과 이야기를 나누며 젊은이들이 이 모험에 참여할 수 있도록 설득하려 애썼다. 비엘오동 작업장에 처음부터 참여해온 친한 친구들과도 대화했다. 새로운 파트너를 모으는 것이 급선무였다.

"당신들은 공동체입니까?"

'언덕 위의 파란 집'도 아니고 집단생활자들도 아닌(!) 우리는 우리에게 알맞지 않은 방식으로 표현되는 것을 항상 거부해왔다. 우리는 종교나 누군가의 가르침을 실천하기 위해 모인 것이 아니었기 때문이다. 우리는 함께 일하는 협동조합을 만들고 옛 방적공장 부지에서 아르데슈의 양모산업을 되살리기 위한 공동 프로젝트를 실현하겠다는 의지 하나로 모였다. 혼자서는 아무것도 할 수 없으나 함께하면 성공할 수 있다는 게 전부였다.

우리는 생활(음식, 주거, 교통 등)을 최적화하기 위해 지출을 공동 관리하려고 노력했다. 덕분에 적은 급여로도 생산수단에 투자할 수 있었다. 우리는 경제적 자립이 가능해졌을 때에도 공동 관리방식을 유지했는데 그러한 방식이 각자 개별적으로 누리는 것보다 훨씬 높은 수준의 삶의 질을 향유할 수 있게 해주었기 때문이다.

초기에 우리는 별다른 방안이 없었기 때문에 한집에서 기거했다. 그러다 차례로 자기가 살 곳을 마련해나갔다. 식사는 대부분 모두 함께 먹었다. 뛰오송의 식탁은 항상 열려 있었는데 각자의 선택에 따라 가족과 먹거나 자기 집에서 먹을 수도 있었다. 자동차는 개인이 구매하고 소유했지만, 사용은 공동으로 했다. 가까운 거리를 갈 때는 낡은 자동차를 썼고, 약간 먼 거리는 중간 정도 성능의 자동차를 이용했으며, 아주 먼 거리를 갈 때는 가장 성능 좋은 자동차를 사용했다. 이런 방식을 유지하기 위해서는 원활한 의사소통이 핵심인데 무엇보다 타인에 대한 존중과 정직이 가장 중요한 요소였다. 우려했던 것과 달리 돈 문제와 관련해 우리는 한 번도 심각한 갈등을 겪지 않았다.

우리를 뭐라 정의할 수 있을까. 우리에게 가장 적합한 단어는 '공동체'일 것이다. 라루스 사전은 공동체를 "정치적, 사회적, 조합적, 분명한 직업적 과업을 협의된 방식으로 수행하려는 사람들의 모임"으로, 로베르 사전은 "토론하고 의사결정을 내리기 위해 모인 사람들의 무리"라고 정의하고 있다. 우리는 공동체를 "연장가능한 한시적인 참여에 기초해 협의를 통해 프로젝트를 실현하기 위해 모인 사람들의 그룹"이라고 정의한다.

생피에르빌의 여섯 젊은이 우리는 함께 일하는 협동조합을 만들고 옛 방적공장 부지에서 양모산업을 되살리기 위한 프로젝트를 실현하겠다는 의지 하나로 모였다.

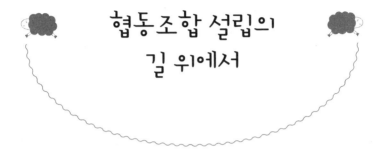

3장

1978~1982

협동조합 설립의
길 위에서

의기투합한 사람이 늘다

새로운 파트너를 모으려는 우리의 노력은 반향을 불러일으켰다. 두 프로젝트(비엘오동과 생피에르빌)를 동시에 진행했던 우리는 1977년까지 6명에 불과했지만 1980년 15명으로 늘었다. 일부는 여러 해 동안 비엘오동 작업장에 참여해온 청년들로 활동을 지속적으로 이어가기 위해 발 벗고 나선 이들이었다. 우리는 문을 활짝 열어 직업을 바꾸려는 사람, 일을 구하기 위해 기다리는 사람, 살아갈 방법을 모색하려는 사람들을 모두 받아들이려고 했다.

협회, 노동조합 또는 정당에서 활동하는 친구들도 '구체적인 대안'을 위해 발걸음을 내딛었다.

어떤 이는 한 달, 어떤 이는 한 해, 또 어떤 이는 여러 해에 걸쳐 참여했고, 나머지 사람들은 아르들렌 협동조합 역사의 주축이 되었다. 그들 중 피에르와 시몬 부부는 처음부터 생피에르빌 활동에 참여했다. 기술자인 피에르는 통합사회당[11] 당원이기도 했는데 그가 꿈꾸는 이상은 직업적 삶과는 거리가 멀었다. 그는 노동자 자주관리 프로젝트를 위해 자신의 재능을 보태고자 했다. 교사인 시몬은 나와 함께 가족계획전국협회Mouvement francais du planning familial에서 활동했다. 아르데슈의 작은 산촌에서 태어난 그녀는 론 계곡 쪽으로 집단이주를 강요당한 농부의 딸로, 애향심이 깊어 지역발전에 참여하려는 의욕이 넘쳤다. 1979년 8월 시몬은 생피에르빌의 한 초등학교에서 교사로 일하게 돼 피에르와 일곱 살 된 쌍둥이 딸을 데리고 학교 관사에 입주했다.

얀이 대학에서 심리학과를 중퇴하고 우리 팀에 합류한 것도 그 무렵이었다. 그는 청년 작업장 활성화가 매력적인 교육 대안이 될 수 있을 뿐 아니라 강의실에 앉아 있기보다는 행동하고자 하

---

11 통합사회당Parti socialiste unifié은 1960년에 창당한 좌파정당으로 1989년 해산하였다. -옮긴이

는 자신의 욕구와 활력에 더욱 부합한다고 여겼다.

비엘오동 작업장에 참여하는 사람이 늘어나면서 마을의 생활 조건(식수, 전화, 전기)도 조금씩 나아졌고 소득을 창출할 수 있는 농업 활동도 시작되었다.

삶을 조직하다

당시 열정이 가득했던 우리는 모험과 위험을 함께 나눴고 관용적이면서도 현실적인 원칙을 갖고 있었다. 우리는 서로를 부양하기 위해서가 아니라 모험에 참여하기 위해 이곳에 모였다. 이모험을 실현시키려면 '생활비를 버는' 동시에 프로젝트를 진행할 '시간을 확보'해야 했다. 이 시기 우리는 초기 다섯 사람이 시도했던 경제적 연대 시스템을 더 큰 규모로 시험할 수 있었다. 자급자족을 위한 생산활동도 더욱 활발히 했다. 텃밭을 확장하고 가축(토끼, 암탉, 오리, 암소 두 마리, 돼지 다섯 마리)도 늘렸다. 농산물을 생산하고 가공하는 데는 상당한 시간이 걸렸고 거의 우리의 주요 작업이 됐다. 농산물 생산과 가공은 특별한 기술 없이도 쉽게 할 수 있다는 장점이 있었다.

양털 깎는 일과 밤 판매 외에는 별다른 소득이 없어서 종종 돈벌이에 나서야 했다. 교사인 시몬과 언어치료사인 나는 안정적인 직업이 있었지만 다른 사람들은 모두 임시직으로 일했다. 우리는 발랑스에 일을 구하러 간 사람들을 위해 '기지'로 사용할 수 있는 아파트를 임대했다. 일을 구하는 방법은 간단했다. 인력 파견업체가 일을 연결해줄 때까지 찾아가서 괴롭히는 것이다. 메추리 사육, 햄 공장 또는 제빵 공장, 슈퍼마켓, 가금류 도축장, 쓰레기 수거, 포장업체, 의류 공장 등 어떤 일이라도 상관없었다. 우리는 각자 컨베이어 벨트에서 일하며 노동자의 삶을 경험했다. 어떤 이들에게 그것은 그동안의 삶과는 완전히 다른 낯선 것이었다.

"인력 파견업체를 통해 일감을 구하는 건 간단하다. 아침에 일어나서 여러 인력 파견업체를 한 바퀴 돈다. 한 업체에 갈 때마다 문 앞에 한참 서 있다가 안으로 들어간다. 그러고는 "어제 이후로 제게 줄 만한 일이 들어왔나요?" 하고 물어본다. 아무 일도 받지 못했다면 오후 5시쯤에 다시 들른다.

일과 관련해 가장 어려웠던 건 작업 속도가 아니라 인간관계였다. 특히 여자 동료와 상급자 사이의 관계 때문에 힘들었다. 여자 동료들은 일자리를 잃지 않기 위해 작업반장에게 잘 보이려고 했기 때문에 그녀들의 질투를 조심해야 했다. 언젠가 인쇄소에서 일할 때는 유리창 너머로 우리를 지켜보며 마이크에 대고 성적

농담을 지껄이는 걸로 하루를 보내는 작업반장을 겪어보기도 했다. 한번은 어떤 식품회사에서 크로크무슈 만드는 일을 했다. 일은 나쁘지 않았고 남자 직원들은 호의적인 데다 쉬는 시간에 간식을 주기도 했다. 그러나 일부 여직원은 진짜 못되게 굴었다. 내가 작업을 너무 빨리 한다고 욕을 퍼붓기도 했다. 어느 날은 배가 너무 아파서 조퇴를 신청했는데 작업반장이 "임신한 창녀 같으니라고!"라며 욕을 해대기도 했다. 그 말이 아직도 귀에 생생하다."

-카트린

우리와 함께 프로젝트에 참여한 젊은 사람들은 변동이 잦았다. 앞으로 우리 프로젝트에서 그들이 어떤 책임과 역할을 맡을지 아직 알 수 없어서이기도 했지만 그들 스스로도 오래 책임져야 할 일보다는 다양한 경험을 쌓는 일을 선호했다. 그들은 돈을 벌기 위해 발랑스나 오브나에서 몇 달을 보내기도 했고 이런저런 작업을 지원하느라 생피에르빌에서도 몇 달을 보냈으며 비엘오동에서 청년 작업장 활성화나 상근자 지원을 위해 몇 달을 보내기도 했다. 팀원은 많아졌지만 공동관리 원칙은 전과 똑같이 적용됐다. 신규 참여자에게도 역할과 책임이 분담됐다. 규모의 경제는 다섯 명일 때보다 열다섯 명일 때 더 성과를 낸다는 게 확인됐다. 기술자인 피에르 덕분에 차량 수리비가 줄었다. 그 외에도 원예, 석공, 기계, 전기 관련 일은 재능 나눔을 통해 우리가 직접 처리했기 때문에 외부에 의뢰했을 때 발생할 비용을 최소화할 수 있었다.

우리는 자기 폐쇄적 커뮤니티가 아니다!

도시에서 일을 하는 것은 돈벌이를 위해서이기도 했지만 세상에 대해 열려 있고자 하는 우리의 소망에도 부합하는 것이었다. 우리는 고립이 두려웠다. 실제로 지역주민에게 우리는 이방인이었다. 하지만 '게으를 권리'를 주장하거나 자발적으로 일과 세상으로부터 단절되거나, 사회의 아웃사이더로 사는 것에 자부심을 가진 공동체 생활 집단과는 거리가 멀었다. 귀농인들과도 달랐다. 귀농인들은 우리의 기업가적 측면과 프로젝트 규모를 의심했다.

우리는 목가적 이상을 지니고 귀농해 '누에고치 같은 보호집'을 만들어 자기 폐쇄적으로 그룹을 형성하는 것에 반대했다. 우리는 폭넓은 사회 운동, 노동자 자주관리, 지역개발을 위해 다른 조직과 끊임없이 연대해야 한다고 주장했다. 우리는 공장과 도시에 대한 대안 없는 반대보다는 스스로 자본이 중심이 되지 않는 기업을 운영하고, 전형적인 방식에서 벗어난 노사 관계를 유지하며 진정한 협동조합 차원의 '다르게 기업하기'가 가능하다는 걸 보여주고 싶다는 야망을 품었다. 그래서 다른 운동, 다른 사회단체들과 교류하려 애썼다. 우리 중 일부는 개인적으로 친분이 있는 단체나 조합에서 계속 활동했다. 당시 우리는 유스호스텔센터Centre laïque des auberges de jeunesse, Claj[12] 같은 조직을 만나기도 했는데 68혁명 이후 이 센터 활동가 대부분은 '지나치게 전위적인' 노동자 자주관리 프로젝트를 추진하기보다는 공장 노동자들의 대중적 행동을 끌어내는 것을 선택했다. 우리는 그들과의 열띤 논쟁에서 우리 선택을 논리적으로 설명해야 했다. 당시 우리는 이론적 무장을 위해 우리 활동에 자양분이 됐던 '노동자 자주관리'에 관한 신간[13]을 읽거나, 신문 서평을 읽곤 했다. 1981년 우리는 다르게Autrement 출판사가 주최한 '다른 노동 모델, 다른 기업 모델' 심포지엄과 환경부가 후원한 고용·환경 원탁회의에 참석해 우리가 만나야 할 사람과 우리 프로젝트에 호의적인 사람을 찾았다. 우리는 항상 우리 활동을 다른 활동과 연결하려고 애썼으며, 더 포괄적인 운동에 참여하려고 노력했다.

12 프랑스 인민전선 정부(1936~1938년)하에서 도입된 주 40시간 노동과 유급휴가 정책을 활용해 대중교육운동의 차원에서 청년의 여가 활동을 권장할 목적으로 설립된 비종교적 단체이다. -옮긴이

13 Pierre Rosanvallon, L'Age de l'autogestion, Seuil, 1976. Ingmar Granstedt, L'impasse industrielle, Seuil, 1980. Guy Aznar, Tous a mi-temps, Seuil, 1981. Daniel Mothe, Autogestion et conditions de travail, Cerf, 1976.

물레방아 발전기를 돌리다

1980년 드디어 첫 번째 건물이 완공됐다. 방적공장에 지붕을 올렸고 각 층마다 타일을 깔았다. 작업장 공간 배치를 기획해야 했지만 아직 경제활동을 시작할 준비가 되지 않았다. 여전히 경험이 부족했고, 전략도 초기 단계여서 시간이 좀 더 필요했다.

이 지역 모든 오래된 공장이 그러하듯 방적공장도 전기 생산이 용이한 강가에 자리하고 있어서 물레방아로 전기를 생산할 수 있었다. 물은 오랜 기간 기계를 작동시킬 수 있는 유일한 에너지원이었다. 방적공장에는 물레바퀴가 두 개 있었는데 하나는 지름이 4미터 되는 제분용 물레바퀴였고, 다른 하나는 지름이 6미터인 방적공장 전력용 물레바퀴였다. 제분용 물레바퀴는 비교적 보존 상태가 좋았지만 방적공장 전력용 물레바퀴는 녹이 슬어 부서진 상태였다. 하지만 근처 수자원으로 에너지를 생산한다는 발상은 그 자체로 신재생에너지를 지지하는 우리를 흥분시키기에 충분했다.

1978년 여름 우리는 물레바퀴를 복원하기 위해 대안기술협회Association Alternative et Technologie와 실험을 했다. 물을 끌어오기 위해 지난 30년 동안 사용하지 않았던 지하 수로를 파냈고, 물이 새는 물통을 고쳤다. 또한 수압을 이용해 텃밭에 물을 댈 수 있도록 우리만의 독창적인 수격펌프를 설치하기도 했다. 물레방아 전력을 생산한다는 것에 매료되긴 했지만 1980년대에 물통 달린 물레바퀴로 기계를 돌린다는 게 황당한 일로 느껴지기도 했다. 문화재 보존 차원에서라면 모를까 현대적 생산에 활용하기에는 무의미해 보였다. 반면 터빈을 이용해 수력 에너지를 전기 에너지로 바꾸는 것은 매우 흥미로운 도전처럼 보였다. 하지만 우리는 전문지식이 거의 없었고 자금도 부족했다. 다행히 마을의 한 오래된 공장 주인이 한 번도 사용하지 않은 수력 터빈(반키 미쉘 터빈)을 갖고 있었다. 그 터빈은 최대 유량이 초당 400리터이고 낙차가 10미터인 우리 방적공장 입지조건에 딱 맞았다. 마침 공장 주인이 저렴한 가격으로 터빈을 팔겠다고 해서 본격적으로 실험을 해볼 수 있었다.

일반적으로 터빈을 설치하는 데에는 많은 비용이 들지만, 고맙게도 우리에겐 친절히 도움을 줄 전문가들이 있었다. 수력 기술자인 자크는 측량과 수로 정비에 도움을 주었고, 다른 한 친구는 파산한 공장에서 헐값에 발전기 모터를 구해주었으며, 또 다른 친구는 수압관 설치에 필요한 유리섬유 재고품을 구해주었다. 돈을 빌려준 사람도 있었다. 우리 프로젝트에 대해 주위 사람들은 호의를 보였고 격려를 아끼지 않았다. 이제 남은 것은 130미터에 이르는 수로에 콘크리트 작업을 하는 것이었다. 많은 공을 들였음에도 수로 작업은 불가능해 보였다. 콘크리트 믹서도 구입했지만 우리는 여전히 삽과 수레를 더 선호했다. 수압관 개폐문 앞에 20제곱미터로 구멍을 뚫고 시멘트를 바르는 데에 50킬로그램짜리 시멘트 1,000부대를 써버렸다. 여러 날 동안 우리에게 정말 큰 도움을 준 두 젊은이, 크리스티앙과 장루이(그의 별명은 뽀빠이였다)를 우리는 '악마처럼' 부렸다.

우리는 강물이 낙하지점(40미터 길이에 10미터 높이)에서 떨어져 터빈까지 오도록 유도하는 방법을 고민해야 했다. 수압관을 설치해야 했지만 금속 수압관을 살 돈이 수중에 남아 있지 않았다. 결국 5미터 길이의 반원기둥 금형을 제작해 합성수지와 유리섬유로 된 관 두 개를 만들어낸 다음 볼트로 고정하고 이어붙였다. 물의 낙하 높이에 맞는 10미터 관을 만들어낸 것이다. 우리는 그 발명품을 매우 자랑스럽게 여겼다.

이 공사는 2년 동안(1979~1980년) 계속 됐다. 사람들은 각자 전문성을 발휘했다. 제라르와 프레데릭은 수로에서 거푸집을 만들고 콘크리트 주조를 했고, 피에르는 오래된 바퀴를 자르고 개폐문을 제작했다. 대안기술협회를 통해 알게 된 장피에르는 전기 관련 업무를 맡았고, 내 아버지는 전자 제어시스템 설치를 담당했다. 모두 자신이 가능한 선에서 시간을 내 작업을 도왔다. 모든 개폐문을 열던 날 우리는 말할 수 없이 벅찬 자부심을 느꼈다. 처음으로 터빈을 가동하자 물이 세차게 돌아가는 소리를 내더니 첫 번째 라디에이터를 가열했다. 우리는 그렇게 얻은 전기를 주로 난 방에 사용했다. 전기 생산이 규칙적이지 않았고 전력량도 공장의 민감한 장치들을 작동시키거나 큰 모터를 돌리기에는 역부족 이었기 때문이다. 터빈은 시간당 최대 30킬로와트를 생산했고 난 방이 필요한 시기에도 만조에만 전기가 생산됐다.

터빈, 프로젝트와 지역의 삶을 연결하다

우리 마을 역사를 다룬 책《마음속의 생피에르빌》의 저자, 샤브 신부님은 마을에서 중요한 인물이었다. 생피에르빌 출신 인 샤브 신부님은 공부를 하러 떠났다가 다른 교구에서 주임 사 제로 있었다. 자신이 태어난 마을과 끈을 놓지 않았던 신부님은 1965년 "생피에르빌 출신 사람과 이 작은 마을에서의 삶에 관심 을 갖는 사람 사이의 유대감을 굳건히 하고 지역개발에 필요한 모든 것을 장려"할 목적으로 생피에르빌친구협회Association locale des Amis de St-pierreville를 창립했다. 협회는 일 년에 두 번씩 신문을 발간 하고 다양한 행사를 열었다. 임대주택 부족 문제를 해결하기 위해 자원봉사자의 도움을 받아 집을 짓기도 하고, 생피에르빌의 주요 생산물인 밤을 테마로 해 현재 밤나무 집^{Maison du chataignier} 전시관의 기원이 된 작은 박물관을 만들기도 했다. 1980년 총회 때 생피에 르빌친구협회는 우리 사업을 장려하기 위해 150유로를 지원하는 안을 투표로 통과시켰다. 액수가 많지는 않았지만 우리에겐 마을의 환대를 뜻하는 상징으로 다가왔다. 그 당시 우리와 같은 '이방인'을 공식적으로 도우려면 그야말로 용기가 필요했다. 우리는 그 돈을 터빈 개폐문 제작에 필요한 자재 구입에 사용했다. 그 뒤로 우리는 항상 생피에르빌친구협회에 감사하는 마음을 지니게 됐다.

1981년 2월 터빈 첫 가동식 날 우리는 마을 사람들을 초청했는데 200명이나 참석한 것을 보고 무척 놀랐다. 개신교, 천주교, 좌파, 우파, 청년, 청소년, 원주민, 이주민…. 그들 모두가 우리의 첫 번째 완성품을 보러 온 것이다. 우리는 사람들의 호의에 감동했다. 그날 우리는 지역에 '받아들여졌다'고 느꼈고, 비로소 우리 프로젝트가 마을 역사의 일부가 될 것이라는 예감이 들었다.

협동조합 설립을 향해

1981년 초 우리는 조합을 설립할 준비가 됐다고 느꼈다. 양털 깎는 사람들은 한 시즌에 약 양 1만 마리의 털을 깎았다. 양·염소기술연구소가 개설한 양털 깎기 완성 훈련 과정에서 우리는 남동권역양모협동조합Cooperative regionale lainiere du Sud-Est의 이사장인 이브 브와송 씨를 만났다. 그는 우리 프로젝트에 흥미를 보였고, 양모 분류 훈련이 끝나자 아르데슈 지역 집하장 세 곳에서 양모 수거를 해달라고 제안했다. 양털을 깎을 때 바로 양모를 분류하자는 우리 제안이 그의 관심을 끈 것이다. 1982년부터 우리는 아르데슈 북부 지역 양모 수거도 맡았다.

덕분에 우리는 상당한 원재료를 확보할 수 있었다. 가공 작업 관련해서도 지난 6년 동안 탄탄한 기본기를 익혔다. 충분히 훈련받은 상태였기에 결의도 가득했다. 이제 더 이상 물러서지 않고 앞으로 나아가야 했다. 하지만 어디서부터 어떻게 시작해야 할까?

당시 우리는 자영 농업인 또는 계절 농업인 자격으로 양털 깎기 일을 하고 있었다. 우리가 생각하는 노동자협동조합을 설립하게 되면 우리 지위가 자영 농업인에서 노동자로 바뀌는 것을 의미했다. 그렇게 되면 매우 엄격한 규정에 따라 적어도 최저임금 지급, 고용보험료 납부, 부가세 신고, 그리고 당연히 어느 정도의 매출을 올려야 하는 책임을 져야 한다. 하지만 어떤 제품을 만들어 팔지 아직 몰랐다. 단지 양털을 깎고 수거할 줄만 알았다. 우리의 목표는 '방적공장을 다시 가동하는 것'이었지만 양털 깎기부터 완성품 판매에 이르기까지 양모산업 구조 전반에 대해서도 깊이 알아야 했다.

우리는 서둘러 협동조합을 설립하기보다는 필요한 노하우를 습득하고 장비를 갖추는 데 주력하기로 했다. 앞으로 나아가기 위해서는 모든 재능을 발휘해야 했다. 양·염소기술연구소나 프랑스 섬유연구소Institut textile francais, ITF 같은 전문기관과 접촉하면 도움이 될 것 같았다. 동시에 양모산업 재건에 필요한 재정 수단도 찾아야 했다. 우리는 지역 정치인에게 도움을 구하고자 우리 프로젝트를 문서화하는 작업을 시작했다. 각자 역할도 나눴다. 피에르 티시에는 양모 세척과 방적공장 장비를 조사했고, 카트린은 교육·훈련 가능성을 탐색했으며, 제라르는 양모 세척을 위한 온수 생산을 연구했다. 나는 마케팅을 담당했다.

우리는 아주 도전적이었다. 피에르는 마자메 지역에 있는 모든 방적공장에 편지를 보내 샘플을 요청하고 가격을 조사했다. 프레데릭은 양사육자조합Syndicat ovin과 접촉했다. 제라르와 나는 수공업 차원의 작은 양모 방적공장이 운영되고 있는 크뢰즈로 연수를 다녀왔다. 제라르와 피에르는 세척장 건립 계획을 세웠다. 그런 가운데 우연히 브르타뉴 지방에서 방적공장을 되살린 사람들을 만나기도 했다.

정관, 자본, 위험

우리는 정보를 얻기 위해 론알프스 노동자협동조합 지역연합회Union régionale des Scop de Rhône Alpes에 찾아갔다. 협동조합 형태야말로 우리 프로젝트에 가장 적합할 뿐 아니라 우리가 추구하는 정신과 문화도 잘 반영하는 것 같았다. 우리를 맞이한 사람은 지역연합회 상근자였다. 그는 경제학과를 갓 졸업한 신입 직원처럼 보였다. 친절했지만 우리 모험에 대해 신뢰가 없는 듯했다. 반쯤은 즐기는 듯하고 반쯤은 거만해 보이는 그의 시선은 우리를 진지하게 대하지 않는 듯했다. 설립자금 규모가 너무 보잘것없어서 우리를 깔보는 것 같았다. 그는 우리에게 노동자협동조합을 만들려면 처음부터 직원 네 명이 필요하다고 설명했다.

그 방문을 계기로 우리는 몇 가지 법률적 개념을 알게 됐고, '시장조사'를 하라는 권고도 받았다. 당시에는 창업과 성공에 인간적 요소가 그다지 중요하지 않다고 여기는 분위기가 팽배했다. 그건 협동조합 세계에서도 마찬가지였다. 우린 그런 고정관념을 뒤엎겠다는 생각을 품고 어금니를 꽉 물었다.

중요하다는 초기 투자 확보를 위해 지역에서 창업 지원금을 받을 수 있는 길을 모색했다. 하지만 주위 사람들은 "아르데슈 도청은 청년에 반하는 행정을 한다.", "아르데슈 도청은 진짜 기업인을 원한다.", "산촌에서 활동한다는 장점이 있지만 결국 대출을 알아봐야 할 거다.", "시청이 당신들 프로젝트를 믿기나 할까?"라며 만류했다. 은행에 가볼까 하는 생각이 들자 자연스레 농협이 떠올랐지만 그러지 않기로 했다. 장애물이 도처에 있다 해도 우리는 우리의 원칙을 지키기로 했다. 임의의 추정치로 장기 부채가 발생할 위험을 감수하기보다는 차라리 시간을 갖기로 했다. 문제는 이 분야에서 우리가 참고할 만한 모델이 없다는 것이었다. 도대체 누가 처음 3년 동안 매출을 얼마만큼 올릴 수 있는지를 미리 알 수 있겠는가? 아직 아무것도 생산하지 않고 판매하지 않았는데 어떤 데이터를 근거로 시장조사를 할 수 있겠는가? 이 지역 시장조사는 해보지 않아도 이미 결과를 알고 있었다. 이 지역에는 양모 수요가 없다는 사실을 말이다.

자본금 출자를 받아볼까? 하지만 우리가 감당해야 할 위험 수준을 생각하면 다른 사람에게 재정적 위험을 안기는 것은 바람직하지 않았다. 차라리 우리 몫의 위험을 스스로 감수하는 게 낫다고 생각했다. 잘못된 추정으로 우리 스스로를 함정에 빠뜨리기보다는 우리의 가능성에 맞춰 조금씩 나아가기로 했다.

장비

우리는 양모 세척장을 만들기로 했다. 당시 아르데슈에 양모 세척장이 있긴 했지만 그곳에 맡기려면 한 번에 아주 많은 양모를 의뢰해야 했다. 최소 취급 단위가 양모 2톤이었는데 우리가 가져 갈 양모라곤 1톤밖에 되지 않았다. 게다가 우리는 양모 관련 업종의 모든 단계를 통합하려는 전망을 갖고 있었기 때문에 우리의 양모 세척장이 필요했다. 그래야 각 가공 단계에 직접 참여해 제품의 생태적 품질을 보장하고 진품을 주장할 수 있다고 생각했다.

방적공장에 있던 옛날 장비는 사용할 수 없었기에 장비도 구비해야 했다. 피에르는 마자메 지역 폐 방적공장에서 중고 장비 구입 기회를 찾았다. 우리는 장비 경매에서 북부 아프리카나 터키, 파키스탄에서 온 구매자들과 경쟁해야 했다. 다시 말해 우리 나라에선 소멸기에 접어든 양모산업에 막 첫발을 내디딘 꼴이었다. 간혹 자기 직업에 열정적인 고용주와 노동자를 만나기도 했다. 그들은 우리를 정신 나간 사람으로 취급하지 않았다. 오히려 자신들의 노하우에 관심을 갖고 있으며 뜨거운 열정으로 활력이 넘치는 젊은이들을 만난 것에 행복해했다. 어려운 점이 있다면 우리가 찾은 장비가 너무 커서 옛 건물에 들어가지 못한다는 것이었다. 그 장비들을 산다면 특수 창고를 따로 마련해야 했다.

편물기 역시 공업용은 비싸고 크기도 엄청났다. 우리 같은 사람들에겐 가정용 편물기가 좀 더 적합했지만 그건 시제품용으로나 사용하는 것이 맞았다.

그리고 재능!

독학은 한계가 있었다. 우리는 우리의 필요와 각자의 성향에 맞는 훈련 코스를 물색했다. 피에르는 양·염소기술연구소에서 데투슈 씨가 개설한 양모 세척 과정을 들었다. 거기서 우리 프로젝트에 알맞은 모든 기본 기술을 배웠다. 피에르는 마자메 지역에 있는 프랑스섬유연구소 기술자를 알게 돼 우리 양모의 분석을 의뢰했다. 프랑스섬유연구소는 우리 양모의 길이, 섬도, 내구성 같은 특성을 알려줬고, 그 특성에서 무엇을 기대할 수 있는지 자문해주었다. 장피에르는 매트리스(침구, 답요) 제작 공방에서 솔질과 바느질을 익혔다. 양모가 많이 들어가는 매트리스 제작은 흥미로운 데다가 제작 장비도 저렴했다. 카트린은 회계와 재무 지식이 써먹을 데가 많다는 것을 알고 통신수업으로 전문대 회계 과정을 들었다. 리옹에서 기업 창업 교육도 받았다. 우리는 경제활동을 향해 첫 발걸음을 내딛을 준비가 됐다고 느꼈다.

중요한 결정을 내릴 시간

우리는 처음부터 직원 4명을 둔 노동자협동조합을 설립할 여력이 안 됐지만 시제품을 생산해 판매 테스트를 해보는 일은 시급했다. 그래서 우선 개인사업자 자격으로 시작해 보기로 했다. 개인사업자는 모든 것을 스스로 책임져야 하기 때문에 경비를 지출하고 대금을 갚고, 자기 급여를 챙기면 됐다. 사회보험료는 정액제였는데 사업 첫해에는 최소 금액만 납부하면 됐다. 우리는 사전 테스트 없이 일을 시작했다가 빚더미에 오르는 위험은 떠안지 않기로 했다.

1981년 10월 1일 피에르는 우리 모두의 지지를 받아 상공회의소Chambre des metiers에 매트리스 제작 개인사업자로 등록했다. 교사인 그의 아내 시몬은 별도의 보증 없이 개인 대출을 받았다. 피에르는 그 대출금으로 맞춤형 통 2개, 압축기, 온수기, 큰 송곳이 장착된 개섬[14] 기계, 헹굼통과 탈수통 등 양모 세척 장비와 매트리스 제작에 필요한 작은 기계도 구입했다.

---

14 세척을 통해 불순물을 제거한 다음 엉긴 섬유뭉치를 찢고 두드리고 빗질하는 등의 방식으로 풀어 헤치는 공정을 말한다.-옮긴이

양모 세척 장비를 물색하는 동안 그는 아주 흥미로운 중고 방적기계를 발견했다. 3미터 너비의 대형 카딩 기계 네 대가 30미터 길이로 연결된 세트였다. 이 세트는 방적을 위해 양모를 점점 얇게 펼치는 카딩 공정에 필요했다. 우리는 오랜 시간에 걸쳐 회의를 했다. 기계를 발견한 것은 좋은 일이었지만 설치할 공간도, 방적 기술도 부족했기 때문이다. 기계는 5,335유로로 그리 비싸지 않았고 상태도 아주 좋았다. 어쩌면 우리에게 다시 오지 않을 특별한 기회라는 생각도 들었다. 우리는 미친 짓이라는 생각도 들었

카딩 기계 세트 피에르는 아주 흥미로워 보이는 기계 세트를 발견했다. 우리는 미친 짓이라는 생각을 하면서도 그 기계를 구입하기로 결정했다. (사진: 실비 크롤라)

지만 누군가 우리를 떠밀기라도 한 듯 구입을 결정했다. 방적기계 해체와 운송(금속 22톤)은 전문회사에 맡겼는데 비용이 기계 값만큼이나 비쌌다. 언젠가는 다시 조립해야 한다는 생각에 피에르는 모든 해체 과정을 자세히 관찰했다.

"우리는 일단 개인사업자 자격으로 양모 일을 시작하기 위해 장비를 구입하기로 했다. 1981년 가을 마자메의 프랑스섬유연구소에 연락했더니 중고 기계 판매인과 폐업한 회사 주소를 알려주었다. 나는 수많은 사람을 만나고 수많은 기계를 보았다. 그러다 내가 찾던 기계와 비슷한 것을 발견했다(당시 운영되던 회사 절반은 지금 문을 닫고 있다).

우리는 푸졸^{Pujol} 사에서 카딩 기계 세트를 발견했다. 푸졸 사는 군용 및 구호용 담요를 생산하는 큰 기업이었다. 사장은 나이가 많았지만 자녀들은 사업에 관심이 없었고 경영을 잘 모르는 군인 출신 임원들은 인수를 꺼려 결국 폐업을 할 수밖에 없었다. 그 공장은 너무 커서 자전거를 타고 내부를 둘러봐야 할 정도였다. 문제는 우리가 발견한 그 기계를 보관할 곳을 찾는 것이었다. 그 기계가 당장 우리에게 필요한 것은 아니었기 때문이다. 우리는 지역 창고와 공장을 돌아보았지만 마땅히 믿을 곳이 없었다. 그러다 주택 건설 목적으로 옛 제재소를 매입한 어떤 사람을 만났다.

그는 옛 제재소 건물을 우리에게 임대해주기로 했다. 또 마을에서 차고를 빌리는 데도 성공했다. 기계 장비는 전문회사에 의뢰해 해체했고, 장비 운반을 전문으로 하는 운송회사에 운반을 맡겼다. 불행히도 세미 트레일러 두 대가 이 장비를 싣고 생피에르빌에 도착했을 땐 눈이 엄청나게 내렸다. 모든 것이 눈으로 덮였고 화물용 승강기를 가져온 트럭은 회전을 할 수 없는 상황이었다.

그때 놀랍게도 마을 사람들이 연대의식을 보여주었다. 우리가 처한 곤란한 상황을 지켜보던 주민들이 하나둘 삽을 들고 와서 눈 치우는 것을 도와주었다. 눈이 담긴 삽이 허공을 갈랐고, 이 광경을 더 잘 보려고 창문을 연 할머니는 머리에 눈벼락을 맞기도 했다."

–피에르

첫 번째 고객

1982년 1월 첫 번째 판매가 이루어졌다. 우리는 피에르 가족에게 우리 매트리스를 170유로에 팔았다. 우리에게 호의적이던 피에르 가족이 기꺼이 '첫 번째 고객'이 되어준 것이다. 연달아 다른 가족과 친구에게도 매트리스를 팔았다.

우리는 매트리스와 함께 또 어떤 제품을 팔면 좋을지 고민했다. 맨 먼저 떠오른 아이디어는 '뜨개실'이었다. 우리는 제품 아이디어가 더 구체화되기 전까지 크뢰즈에 있는 한 방적공장에서 일하면서 작업을 진행했다. 우리는 양모 2톤을 세척하고, 실을 만들었다. 몇 번의 시도 끝에 여러 색상의 실타래로 작은 제품군을 만들 수 있었다. 작은 가정용 편물기를 구입해 몇 가지 편물 패턴도 구상하기 시작했다. 매트리스 작업장 옆엔 판매를 위해 작은 전시공간을 마련하고 길가에 팻말을 놓았다. 피에르는 마을 시장 몇 곳에서 판매를 시도했다. 우리는 이 작업을 일종의 제품 사전기획, 테스트, 시장조사 정도로 간주했다. 장비를 조립하고 완제품을 만들어 판매하는 일련의 과정을 처음부터 동시에 잘할 수는 없는 노릇이었다. 그래서 판매 저조를 심각하게 걱정하지는 않았다.

마침내 카딩 기계 세트를 옮겨와 세척장에 설치하고 매트리스 작업장을 가동하기 시작했다. 드디어 첫 발걸음을 내디딘 것이다. 벌써 2만 2,867유로를 투자했다. 우리는 이제 양털을 깎을 줄 알고, 양털을 세척해 고르게 펼 수 있으며, 매트리스를 제작해 약간의 뜨개실, 스웨터 시제품 몇 개와 함께 판매할 수 있게 됐다. 경험이 쌓이면서 견고한 팀이 됐고 서로를 신뢰하게 됐다. 그리고 더 이상 주저하지 않았다. 이제 노동자협동조합을 설립하고 당연히 여러 일자리를 만들어내야 했다.

1982년, 아르들렌의 탄생

　기업 창업 교육에서 법률 사항도 배운 카트린은 노동자협동조합을 설립하는 것이 합리적이라 확신했다. 노동자협동조합은 여러 명이 함께하는 데 적합한 조직 형태로, 자본금 대부분을 일하는 노동자가 보유하고 1인 1표라는 민주적 원리를 준수하며 임원을 총회에서 선출한다. 우리는 협동조합 설립을 위해 노동자협동조합 지역연합회와 약속을 잡았다. 예전에 이곳을 찾았을 때보다 더 준비된 상태였다. 우리는 스스로를 믿었고 서로를 신뢰하였으며 관계도 더욱 탄탄해졌다.

　물론 설립 출자금 1구좌가 30유로인 걸 생각하면 보잘것없을 수도 있다. 우리조차도 회사를 창업한다기보다 민간단체에 회비를 납부하는 것 같은 느낌을 받았으니 말이다. 그래도 생피에르빌과 비엘오동 프로젝트에 참여하던 16명 모두가 출자에 참여해 총 자본금이 480유로가 됐을 때는 느낌이 달랐다. 액수의 문제가 아니라 협동조합 설립이 가지는 상징적 의미가 더 크게 다가왔기 때문이다. 당시 우리는 자본금을 모았다기보다 사람을 모았다고 할 수 있다. 자본금이야 앞으로 필요에 따라 자유롭게 늘리면 되니 말이다.

　그 다음으로 우리는 협동조합의 이름을 지었다. 듣기 좋고 오랫동안 사용할 수 있고 모두의 마음에 꼭 드는 이름을 찾아야 했다. 우리는 모두가 참석한 자리에서 각자 생각한 이름을 다섯 개씩 내 가장 좋은 것을 선택하기로 했다. 모두들 상상력이 풍부했고 즐거워했다. '양모의 모든 것을 뜻하는 투트렌Toutenlaine, 섬유와 제조를 뜻하는 라 패브릭La fabrique, 양모협동조합을 뜻하는 쿱렌Cooplaine 등이 거론됐지만 여러 후보를 제치고 아르데슈Ardèche와 양모laine, 양모기술art de laine을 뜻하는 '아르들렌Ardelaine'이 만장일치로 통과됐다.

1982년 5월 10일 우리는 발랑스에서 정관을 검토한 후 감격에 겨워하며 서명을 했다. 그 서명이 무엇을 의미하는지 너무나도 잘 알았다. 우리는 지역 양모산업 재건에 도전했고, 경제활동을 통한 지역발전을 믿으며, 다르게 일하는 데 성공하기를 희망했다.

아르들렌 창립의 세 가지 중심축

생산 전후 단계를 통합하는 지역 양모산업 재건하기

애초에 우리가 양모산업의 모든 단계를 아우르기로 한 것은, 양모의 생산, 수거, 분류 및 보관 같은 사업 활동이 소멸되는 상태에 맞서 기술적으로 대응하기 위해서였다. 아르데슈에서 양 사육은 농부들이 농사 외에 미개간지를 활용한 수익 활동의 일환으로 시작한 것이다. 그러다 보니 사육 규모가 작고 품종도 천차만별이었다. 때로는 한 무리 내에도 여러 품종이 섞여 있었다. 그래서 양모를 수거한 후 품질을 분류하는 데 비용이 많이 들 수밖에 없었다. 우리는 양 사육자에게 직접 찾아가 양털을 깎고 현장에서 바로 양모를 분류했다. 너무 이질적이거나 상태가 좋지 않은 양모는 솎아내면서 품질에 따라 가격을 지불했다. 이를 통해 초기 공정에서부터 원재료 품질을 향상시킬 수 있었다.

양모산업의 전체 가치사슬 구조를 감당하는 것은 어려운 도전이었다. 수공업적 규모로는 산업적 생산성과 수익성을 따라가기 힘들기 때문이다. 당연히 우리의 작은 세척장과 대규모 세척장은 비교할 바가 못 됐다. 그럼에도 우리는 직접 세척을 함으로써 다른 어떤 곳에서도 할 수 없는 원재료의 생태적 품질을 보장할 수 있었다. 또한 매트리스와 의류 제작 공정에도 직접 참여해 관리 감독하며 우리만의 독창적인 제품을 만들어갔다.

마케팅을 시작해 시장 진입도 모색했다. 직판으로 고객과 직접 만났고 고객의 요구에 귀 기울였다. 우리는 관계, 존중, 신뢰를 중요하게 여기면서 공격적이고 약탈적인 판매 방식과는 거리를 두었다. 제조 그 자체로는 가치를 인정받지 못하는 생산 부문을 지원한다는 취지로 마케팅을 통해 판매 수익을 올리는 것을 중요하게 여겼다.

우리는 생산에서 판매까지 모든 단계에 직접 참여했기 때문에 원자재 품질은 물론 생산자와 소비자의 관계 형성에 이르기까지 전 과정에 걸쳐 질적 향상을 이룰 수 있었다. 제품 생산 전후 모든 단계를 아우르며 진정한 가치 창출을 이룬 셈이다.

경제활동을 통한 지역발전 도모하기

우리의 모험은 산업화 바람에 냉혹하게 버려지고 황폐해진 지역을 재건하는 활동이었다. 산업화는 인구, 부, 권력 등 모든 것을 도시로 집중시켰다. 우리는 기업이 금융 권력의 도구로 전락한 세계에서 외면받던 지식, 공간, 자원에 새로운 가치를 부여해 지역과 사람 사이의 새로운 균형을 이루고자 했다.

시류에 반하기는 했지만 결코 아웃사이더는 아니었다. 그저 우리가 설정한 방향 속에서 사회적, 경제적 모험을 하고자 했다. 우리는 앞으로 개인의 소비가 환경이나 사회에 미치는 영향을 의식하는 소비자가 점점 많아질 것이라고 생각했다.

그동안 황폐해진 지역을 재건하기 위해 지역은 물론 국가와 유럽 전체 등 여러 범위에서 수많은 조치를 취했지만 성과는 미미했다. 이에 대해 우리는 죽어가던 마을이 사회적, 경제적, 문화적으로 다시 활력을 찾기 위해서는 공공부문과 함께 민간부문, 즉

시민의 실질적 참여가 필요하다고 생각했다.

도시에서 한 시간 거리에 있는 인구 400명의 작은 마을, 우리는 그곳에서 버려진 지역자원에 가치를 부여하는 것으로 시작해 일자리를 창출하는 도전을 감행했다. 일자리는 지역 인구를 유지하는 필수불가결한 요소이다. 지역이 단지 휴가를 보내러 오는 사람이나 은퇴자를 맞이하는 장소로만 인식되어서는 안 된다고 생각하기 때문이다. 신농촌 경제활동은 대부분 귀농 가족 차원에서 이루어졌다. 우리는 다른 차원의 소규모 기업들도 발전시킬 필요가 있다고 보았다. 그 기업들이 안정적인 이윤을 내는 '수익성이 좋은 기업' 범주에는 못 들어가더라도 최소한 농촌사회를 지탱하고 가족들이 자연이 보존된 환경 속에서 살아가도록 만들 수 있을 것이다. 언제쯤 경제적 성과만큼이나 사회적, 환경적 성과를 기업 평가에서 주요한 지표로 삼게 될까?

다르게 기업하기

우리는 지역개발을 위한 기업을 설립하는 것뿐만 아니라 그 속에서 구현할 문화도 중요하게 생각했다. 우리는 스스로를 사회적 실험실로 간주했다. 그리고 이상과 실천이 일관된 삶을 살고자 했다. 우리는 전형적인 노사관계, 엄격한 분업, 순전히 경제적인 이익만을 추구하며 '지하철-일-잠'을 반복하는 다람쥐 쳇바퀴 같은 삶을 거부했다. 우리는 당시 잡지 〈다르게〉에서 앙리 두지에와 질 상셀이 묘사한 운동과 같은 방향을 추구하고 있었다.

쉬운 말로 '새로운 기업가'로 표현되는 하나의 현상이 나타나고 있다. 행동주의나 일상주의 학파의 난해함에 실망스러워하고, 매일 일자리는 줄어드는 상황에 놓여 있으면서도, 왜 즐겁게 일하고 공동으로 운영되는 사업장을 만들려고 하지 않는가?"

—낭시 심포지엄 보고서, "다른 노동 모델, 다른 기업 모델", 1981.

공동 운영은 모든 사람이 다른 사람의 말에 귀를 기울이고 차이를 존중하는 신뢰의 공간과, 모두가 함께 제품을 만드는 생산의 공간을 협력해서 이루어내자는 '연대에 대한 열망'에서 비롯됐다. 모두의 이익을 위해 각자의 역량과 수단을 상부상조하자는 것이다. 우리는 목가적인 팔랑스테르[15]를 만들려고 한 것은 아니지만 신뢰하는 환경 속에서 쓸모 있는 작업을 실현하기 위해 몇 명의

---

15 팔랑스테르Phalanstere는 푸리에가 고안한 이상적인 자율적 조화의 공동체를 이르는 말이다. 그에 의하면 인간은 810가지 특성을 갖고 있다. 이에 따라 팔랑스테르는 남성과 여성 각각 810명씩 총 1,620명의 사람이 생활하는 것을 원칙으로 삼았다. 이곳에선 인간이 지닌 모든 특성이 자유롭게 발휘되고 상호 연결되므로 주민은 억압의 산물인 무질서에서 벗어나게 된다고 푸리에는 주장했다. —옮긴이

개인이 일시적 또는 지속적인 방식으로 결합하는 것이 가능하다고 믿었다.

한 사람이 여러 가지 업무를 수행하도록 하는 것은 업무 효율성을 높이기 위한 분업 및 협업 시스템과 상반되는 것으로 비춰질 수 있고 사람마다 역량이 다르다는 것도 잘 알지만, 우리는 사람들 사이에 벌어지는 갈등 가운데 일부는 다른 사람의 활동 분야를 이해하지 못하는 데서 생길 수 있다고 생각했다. 그래서 몸으로 하는 작업이든 머리를 쓰는 일이든, 생산이든 홍보든 각 구성원이 다양한 분야에 참여하도록 했다. 한 작업을 다른 작업보다 평가절하해서 다른 가치를 부여한 적이 없고 특히 그런 식으로 급여를 산정하지도 않았다.

우리는 노동을 다른 방식으로 생각했다. 가족생활이나 여가에 반하는 소외된 시간이 아니라, 자신을 표현하고 자신에 대해 알아가고 값진 우정을 발휘하고 의미 있는 행동에 참여하는, 우리 삶에서 없어서는 안 될 시간이라고 말이다.

우리는 스스로 19세기 산업혁명기에 출현한 거대한 이상과 협동조합 역사의 상속자라고 생각하지만, 이반 일리치가 수많은 작품에서 설명했던 것과 같이, 21세기에 비생산적이 될 수 있는 산업적 가치에 대해 의문을 제기하는 선구자라는 생각도 했다.

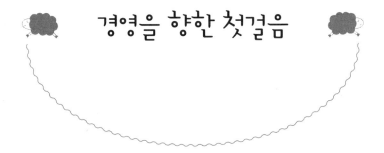

4장

1982~1985
경영을 향한 첫걸음

서류상으로 회사 형태를 갖추었으니 이제 본격적인 경제활동을 시작해야 했다. 자원봉사자와 함께하는 민간단체 같은 시스템에서 벗어나 엄격한 규칙이 있는 경영 시스템으로 전환해야 했다. 경영을 통해 급여를 주고 지출을 하는 것은 우리에게 새로운 경험이어서 약간 걱정이 되기도 했다. 하지만 그것은 우리의 성공을 좌우하는 문제였다. 우리는 재료를 비축해 제품을 개발하고 안정적으로 생산해 팔아야 한다.

첫 제품을 만들어 팔기까지

우리는 남동권역양모협동조합에서 의뢰받은 양 사육자를 찾아가 양털을 깎고 아르데슈 전역에서 양털을 수거했다. 우리 제품 제작에 필요한 양모도 양모협동조합으로부터 구입했다. 당시 양모 시장은 매우 어려웠고 양 사육자들도 양모는 수익성이 없다고 확신했다. 하지만 우리가 처음 뽑은 양모 실타래를 보여준 날 양 사육자들은 무척이나 놀라워했다. 그들 중 일부는 그 실타래가 그들의 양모로 만든 것이라는 사실을 믿지 못했다.

우리는 우리가 만든 작은 세척장에서 처음으로 양모 몇 킬로그램을 씻는 데 성공했다. 최소한의 자금으로 그 일을 해냈다. 세척 기계는 잘 작동했지만, 폐수 처리나 양모 건조는 난감한 일이었다. 우리는 돈을 들이지 않거나 최소의 비용으로 그 문제를 해결할 방법을 고민했다. 다양한 시행착오 끝에 폐수를 으깬 채소 더미에 한 번 흐르게 하면 필터를 통과한 것과 같은 효과를 볼 수 있다는 것을 알게 되었다. 양모 건조는 오래된 덤프트럭에 대형 선풍기를 달아서 했다. 그렇게 해서 깨끗하게 잘 마른 양모를 매트리스에 넣었다. 매트리스 작업장은 간이로 만들었는데, 중고로 구입한 전기식 기계와 매트리스에 들어갈 양모 형태를 잡아주는 기계, 그리고 봉제를 위한 큰 탁자가 있었다. 우리는 매트리스 작

첫 번째 매트리스 우리는 직접 세척을 해서 다른 어떤 곳에서도 할 수 없는 원재료의 생태적 품질을 보장했다. 또한 매트리스 제작 공정에도 직접 참여해 관리 감독하며 우리만의 독창적인 제품을 만들어갔다.

업장을 방적공장 꼭대기 층에 설치했다. 목조와 천장을 수리할 자금이 부족했기 때문에 작업장은 온기를 보존하지 못했다. 그래서 겨울에는 스웨터를 두 개씩 겹쳐 입고 양말도 두 개씩 신고서 버텨야 했다.

　판매를 위해선 더 다양한 제품이 필요했다. 그중 하나로 우리는 뜨개실을 생각했다. 하지만 아직 우리 공장에 방적기계가 설치되기 전이었기에 당장은 하청을 주기로 했다. 우리는 세척한 양모를 크뢰즈에 있는 방적공장에 갖다 주고 다양한 색상과 굵기로 실타래를 만들어달라고 부탁했다. 또 가정용 편물기로 스웨터를 몇 벌 만들어본 우리는 전국에서 양모 편직을 전문으로 하는 작업장 두 곳을 찾아냈다. 하나는 상트르 지역에, 다른 하나는 피레네 지역에 있었다. 우리는 그들에게서 몇 가지 편물 스웨터 샘플을 구입해 제작한 다음 판매 테스트를 했다. 아르데슈 남부 작은 마을에 정착한 한 친구는 손으로 누빈 이불을 제작해 개인이나 장식가들에게 팔고 있었다. 우리는 그녀에게 양모 이불을 만들어달라고 요청했다. 독일에서 양모 식탁보가 널리 사용된다는 것을 알았기에 프랑스에도 양모로 만든 이불을 알리기로 했다.

우리가 제작한 매트리스는 약간 '복고풍'이라 신세대 취향을 고려해 리넨과 면 혼방을 사용하거나 '건강 매트리스'라고 이름 붙인 탄력과 탄성이 좋은 튼튼한 매트리스를 만드는 등 새로운 제품을 개발해나갔다.

이렇게 해서 우리는 판매 제품 리스트에 매트리스, 뜨개실, 누빈 이불 등을 갖게 됐다. 하지만 침대 밑판 없이 매트리스만 판매하는 건 쉽지 않았다. 그래서 침대 제작자와 협업해 침대 세트를 만들기로 했다.

영업에 나서다

우리는 먼저 지역에 우리를 알리기로 했다. 양모에 관심 있는 사람들에게 생피에르빌에서 일어나는 변화를 알릴 필요가 있었다. 마을 장터는 우리를 알리고 우리 제품을 조금이라도 판매할

첫 번째 판매 우리는 먼저 지역에 우리를 알리기로 했다. 마을 장터는 우리를 알리고 제품을 판매할 수 있는 좋은 장소였다. 우리는 작은 트럭을 끌고 날마다 이웃 마을로 잠재 고객을 만나러 갔다.

수 있는 좋은 장소였다. 우리는 작은 트럭을 사서 우리 제품에 맞게 조립이 가능한 판매대를 만들었다. 날마다 약 50킬로미터 반경 내에 있는 이웃 마을로 잠재 고객을 만나러 갔다. 월요일에는 생타그레브, 화요일에는 라마스트르, 수요일에는 쉘라르, 목요일에는 베르누, 금요일에는 라불트, 토요일에는 프리바에 갔다. 마을 장터를 도느라 엄청난 에너지를 소모했지만 판매는 저조했다. 그래도 우리를 알리는 것이 우리가 안착하는 데 도움이 될 거라는 생각에 낙담하지 않았다.

그래도 매출을 올릴 필요는 있었다. 우리는 판로 개척을 위해 인테리어 제품을 판매하는 캬미프Camif[16] 협동조합의 카탈로그를 생각했다. 카탈로그에는 이미 비슷한 제품이 있었고 캬미프는 당시 1년에 양모 매트리스 약 1,000개 정도를 판매하고 있었지만 우리는 캬미프의 침구 영업 책임자와 약속을 잡고 우리 양모 매트리스도 제안했다. 우리의 제안을 들은 담당자는 본사의 요구사항을 알려주었다. 우리는 본사 테스트에 통과할 제품 샘플과 우리 회사의 재정 건전성과 신뢰성을 증명할 서류를 만들어야 했다. 또 제품 도매가도 정해야 했으므로 양모 가격, 인건비, 운송비 등을 정확히 계산했다. 그렇게 노력을 했건만 결국 캬미프에 우리 제품을 넣지는 못했다. 그 일로 교훈을 얻은 우리는 과연 대형 유통회사에 우리 제품을 납품하는 것이 맞는지 고민하게 됐다.

우리는 노동법에 근거해 50인 이상 사업장에 의무적으로 설치된 직원위원회를 통한 판매도 생각했다. 실제로 아르데슈 지역에 본사를 둔 대기업에서 일하는 친구들에게 연락해서 몇 번 전시 판매를 하기도 했다. 하지만 큰 성공을 거두지는 못했다. 파리에 있는 대형 침구 판매점에도 연락했지만 그들은 공장에서 대량 생산된 침구 판매를 늘리기 위해 지난 10년 동안 수제 양모 매트리스 판매 비중을 떨어뜨리는 데 힘써왔다고 했다.

16 캬미프Camif는 1947년 프랑스 교직원 보험공제조합MAIF 가입자들이 설립한 실내 인테리어 분야 소비자협동조합으로, 2006년에는 업계에서 온라인 판매 3위까지 올라갔다. 그 후 경영 위기를 맞아 마틀솜Matelsom 그룹에 인수됐다. ─옮긴이

그러던 어느 날 시장에서 우연히 만난 한 사람이 우리에게 파리 마졸렌 박람회에 참가해보라고 권했다. 마졸렌 박람회는 자연과진보협회Nature et Progrès가 주관하는 유기농 및 친환경 제품 전시회로, 제라르가 섬유공예작가로 활동할 때 첫 전시회에 출품한 적이 있었다. 그동안 전시회는 많이 발전해 이제는 천연제품과 유기농에 관심 있는 사람들을 집결시키는 장이 되었다. 우리는 곧 참가신청을 한 뒤 마졸렌 전시회에 참여했다. 비록 아주 작은 전시대에 제품도 몇 안 되었지만 그동안 다른 곳에서는 경험하지 못한 환대와 관심을 받았다. 이를 계기로 우리는 안도감을 느꼈고 지지를 받는 듯했다. 우리 제품을 위한 고객은 바로 거기 있었다!

현장 판매는 투자 비용이 최소로 든다는 이점이 있다. 우리는 매장을 정비하고 길가에 새로운 팻말을 설치했다. 지나가는 모든 사람을 맞이할 준비가 됐지만 여름 시즌을 제외하면 여전히 소수의 사람만 다녀갔다. 통신판매도 생각했다. 양모 뜨개실 샘플집을 제작해서 관심 있는 사람에게 배포했다. 아쉽게도 반응은 거의 없었다. 그러던 1984년 어느 날 미셸 코스타가 우리를 찾아왔다. 당시 그는 농업공동체이익조합Société d'intérêt collectif agricole, Sica[17] 차원에서 세벤 지역 실크 산업을 되살리기 위해 힘쓰고 있었다. 지역 전통 섬유에 가치를 부여하려는 그를 보면서 우리는 동질감을 느꼈다. 그는 회사 영업 담당자가 고객 주소록을 들고 사라지는 바람에 낭패를 겪은 경험도 있었다. 미셸 코스타와 우리는 회사 정보 보안을 위해서는 직판을 해야 한다는 데 뜻을 모으고, 공동 통신 판매를 위해 카탈로그를 만들기로 했다.

언론도 우리에게 관심을 갖기 시작했다. 농업저널 〈아그리세트〉는 "양모, 우리가 만듭니다"라는 제목의 기사에서 우리를 다루었고, 기독청년농촌운동Mouvement Rural de Jeunesse Chrètienne이 펴내는 저널 〈폴라브완〉도 "양모 바람을 몰고 온 노동자협동조합"이라는 제목의 기사에서 우리를 소개했다. 양 사육 전문잡지 〈파트르〉도 "지역 양모산업에 다시 가치를 부여하다"는 제목의 기사에서 우리를 다루었다.

그럼에도 늘 우리를 괴롭히고 지배한 것은 시설 투자와 회사 운영, 제품 보관에 필요한 '돈', '매출', '재무 수단'이었다. 우리는 모든 비용을 추정해 불확실한 예측을 해보았다. 분명한 것은 운영비 없이 성공하기는 어렵다는 것이었다. 그런데 운영비는 얼마나 필요한 걸까? 우리는 정확한 예산은 알지 못했지만 자금을 조달할 수 있는 모든 방법을 찾아 나섰다.

---

17 프랑스의 농업공동체이익조합Sica은 협동조합이나 농협법에 따른 농협협동조합과는 달리 1947년 협동조합 공통법에 따른 규정이 적용된다. -옮긴이

자금을 찾아서

우리는 각자 출자한 30유로가 자본금으로 충분치 않다는 것을 잘 알고 있었다. 그건 자본금이라기보다는 각자가 프로젝트에 참여한다는 의미가 더 컸다. 그동안은 각자의 개인 돈과 우리가 함께 모은 약간의 저축을 초기 자금으로 사용했지만 이제는 회사가 설립된 상태였기에 운전자금과 사업개발비를 조직적으로 조달해야 했다.

출자금 : 가족과 활동가의 지원

조합이 불투명한 상황에서 외부 투자를 요청하면 위험이 따를 뿐 아니라 이득도 크지 않아 투자자에겐 매력적일 수 없을 것이 자명했다. 그래서 우리는 조합의 자율성을 보장해주면서도 기꺼이 우리를 도와줄 수 있는 가족들에게 먼저 손을 내밀었다. 그 뒤로도 여러 방향으로 자금을 모을 수 있는 방법을 고민했지만 뾰족한 수가 떠오르지 않았다.

그러다 1985년 우리의 가족들과 시민연대투자자클럽Club d'initiative pour la gestion alternative de l'épargne[18]으로부터 2만 733유로를 모으는 데 성공했다. 시민연대투자자클럽은 대안적 프로젝트에 투자하기 위해 5년 동안 매달 자금을 모으는 사람들의 모임이다. 당시 시민연대투자자클럽은 자신들의 이상에 부합하는 삶을 살고자 하는 수많은 활동가들을 결집시켜 전국적으로 그 수가 늘어나는 추세였다. 그들의 투자금액은 크지 않았지만 우리 같은 기업의 후원자로서, 은행을 상대로 보증을 해주는 역할로서 어느 정도 영향력을 행사했다.

모든 협동조합은 조합원의 가입 및 탈퇴, 자본금 증자 등에 따라 자본이 변동된다. 여기에 우리는 노동자협동조합으로서 정관에 매월 급여의 5퍼센트를 공제해 자본금으로 적립하는 규정을 두고 있었으므로, 비록 직원 수는 적고 초기 급여를 감안하면 총액이 크지는 않겠지만 수년간 꾸준히 증가할 것으로 기대할 수 있었다.

자금 조달을 위해 은행 대출도 떠올렸지만, 위험 요소는 많은데 보증할 만한 게 적다는 답변이 돌아올 게 너무 뻔해서 고려하지 않기로 했다. 그래도 공공자금 지원을 받는 것에 대해서는 생각해볼 필요가 있었다.

18 시민연대투자자클럽CIGALE은 지역발전과 일자리 창출을 위해 주로 사회연대경제 기업의 창업 및 운영에 투자하는 시민들의 자발적, 한시적 모임이다. 모임 당 5~20명 정도가 참여하고 1인당 월 최소 7유로 이상을 납부하며 친환경에너지, 공정무역, 지역개발 등 다양한 프로젝트에 투자한다. 전국적으로 200개 이상의 클럽에 3,000명 이상이 참여하고 있다. -옮긴이

보조금

우리 프로젝트는 공익을 추구했다. 황폐해진 지역에서 버려진 지역자원에 가치를 부여해 지역산업을 재건하는 것을 목표로 했기 때문이다. 우리는 중앙정부 및 지방정부에서 지원을 받을 수 있는 방안을 알아보고 적합한 대화 상대를 물색했다. 우리는 신뢰감을 주는 데에는 여전히 어려움을 겪었지만 많은 사람을 만날수록 대응방식도 조금씩 발전했다.

'고용 – 환경' 미션

1981년 사회당 정부가 들어선 후 미셸 크레포 환경부장관은 파리 7대학 환경학과장이던 자크 비뉴롱에게 고용과 환경에 관한 연구를 맡겼다. "피에르 모루아 정부의 고용 정책에 따라 환경 분야 기업 창업과 일자리 창출을 위한 구체적 방안을 도출하는 것"[19]이 연구 목적이었다.

이 연구를 토대로 혁신적인 아이디어들이 개발됐고, 사람들은 지역 황폐화 문제와 일자리 창출을 통한 청년 인구 유지의 중요성을 인식하게 됐다. 연구를 통해 도출된 대규모 프로젝트는 물론

19 자크 비뉴롱은 1981년 10월 15일 환경부 장관에게 환경 보호, 일자리 창출 정책의 주요 구성 요소, 환경 관련 지방분권 방법, 정책 제안 및 실행 계획서 등이 담긴 연구보고서(안)를 제출하였다.

소규모 프로젝트나 지역 이해에도 관심이 높아졌다. 아울러 '위로부터 아래로의 행정 개입이라는 전통적인 도식'을 뒤엎는 새로운 방법론이 권장됐다. 대부분의 도에서 도의원, 지역 활동가, 직능조직 대표, 행정 공무원을 주축으로 한 고용-환경 원탁회의가 모범 사례로 부상했다. 우리는 환경부 차관인 위게트 부샤르도가 주재한 파리 심포지엄에 참여했고, 아르데슈에서 열린 여러 모임에도 열성적으로 참석했다.

우리는 믿음을 갖고 기술적 계획, 경제적 계획, 정치적 계획을 기술하는 항목에 맞게 서류를 작성했다. 정치적 계획 항목에는 다음과 같이 썼다.

친환경적 생산과 서비스 제공, 지역 상황에 맞는 원재료 선택, 양모 가공의 순환과정 관리, 지역 에너지원의 생산 관리, 새로운 형태의 기업 운영, 지역사회 통합 노력 등

우리는 이 서류를 1982년 2월에 제출했지만 상당 기간 별다른 답변을 받지 못했다. 답변을 기다리며 애태우고 있을 때 한 사무원이 전화를 걸어와 서류를 잃어버린 것 같다고 말해주었다. 좀 아쉽긴 했지만 당시 우리는 이미 지방노동청Direction departementale du Travail에 진열된 소책자 《당신의 아이디어를 실현하라! : 지역주도

일자리*Emplois d'initiative locale*》에 소개되는 기회를 얻었기 때문에 아무래도 좋았다.

지역주도일자리사업

지역주도일자리사업*Emplois d'initiative locale*은 우리와 직접적으로 연관된 공모사업이었다. '종이 재활용하기, 교육 수료 청년들과 협동조합 설립하기, 어린이집 만들기, 행정 서사 되기, 지역 복원하기, 사회적 관광자원 개발하기' 등과 같은 활동 공모에 선정되면 지원금을 받을 수 있었다. 지역사회에 꼭 필요한 것을 충족시키거나 지역의 미개발된 자원을 활용하는 등 지역을 위한 경제적, 사회적, 문화적 프로젝트라면 신청 가능했다.

이 보조금은 우리에게 안성맞춤형으로 느껴졌다. 이 사업은 1명의 일자리를 창출하면 5,488유로의 보조금을 지원하는 식이었는데 우리로서는 일자리 만들기가 어렵지 않았기 때문에 우리가 확실히 뽑힐 것이라고 생각했다. 그래도 혹시 몰라서 정보 파악에 나서보니 친구들은 당시 농업부에서 보조금을 담당하던 베르트랑 에르비외를 만나보라고 강력히 권유했다. 1982년 3월 우리는 파리에서 베르트랑 에르비외를 만났다. 그는 우리 프로젝트가 여러 지방자치단체에서 제출한 사업계획과 경쟁하게 될 거라고 말해주었다. 아르데슈의 여러 시에서도 많은 단체가 신청했을

것이 분명했다. 그는 또 우리에게 아르데슈 지역산업진흥원^{Agence}

pour l'industrialisation de l'Ardèche, AIDA에도 우리를 알리라고 권했다. 그와의

만남을 통해 홍보의 필요성을 깨달았고, 지역에서 먼저 인정을 받

아야 한다는 사실을 알게 되었다. 우리는 곧 아르데슈 지역산업진

흥원을 찾아갔다. 처음 우리를 맞이한 담당자는 대답하기 어려운

질문들로 우리를 짓눌렀다. 그의 시선은 마치 '초등학교 운동장에

서 놀고 싶겠지만 당신들은 유아일 뿐이에요. 걷는 연습부터 하세

요'라고 말하는 것 같았다. 우리는 서류를 수정하면서 좀 더 신중

히 접근할 필요가 있다는 것을 느꼈다.

그 다음 우리는 정치적 차원에서 기회를 잡아보려고 지역구

국회의원의 보좌관을 만났다. 그는 우리에게 프리바 지방노동청

장의 의견이 위원회 심의에 결정적이라고 말해주었다. 그리고 오

랫동안 프로젝트를 준비해왔다는 사실을 강조(보조금 사냥꾼이 아니라

는 것을 증명)하고, 고용을 지속할 수 있는 방법을 강구할 것이라는

점 등을 부각시켜 서류를 잘 만들라고 자문해주었다. 지역구 국

회의원 이름으로 지방노동청장에게 편지를 보내주겠다는 약속도

받았다.

이러한 충고와 제안을 듣고 자신감을 회복한 우리는 완벽한

서류를 만드는 데 심혈을 기울였다. 우리는 1982년 7월 서류를

제출했고 그해 9월 아르데슈 도청으로부터 편지를 받았다. 편지

에는 다음과 같이 적혀 있었다. "지역주도일자리사업을 담당하는 부서 의견에 따라 아르들렌 프로젝트는 총리가 정한 지원사업의 목표를 달성할 수 없다고 판단해 선정되지 않았음을 1982년 9월 29일자로 통보한다." 편지 말미에는 총리가 정한 지원사업의 목표가 '현재 정부나 기업이 수행하지 않는 지속가능한 지역 프로젝트·서비스·사업 개발을 촉진하는 것'이라는 설명이 덧붙여 있었다.

우리는 화가 치밀어 얼굴이 붉어졌다. 전화기 앞으로 달려갔다. 무슨 일이 일어난 걸까? 편지에 쓴 기준으로 우리 서류를 탈락시킨다는 것은 있을 수 없는 일이었다. 우리는 정확한 탈락 원인에 대해 조사를 시작했다. 누가 위원회 멤버였더라? 누가 우리에게 반대했지? 이리저리 알아본 결과 우리 지역구 도의원의 한마디, "나는 그들을 모른다."라는 말 때문에 떨어졌다는 사실을 알았다. 치명적인 실수였다. 우리는 담당 부처의 사업 책임자와 우리 지역구 국회의원의 후원은 받았지만 정작 중요한, 즉 우리 지역구 도의원에게 우리를 소개하는 것을 잊었다. 얼마나 뼈아픈 교훈이란 말인가!

모든 친구가 우리에게 '다시 신청할 것'을 권유했다. 우리는 두 번째 서류에도 공을 들였다. 2명은 즉시, 2명은 나중에 고용하는 것으로 하여 4명에 대한 지역주도일자리사업 지원을 신청했다. 우리는 사방으로 편지를 썼다. 지방노동청장에게, 베르트랑 에르비외에게, 농업부의 에르비외 후임자에게, 도지사에게, 아르데슈 지역산업진흥원에, 지역구 국회의원에게, 아르데슈 중앙 코뮌연합Syndicat intercommunal du Centre-Ardèche 의장에게, 그리고 당연히 우리 지역구 도의원에게 편지를 썼다. 그리고 직접 만나서 우리 서류에 대해 설명했다. 이전에 그가 반대했다는 걸 마치 우리는 알지 못하는 것처럼 능청을 떨었다.

우리 지역구 국회의원인 로베르 샤뛰는 다시 한 번 지방노동청장에게 "지역자원을 가공해 지역에서 중요한 가치를 만들어내는 이 회사의 사업 활동에 대한 우리의 관심을 당신에게 표명하고자 한다. 좋은 결과가 있기를 진심으로 기원한다."며 우리를 후원하는 편지를 써주었다.

우리 서류는 12월에 열리는 위원회에서 재검토되었다. 우리는 심의에 참석해 질문에 답하라는 요청을 받고 우리 권리를 주장하기로 결심하면서 원기를 되찾았다. 처음 위원회 회의실에 들어갔을 땐 시험 볼 때와 같은 긴장감에 사로잡혔다. 놀라운 일은 그날 그 큰 탁자에 단 한 명이 참석하지 않았는데 그 불참자가 바로 우리 지역구 도의원이라는 사실이다. 참석한 10여 명 중 우리가 아는 사람은 한 명도 없었다. 각 위원의 역할과 기능을 구분하기 어려웠다. 그러나 우리는 스스로를 믿었고 회의 주제도 잘 알고 있었다. 전직 수의사였던 위원이 사육과 양모에 관한 전문가로서 주로 질문을 했는데 그는 우리의 지식이 풍부하다고 보았다. 그와 우리 사이에 모종의 동반자 관계가 만들어진 듯 했다. 다른 사람들은 우리에게 반대할 이유가 없었다. 우리는 낙관했다. 실제로 우리는 12월 30일 위원회로부터 즉시 2명을 채용하고 나머지 2명의 채용 계획에 대해서도 원칙적으로 동의하므로 1만 976유로를 지원한다는 통보를 받았다. 그건 마치 1983년 새해 선물 같았다. 이제 우리는 미래를 생각할 수 있었다. 이 지원 덕분에 몇 가지 수단을 갖게 됐고, 무엇보다 마침내 우리가 인정을 받았다는 사실이 기뻤다.

국가와 지역 간 지역발전협약 사업

아르데슈 도내 28개 시로 구성된 아르데슈 중앙 코뮌연합은 당시 중앙정부와 '지역발전협약Contrat de pays'을 체결했다. 우리 프로젝트에 대해 알고 있던 코뮌연합이 이 협약 사업의 일환으로 우리에게 지역 사육자 대상 양모 브로슈어를 만들어달라고 제안했다. 우리는 브로슈어에 사육자가 알아야 할 모든 유용한 정보를 다 넣었다. 섬유 기술 용어, 품종에 따른 섬유 차이, 품종 선별에 관한 기술 용어, 양털 깎는 작업장의 공간 구성 방법, 양모 가격에 영향을 주는 국제시장 현황, 완제품에 대한 비용 분석 그리고 우리 활동을 소개하는 내용까지 넣었다. 이 브로슈어는 아르데슈의 모든 양 사육자에게 배포됐다.

우리는 코뮌연합과 협력해 직접 양털을 깎고자 하는 사육자를 위해 양털 깎기 장비 대여 서비스를 개발했고, 양모 운송에 필요한 트레일러 구입비를 지원받았다.

지역자원 개발사업

이듬해 6월 제리르는 아르들렌을 소개하는 자리에서 우연히 프랑스재단Fondation de France 사업본부장인 장클로드 파제를 만났다. 그는 제라르에게 지역자원 개발사업Initiative territoire emploi ressources이라는 지원 프로그램이 있다는 것을 알려주었다. 이 프로그램의 목표는 '지역의 자연 및 인적 자원을 재평가하고 활용해서 새로운 일자리를 창출하고, 지역 환경을 강화 또는 보호할 수 있는 지역개발 프로젝트를 육성하는 것'이었다. 이 프로그램은 세 가지 분야를 중점 지원했다.

- 인적 자원과 경제력이 부족한 지역에서 친환경 발전에 우호적인 활동
- 자연 자원과 연계된 지역 생산물 생산 또는 진흥
- 복합적 농촌활동을 하는 청년의 정착

파제 씨는 "당신들의 사업은 양모 분야와 연계된 경제적 프로젝트일 뿐만 아니라 쇠퇴해가는 지역에서 새롭게 정착한 청년들의 시도라는 점에서 관심을 가질 만한 충분한 가치가 있다."라고 말했다. 그는 지역자원 개발사업 차원에서 프랑스재단이 물류 및 재정적 지원 등 무엇을 해줄 수 있을지 생각해보겠다고 했다.

물류 지원? 그건 무엇을 의미하는 걸까? 우리에게 부족한 돈을 말하는 걸까? 지역주도일자리사업 지원금을 따기 위해 겪은 역경을 또다시 겪어야 하는 건 아닌지 걱정됐다. 그 순간 우리에게 가장 필요한 것이 무엇인지 생각해보았다. 당시 우리는 양모 세척 후 양모를 건조할 수 있는 건조대를 만드는 데 고군분투했기 때문에 어쩌면 재단이 효과적인 건조대 제작에 자금을 지원해줄 수도 있겠다고 생각했다. 우리는 다시 한 번 서류를 작성했다.

서류 제출 뒤 우리 사업을 직접 설명하기 위해 프랑스재단과 만날 약속을 잡았다. 파리에서 유명한 오슈 거리로 달려간 제라르와 나는 큰 유리문을 지나 파제 씨의 사무실로 안내를 받았다. 그는 다른 두 사람과 우리를 맞이했다. 그들의 분위기는 우리가 이전에 만났던 아르데슈의 행정기관 사람들과는 사뭇 달랐다. 그들은 호의든 불신이든 어떤 감정도 섞지 않은 자세로 보충 질문을 했다. 우리는 우리 프로젝트의 목적, 실행 수단, 성공 가능성 등에 관심을 표하는 사람들을 만났다는 게 기뻤다. '순전히 기술적'이거나 '순전히 정치적'이지 않은 시선이었고, 거기에는 어떠한 권력 게임도 없었다. 그들은 신중했고 심지어 인간적이기까지 했다. 우리 개성을 존중받으며 평가받는 느낌이었다.

우리는 곧 프랑스재단과 건조대 제작을 위한 4,573유로 지원 협약을 체결했다. 우리는 아주 간단히 귀중한 도움을 얻게 된 것에 감사했다. 프랑스재단을 신뢰할 수 있었고, 그들의 커다란 가치를 인정하는 계기가 됐다. 일 년 후 우리 활동은 프랑스재단이 배포한 비디오에 모범사례로 소개됐다.

지역고용장려금

아르들렌을 시작하기 위해 중요하고도 결정적이었던 마지막 지원은 지역고용장려금Prime régionale a l'emploi이었다. 이 장려금은 "쇠퇴해가는 지역에서 활발하고 역동적인 농촌사회를 유지하려면 지역산업 발전이 필요하다. 지역산업 발전은 지역을 유지시킬 뿐 아니라 고용과 성장에도 기여한다."는 취지 아래 지역 중소기업 발전을 지원하기 위해 설계됐다. 프로그램이 진행되는 3년 동안 예정된 지원금을 초과할 수 없다는 방침이 있었기 때문에 사업계획서를 신중하게 잘 작성할 필요가 있었다.

서류 작성 당시 우리 조합에는 직원 3명이 일하고 있었고 여전히 지역주도일자리사업 자금을 지원받고 있었다. 지역고용장려금을 신청하기 위해 부지런히 검토해본 결과 우리는 향후 3년 간 6명까지 고용하는 것이 합리적인 것 같았다. 우리는 신청 서류 작성을 위해 노동자협동조합 지역연합회에 도움을 요청했다. 연합회 상근직원이 며칠 동안 카트린, 제라르와 함께 정교한 예산계획서를 작성했다. 1983년 매출액 6만 6,162유로로, 1984년 매출액 10만 3,970유로로, 1985년 매출액 15만 3,058유로로, 1986년 매출액 20만 3,671유로로….

3년 예상 매출액, 재무계획, 필요 운전자금, 자본금, 대출, 매출 수단, 첫 해 추정 결산 등 모든 것이 신중히 검토됐고 '딱 맞아 떨어진다'는 느낌을 받았다. 하지만 20만 유로가 넘는 매출이라는 건 우리 한계를 넘어서는 일 같았다. 연합회 직원은 믿을 만한 사람이고 숫자 마술을 부리는 데도 익숙해 보였지만 우리로서는 번지점프를 하는 기분이었다.

1986년까지 투자 2만 2,867유로 유치, 일자리 6개 창출, 매출 20만 유로 달성을 목표로 한 서류가 완성됐다. 그냥 그걸 믿는 걸로 충분했다. 우리는 다시 타자기를 잡고 '회사 연혁, 생산 제품 및 서비스, 판매처, 생산수단, 임직원 수, 예산 및 결산 등'의 서류 항목을 작성해나갔다.

이번에도 위원회 멤버를 다 찾아다녀야 하는 걸까? 누구를 만나야 할까? 이렇게 심혈을 기울이고 숫자에 공들인 서류라면 굳이 '정치적' 지원은 필요 없을 것 같았다. 하지만 누가 알겠는가! 우리는 예방책으로 다시 지역구 국회의원에게 편지를 보냈다.

론알프스 주는 1984년 11월 직원 3명 고용에 상응하는 1만 8,293유로의 지역고용장려금 지원을 승인했다. 놀랍지도 않았고 우여곡절도 없었다. 단지 약속을 지켜야 하는 우리의 의무만 있을 뿐이었다. 이제 전진하는 일만 남았다. 아르데슈 도청, 프랑스재단, 론알프스 주정부가 우리에게 신뢰를 보여준 덕분에 우리는 성공을 향해 달려갈 수 있었다. 우리는 직원 6명과 함께 1986년 목표 매출 20만 유로를 달성하는 것 말고는 선택의 여지가 없었다.

신뢰와 협력 유지가 중요하다

이제 우리는 중요한 변화를 겪게 됐다. 그리 큰 위험이 없었던 민간단체 성격에서 실제 재정적 약속을 이행해야 하는 사업체 조직으로 바뀌었기 때문이다. 이제 우리는 공공기관, 사육자, 투자자에 대해 조직 차원에서 책임을 져야 했다. 조금은 자유로웠던 모험에서 이제는 진짜 회사를 운영해나가야 했다.

돌이켜보면 우리 삶이 아주 풍요로운 시기였다. 각자 자기 분아에서 주도적으로 활동했고 제품 개발에 상상력과 창의성을 발휘했다. 고객을 발굴하고 기술적 문제를 해결했다. 우리 앞에는 언제나 극복해야 할, 또는 도저히 실현 불가능해 보이는 과제들이 놓여 있었고 우리는 어떻게든 그 고비와 도전을 넘겨왔다. 그것이 우리의 안전을 보장해주었다.

사람이 모인 조직이라면 어디나 그러하듯 우리 역시 삶의 동요, 감정적 위기, 애정 문제, 경쟁 등을 피하지 못했다. 하지만 갈등을 극복하는 것이 무엇보다 중요했기에 매번 평화롭게 지낼 방법을 찾아냈다. 특별히 뾰족한 수가 있었던 건 아니다. 그저 때로는 공개적으로 이야기를 했고, 때로는 안정될 때까지 기다리면서 위기가 지나가도록 했다. 중요한 건 서로에 대한 신뢰와 협력을 유지하는 것이었다.

그럼에도 아르들렌 창립 멤버들이 떠나는 것을 막지는 못했다. 피에르 쾨작과 프레데릭 장이 가정을 이루고 다른 일을 하기로 했다. 우리는 이들과의 이별에 잠시 슬픔에 잠겼지만 '연대는 자유와 짝을 이룬다'는 것을 되새기면서 한층 성숙해졌다. 떠날 사람은 남은 사람들의 지속적인 활동에 방해가 되지 않도록 노력하면서 떠날 시간이 오면 떠날 수 있어야 했다. 가능한 한 빨리 새로운 조합원이 떠나는 조합원의 뒤를 이을 수 있도록 하는 것이 최선의 치유책이었다.

회사에서 누가 무엇을 합니까?

우리는 그 시절 프랑스 신교육 그룹^{Groupe francais pour l'éducation} nouvelle, GFEN을 자주 만났고, 그들이 강조하는 '누구나 무엇이든 할 수 있다'는 말을 깊이 새겼다. 그들에 따르면 모든 사람은 자신의 태도와 감수성에 따라 자연적으로 자기 위치를 정한다.

카트린은 회계, 관리, 분석 도구를 책임지고 있었다. 3년 동안 그녀는 두꺼운 책을 손에서 놓지 않고 숫자 표를 작성했다. 우리는 1985년에야 비로소 전산화 테스트를 했다. 제라르는 매트리스를 만들었는데 새 파트너인 프랑수아즈에게 업무를 인계할 예정이었다. 그는 침대 밑판 제작과 아울러 피에르와 함께하는 양모 세척에 더 많은 시간을 투자했다. 그리고 늘 하던 대로 건물 공사와 공간 배치 작업을 담당했다. 양털 깎는 사람들은 자영업자 신분으로 일했다. 양털 깎는 팀의 한 여성은 양털을 너무나 잘 깎아서 사육자들을 놀라게 했다. 나는 첫 아이를 돌보면서 자원봉사 자격으로 제품 설명, 마케팅 전략 수립, 문서 작업 등에 참여하고자 언어치료사 일을 포기했다. 그 무렵 제랄딘 라몰레가 팀에 합류했다. 파리에서 중환자실 간호사로 일하며 고통스러워하던 그녀는 직업적으로나 삶의 질 향상을 위해 다른 것을 시도하고 싶어 했다. 그녀는 마케팅에 적극적이었고, 시장이나 박람회 판매 및 직판에 능했다.

아르들렌에는 여러 역할이 필요했으므로 사내 훈련이 필요했다. 우리는 모두 양털을 깎고, 매트리스를 만들고, 판매하는 법을 배웠다. 극도의 정확성과 까다로운 관리를 필요로 하는 회계만이 접근하기 어려운 영역으로 남아 있었다.

나머지 조합원들도 신규 사업 및 작업장 개발, 신규 직원 고용 등을 지원해주었다. 모두 언젠가는 자기들에게 맞는 일자리가 만들어질 것이라는 전망 속에서, 자유롭게 조합 활동에 참여했다. 몇몇 사람은 아르들렌에서 자신의 일자리가 만들어지길 기다리면서 일자리 구하기가 비교적 쉬운 발랑스에 아파트를 임대해 살기도 했다.

팀의 일상생활

우리는 방적공장 소유주였던 쿠르비에르 부인을 친할머니처럼 대했다. 그녀는 우리를 세심하게 돌봐주었고, 우리 역시 그녀에게 필요한 일들을 해주면서 서로의 곁을 지켰다. 그녀는 우리에게 시간적 여유가 더 많던 초창기를 그리워했다. 회사를 창업한 뒤 우리는 압박감에 사로잡혀 그녀와 잡담을 나눌 시간이 적어졌다. 그녀 역시 건강 문제 때문에 가족들 가까이에서 겨울을 보내려고 했다. 건강이 악화되자 결국 마지막 2년은 조카 집에서 보냈다. 1988년 그녀는 방적공장에 대한 기억을 안고 삶을 마감했다. 비상했던 이 여성은 우리 모두에게 소중한 기억으로 남았고, 조합 창립 멤버들은 매년 만성절(모든 성인 대축일)에 그녀의 무덤에 꽃을 바치기 위해 모이기로 했다.

아르들렌을 시작하면서 우리는 모든 시간을 회사에 바쳤다. 회사를 위해 보낸 시간을 경제적으로 측정하는 방법도 배웠다. 텃밭에서 보낸 시간, 가축에게 먹이를 준 시간 및 비용을 적용해 마진을 계산했다. 결론은 가혹했다. 농축산물 자급생산은 경제성이 없었다. 우리에겐 양모를 위한 더 넓은 공간이 필요했고, 회사를 위해 일할 더 많은 시간이 필요했다. 우리는 눈물을 머금고 암소, 돼지, 병아리, 그리고 예쁜 텃밭에 작별 인사를 고해야만 했다. 이는 잠시 필요한 단계일 뿐이었다. 언젠가 우리는 즐거움과 삶의 질 향상, 그리고 건강을 위해 다시 텃밭을 가꾸게 될 것이라 생각했다.

1985년 시몬과 피에르는 세 아이를, 제라르와 나는 두 아이를 키우고 있었고, 새로 온 조합원 한 명은 혼자 딸아이를 키우고 있었다. 우리는 하교 후 아이들을 돌보기 위해 공동 어린이집을 만들었다. 방과 후 아이들의 식사와 활동을 공동으로 조직했다.

우리는 우리가 가진 시간과 수단 대부분을 회사에 투입하기 위해 차량을 공유했고, 주거비 지출을 최소화했다. 생산에서의 협동뿐만 아니라 소비에서의 협동을 결합하는 것은 많은 이점을 가져다주었다.

우리의 생활방식이 지역주민에게는 약간 이상하게 보였을지 모르겠지만 우리는 점점 더 지역에 동화되는 느낌을 받았다. 마을에서 교사로 일하는 시몬은 학부모와 동료 교사로부터 신뢰를 얻었다. 아르들렌 프로젝트는 마을 사람들에게 정당성을 인정받은 것처럼 보였다. 1983년 시장이 급히 떠난 후 당시 제1부시장이던 우리 이웃(텃밭 선생님)이 시장 대행을 했다. 그는 다음 선거를 준비하기 위해 우리에게 들렀다가 "시 전체를 대표하는 명단을 만들려고 하는데 아르들렌에서도 한 명을 내야 한다."고 말했다. 그의 제안에 매우 감동한 우리는 토론을 거쳐 나를 지역 대표 후보로 추천했다. 시 행정에 참여한다는 것은 지역 활동에 더 많이 개입하고 조합 발전과 더불어 지역발전에도 기여해야 한다는 것을 의미했다.

1985년 말 우리는 12만 6,732유로의 매출을 올려 흑자를 낸 덕분에 당당하게 1986년을 시작할 수 있었다. 우리는 노동, 연대, 창의성, 일자리 창출 지원 덕분에 처음 3년의 결정적인 국면을 통과할 수 있었다.

당신들, 사장이 됐네요!

생피에르빌 방적공장 재건 사업은 모든 직원이 책임감을 갖고 연대하는 기업을 만들자는 유토피아적 생각에서 촉진됐다. 그 용감한 아이디어에서 출발한 우리가 지금은 매출을 올리고, 마진을 계산하고, 자금을 조달하고, 세금을 내고, 판로를 개척하고, 생산원가를 계산하고 계수와 비율을 조정하고 있다. 이제 우리는 경제에만 관심 있는 기업가가 된 것일까?

노동조합 친구들은 "당신들, 사장이 됐네요."라며 우리를 조롱했다. 그들 머릿속에는 '사장'이냐, '노동자(직원)'이냐 하는 단두 가지 지위만 있을 뿐이었다. 그들에 따르면 사람은 이쪽 아니면 저쪽으로 구분돼야 하고 반드시 자본주의적 이윤 논리를 따를 수밖에 없는 존재로 규정된다. 하지만 사람들이 그렇게 생각하든 안 하든 우리의 기업가정신은 빠르게 사회적 유토피아를 추구하는 길로 나아갈 것이다.

노동조합 친구들은 제3의 노선으로 나아가려는 수많은 시도가 사회적경제 역사 속에 있었다는 것을 알고 있다. 그 시도가 항상 지속가능하거나 성공적이지는 않았지만 사회적 진보의 선구자 역할을 했음을 부정할 수는 없다. 그들은 결사체주의 운동의 기원이 됐던 푸리에, 생시몽 등의 이론가들을 기억할까? 영국의 오언, 기즈의 고댕, 그리고 나중에 등장한 발랑스의 부아몽도 ^Boimondau^ 협동조합의 특별한 업적을 기억하고 있을까? 노동자 결사체는 19세기 중반 사회주의자 운동의 핵심이다. 나중에 사회주의자와 결사체주의자 사이에 단절이 있었지만 말이다. 1867년 나폴레옹 3세가 협동조합 관련법을 제정할 당시 그들 사이에 논쟁과 불화가 봇물 터지듯 터져 나왔다. 사회주의자들은 협동조합에 대해 "재산 취득에 대한 관심은 필연적으로 최상의 프롤레타리아에게서 거대한 정치적, 사회적 열망을 앗아가는 결과를 낳을 것이다."[20]라고 비난했다.

우리는 '최상의 프롤레타리아'가 아닐 수 있다. 그러나 우리는 사람들이 생각하는 탐욕스런 '식료품점 주인'이 되지 않고도, 자본주의 경제 속에서 작은 배를 잘 조정해나갈 수 있는 능력이 우리에게 있다고 믿는다.

우리 회사의 목적과 본질 그 자체는 이윤 추구를 우선하지 않는다. 양모는 평가절하된 재료고 우리 회사는 가장 가까운 도시로부터 1시간 거리에 있다. 즉 어떠한 효율성 기준도 충족하지 못하

20 L. Seilhac, *Les Congrès ouvriers en France de 1876 à 1897*, Colin-Paris, 1899, extrait de l'article de Jean-Francois Draperi, historien de la coopération dans *Économie et Humanisme* n° 341, 1997.

며 수공업적 수준의 생산수단으로는 안정적 이윤도 기대할 수 없다. 하지만 우리는 직원인 동시에 조합원으로서 회사의 주인이기 때문에 여러 어려움과 장애물 앞에서도 기꺼이 가장 위험한 모험을 시도하고 함께 성공하려는 결단으로 극복해나갈 것이다.

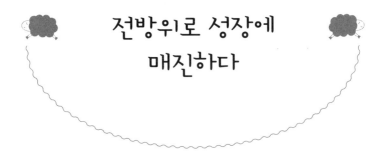

5장

1986~1990

전방위로 성장에
매진하다

우리는 경영을 향한 첫걸음을 내딛었고 훨씬 멀리 나아갈 준
비가 됐다. 가장 어려운 문제에 의연하게 대처했다는 생각도 들었
다. 우리 여정에서 첫 번째 장애물을 뛰어넘었다는 사실에 자신감
이 생겼고 희망찬 에너지로 충만했으며 자부심이 넘쳤다. 우리 제
품과 판매 방식에 관해 비전을 가졌다. 우리는 우리 제품이 기본
을 갖춘 것에 만족하지 않고 품질, 창의성, 생산기술 면에서 개선
여지가 있는 모든 잠재성을 파악했다. 또 고객 발굴과 마케팅을
위한 폭넓은 기회를 포착했다. 당시 여러 조합원이 고정된 일자리
를 기다리고 있었기에 이를 충족하려면 팀원도 늘려야 했다. 독일

출신 탄야 볼프도 일자리를 기다리는 사람 중 하나였다. 그녀는 많은 독일 출신들처럼 대입자격시험을 치른 후 안식년을 갖고자 했다. 그녀는 독일에서 '손쓰는 작업을 좋아하고 프랑스어를 향상시키고 싶다'는 내용이 담긴 편지를 프랑스 여러 단체에 보냈는데 우리에게도 그녀의 편지가 도착했다. 그녀의 편지를 받은 많은 프랑스 단체 중 그녀에게 긍정적으로 답한 단체는 우리가 유일했다.

"나는 손으로 일하는 것뿐만 아니라 다른 사람과 함께 일하는 것에 관심이 있었다. 아르들렌에서 인턴십을 마친 후 귀국했다가 다시 아르들렌으로 돌아왔다. 혼자 한쪽 구석에 처박혀 있기보다는 '다른 사람들과 프로젝트를 기획하고 실현하고자 하는' 내 열망과 꿈을 이룰 기회를 바로 아르들렌에서 발견했기 때문이다. 아르들렌에는 해야 할 일투성이였고, 아르들렌 사람들은 선구자 정신으로 충만했다. 아르들렌에서는 협동조합의 모험을 실현할 기회가 열려 있다고 느꼈다."

— 탄야

1986년 피에르와 탄야를 비롯해 나까지 직원이 돼 아르들렌 직원은 모두 7명으로 늘어났다. 우리의 목표는 각자의 역량을 맘껏 발휘해 지속가능한 회사를 만드는 것이었다.

"순진한 사람들"

마크 트웨인은 "순진한 사람들은 불가능하다는 것을 모르기 때문에 뛰어든다."고 말했다.

우리는 마시프 상트랄과 피레네 산맥에 있는 편물 제조업자들에게서 양모 스웨터를 구입해 시험 삼아 팔아본 적이 있다. 그때 캉탈 지역 양모 방적업자의 딸인 마리즈를 만났다. 그녀는 지역 양모로 고급스러운 스타일의 기성복을 개발했다. 이 제품을 판매하는 데 성공한다면 매트리스와 이불처럼 의류 분야에서도 현대적 양모 제품을 위한 길이 열릴 것이라는 생각이 들었다. 우리는 언젠가 우리만의 양모 제품 컬렉션을 열겠다는 목표가 있었다. 우리는 계속해서 가정용 편물기로 시제품을 만들어 판매했다. 편물에 심취한 탄야는 제품 디자인을 위해 작은 작업장을 만들었다. 그녀는 카트로 기계를 옮기는 데 몇 시간을 보냈다. 미래를 위해 수공업 수준의 작업장은 한계가 있다는 것을 잘 알고 있던 터라 우리도 그녀의 탐구를 도왔다. 우리는 수공업 차원에서 일자리를 만들고자 노력한 사람을 알게 됐고 작업 개선을 위해 모든 부대조건을 갖췄음에도 '가정용 기계'로 제품을 생산하는 것은 가내 수공업 차원을 넘어설 수 없다는 것을 확인했다.

어떻게 더 높은 단계로 넘어갈 수 있을까? 우리는 애초에 전문가가 아니고 전문장비에 대해서도 전혀 아는 바가 없었다. 다만 약간의 기술을 익혔을 뿐이다. 하지만 우리는 그동안 소형 수력발전, 양털 깎기, 양모 세척, 매트리스 만들기와 같은 다른 분야에 필요한 능력을 습득하는 데 성공했다. 그렇다면 '첨단' 분야에서도 성공할 수 있을까? 가장 안전한 방법은 전문가를 만나 직접 물어보는 것이었다. 한 조합원의 친구인 이자벨은 발랑스에 있는 편물 및 의류제작 공장에서 잠시 일했었다. 이자벨은 공장을 다닐 때 친하게 지냈던 한 직원에게서 그 회사가 위기에 처했다는 소식을 들었다. 이자벨은 곧 우리에게 그 회사 편직공 한 명을 소개해주었다. 우리는 그에게 물었다. "전문장비 구입에 대해 조언을 받고 싶습니다. 그리고 가능하시다면 우리를 훈련시켜주실 수 있을까요?" 그는 곧 해고당할 처지였기에 다른 일을 구할 때까지 시간이 좀 있었다. 모험에 함께하자는 우리의 제안을 그는 단박에 거절하지는 않았다.

그가 일하는 작업장을 보고 우리는 눈이 휘둥그레졌다. 그곳에는 펀치 카드가 바늘을 제어하는 자동식 편물기 5대, 전기 원형 블레이드를 사용해 편물 패널을 잘라내는 커팅 테이블, 바늘이 장착된 원형 기계 위에서 매우 빠른 속도로 네크라인을 꿰매는 기계 3대, 편물 패널을 차례로 신속히 처리하는 감침질 기계 4대 등 많은 장비와 작업, 그리고 노하우가 있었다. 우리는 이곳에서 중고 장비를 구입할 수 있는지 물었다. 그는 당시 업계가 자동식 편물기에서 전자식 편물기로 전환하는 과정에 있다고 설명해주었다. 우리는 당시 중고 전자식 장비를 찾기 시작한 지 얼마 안 된 때였다. 전자식 장비는 유연성이 뛰어나다는 장점이 있었다. 자동식 장비는 빈 펀치 카드에 바늘코 프로그램을 만들기 위해서 457유로나 필요했지만 좋은 효과를 낸다는 보장이 없었다. 반면 전자식 장비는 컴퓨터 키보드를 치는 것으로 충분했다. 언제든지 변경이 가능하고 한 프로그램에서 다른 프로그램으로 쉽게 전환할 수 있으며, 작은 시리즈까지 만들 수 있다. 역설적이게도 기술적 진보가 가져온 유연성이 수공업에 좋은 수단을 제공해준 셈이다. 다만 한 가지 단점이 있다면 이 새로운 기계 값이 9만 1,500~12만 2,000유로나 된다는 것이었다.

그와 몇 차례 얘기를 나누면서 전문 용어에 익숙해지기 시작했다. 장비를 살 때는 '직선'과 '원형' 중에서 선택해야 한다는 것을 배웠고, 스톨, 쉬마 또는 프로티 등 독일, 일본, 이탈리아산 장비를 구입할 때는 옵션을 선택해야 한다는 것도 알게 됐다. 좋은 게이지(바늘 사이즈)를 낼 수 있는 중고 제품을 선택해야 한다. 그건 진짜 도전이었다!

그 편직공은 우리가 중고 제품을 잘 선택할 수 있도록 도와주기로 했다. 그는 우리를 섬유의 수도라 불리는 로안으로 데려갔다. 일자리가 줄어 음산해진 도시에는 중고 장비 창고 수가 작업장 수보다 많았다. 우리는 여러 상인을 만나 우리가 찾고 있는 장비에 대해 말했다. 우리가 동행한 편직공의 안내는 아주 소중했다. 그는 필요한 말만 했고 이것저것 잘 안다는 걸 몸소 보여줬다. 우리는 생피에르빌 의류 제작 작업장에 놓을 재봉틀, 감침질 기계 2대, 단추 구멍을 내는 구식 기계, 단추 박는 기계, 커팅 테이블, 스팀다리미 등을 포함한 중고 장비 풀세트를 샀다. 누군가의 불행이 누군가에겐 행복이라고 했던가! 우리가 기계 매입에 투자한 비용은 모두 4,726유로로 아주 합리적인 가격이었다.

편물기는 더 복잡하고 비쌌다. 여러 제안을 두고 고민했지만 편직공의 가이드에 전적으로 의존하기로 했다. 그는 큰 코가 유행일 뿐 아니라 양모에 더 적합하다며 '큰 게이지', 2 또는 3의 편물기를 살 것을 권했다. 우리는 우연히 '게이지 2'의 전자식 편물기(프로티 제품)를 판매한다는 광고지를 발견했다. 아르메니아 출신의 작업장 주인은 그 편물기를 다룰 줄 아는 직원이 퇴사하여 기계를 처분하고자 했다. 24시간 가동하는 작업장에서 사용하지 않는 장비를 갖고 있을 이유가 없으니 불필요한 기계를 팔고 필요한 기계를 사서 발주자 요구에 맞추고 싶다고 했다. 그는 또 업계에 새로 도입된 전자식 기계의 문제점에 대해서도 설명했다. 항상 자동식 장비로 일해온, 경력이 오래된 사람들은 진일보한 전자식 기계를 어려워한다고 했다. 기술의 진보에 적응하지 못한 사람이 겪는 어려움을 들으면서 우리의 미래도 추측할 수 있었지만 이미 발을 너무 깊이 들여놓은 우리는 뒤로 물러설 수 없었다. 그러기엔 너무 늦었기 때문이다. 제라르는 처음으로 1만 8,294유로라는 큰 금액의 수표를 썼다. 수표에 서명하는 그의 손은 약간 떨리기까지 했다. 농협은행이 우리에게 필요한 금액을 빌려주었다.

현장교육

장비를 갖추긴 했지만 우리에겐 최소한의 노하우도 없었다. 어떻게 기술을 습득할 수 있을까? 우리는 발랑스에 있는 의류 제작 작업장 몇 곳을 방문했다. 관찰을 통해 작업장이 어떻게 작동하는지 이해하려고 노력했다. 환대를 받은 그곳에서 다시 한 번 아르메니아 커뮤니티를 만났다. 그들은 장비에 대해 너무나 무지한 우리에게 자신들의 작업장을 보여주려고 했다. 우리는 마치 공모자가 된 듯했다. 어찌 보면 우리는 전문가에게 기술을 배워 직업 능력을 정복하려는 일종의 이민자와도 같았다. 탄야와 나는 의류 작업장 몇 곳에서 인턴십을 했다. 우리는 다양한 작업과 손 기술을 배우려고 애썼다. 그들은 우리가 기계를 시험해볼 수 있게 해주었다. 우리는 그곳 여성들의 능란한 솜씨에 감탄했고 기술, 제작, 영업, 수익 계산 및 관리에 재주를 부리는 남성들의 능력에 놀랐다. 우리는 새로운 세계로 빠져들었다.

편직 훈련은 더 복잡했다. 우리는 장비를 다룰 줄 몰랐고 우리의 가이드였던 편직공도 전자식 기계는 사용할 줄 모른다고 솔직히 고백했다. 우리에게 가르쳐주기 위해서는 그 자신이 먼저 전자식 기계에 익숙해져야 했다. 그는 우리에게 암묵적 계약을 제안했다. 우리가 발랑스에 전자식 편물기를 설치하면 그가 먼저 스스로 익힌 뒤 우리에게 전수하겠다고 했다. 전자식 기계를 다룰 줄 알게 되면 그로서도 더 쉽게 새 직장을 구할 수 있을 것이다. 그는 첫 번째 컬렉션을 위해 우리와 함께 몇 개의 모델을 개발한 뒤 우리를 훈련시켰다. 우리는 한 발자국씩 균형을 잡으며 나아가는 줄타기에 성공한 곡예사가 된 느낌이었다.

이제 발랑스에서 저렴한 공간을 구해야 했다. 다시 한 번 우리의 관계망을 이용해 찾아보려고 할 때 아르들렌 창립자 중 한 명인 프레데릭이 떠올랐다. 그는 1981년부터 가족과 함께 발랑스 시내에서도 가장 낙후된 구역인 퐁바를레트 우선도시개발지구의 아파트에 살고 있었다. 그는 갈등조정자 역할을 하면서 구역에서 발생하는 사회적 문제의 중심에 있었다. 그건 활동가로서의 책무이기도 했다. 우리는 공공임대아파트[HLM] 사무실에서 그와 함께 우리 문제를 얘기했다. 공공임대아파트 측에서 1층에 사업장을 입주시키는 데 관심을 보였고 사용하지 않는 작은 공간을 우리에게 빌려주었다. 모든 게 완벽했다. 우리는 전자식 편물기를 옮겨 아주 조심스럽게 설치했다. 줄타기 곡예사인 우리가 마침내 바닥에 착지를 하고 관중에게 인사를 하는 것 같았다.

첫 번째 컬렉션

그러나 해야 할 일은 여전히 산더미였다. 섬유 전문가가 되려면 의류 제작 기술을 익히는 것은 물론 생산과 판매를 비롯해 경제적 균형을 맞추는 걸 고려해야 한다. 의류 제작 분야를 탐구하면서 우리는 '트렌드'라는 개념을 알게 됐다. 우리가 소박한 스타일의 양모 니트 제작에만 머문다면 아무도 입고 싶어 하지 않는 그 니트를 판매하기란 불가능할 것이다. 그렇다고 시시때때로 바뀌는 '트렌드'를 쫓는 것은 또 바람직한 일일까? 민감한 질문과 신중한 접근을 통해 우리는 우리 정체성과 스타일을 찾아가고자 했다. 하지만 스타일리스트 비용이 너무 높아 감당할 수 없기도 하고 스타일리스트가 과연 우리의 독창적 문제의식을 이해할 수 있을지도 의문이었다. 그렇다고 계속 마리즈의 니트웨어를 복제하는 것도 문제였다. 우리는 그녀를 무척 존중했고 그녀가 만든 스타일을 보완해 개선된 스타일을 찾는 데 자부심을 가졌다. 그녀가 천연색만 취급했다면 우리는 채색된 양모도 사용하고, 그녀가 재킷과 코트를 주로 만들었다면 우리는 스웨터를 주로 만드는 식이었다. 당시 산뜻한 색상이 트렌드였는데 사람들은 에메랄드그린과 인디언핑크 색상에 열광했다. 고객들이 이 색상의 편물 원사를 앞다투어 사는 것을 보고 확인할 수 있었다. 또 넓은 소매인 '박쥐' 같은 스타일의 스웨터가 트렌드였다. 그래서 우리도 박쥐 스타일의 스웨터를 만들기로 했다.

우리는 크뢰즈의 방적공장에 주문해 만든 채색 실타래를 우리 편직공에게 맡겼다. 적절한 바늘코를 찾는 건 그의 몫이었다. 이제 우리는 편물 섬유로 가는 길목에 있었다. 그 시절 거리를 걸어갈 때 우리의 시선은 스쳐지나가는 사람들의 옷 위에 멈췄다. 특히 편물의 코를 유심히 보았다.

편물 전문가가 되기 전 그것을 관찰하고 깊이 생각하는 것만으로도 그 분야에 깊숙이 들어갈 수 있었다. 실의 얽힘은 흥미진진한 마술이었고 제라르의 기술적 사고방식은 거기서 흥미로운 투자 영역을 발견했다.

어떻게 첫 번째 모델을 만들까? 우리의 편직공 친구가 기계로 몇 가지 프로그램을 만드는 데 성공했다. 기계는 다양한 질감의 직사각형 모양 편물을 만들어냈다. 우리는 그걸 몸에 대보고 우리가 제작할 옷의 길이, 모양, 목선을 상상했다. 옷 본뜨기는 미처 우리가 알지 못한 현명한 과학의 영역이었다. 우리는 손뜨개질 카탈로그에서 영감을 얻었고 재단을 어떻게 했는지 이해하기 위해 실제 옷을 사서 분해해보기도 했다. 오랫동안 의류 제작 작업장에서 일했던 한 친구는 사이즈에 변화를 주는 몇 가지 방법을 알려주기도 했다.

이러한 실용적인 접근 방식을 통해 수십 가지 모델이 탄생했다. 모델들은 아이들과 같아서 이름을 정해줘야 했다. 우리는 양모의 원산지를 기념하는 뜻으로 아르데슈 마을 이름을 하나씩 붙

첫 번째 아르들렌 컬렉션 쇼 시시때때로 바뀌는 '트렌드'를 쫓는 것은 바람직한 일일까? 민감한 질문과 신중한 접근을 통해 우리는 우리 정체성과 스타일을 찾아가고자 했다.

였다. 로슈콜롬브, 로지에르, 생시르그, 류토르 등은 모두 아르데 슈에 있는 마을 이름을 딴 것이다.

원가, 판매가 그리고 마진

우리가 만든 옷 한 벌의 가격을 어떻게 정해야 할까? 각 공정마다 원가는 얼마나 될까? 어떻게 시장을 확보할 수 있을까? 설비 투자는 어떻게 감가상각할까? 무수히 많은 질문에 답변하려면 퍼즐의 모든 요소를 모아야 한다.

우리는 제품의 시장 판매가를 정해야 하는 어려움에 봉착했다. 먼저 원자재 가격에 양털 깎는 비용과 세척 비용을 더해 1킬로그램 당 양모 원가를 계산했다. 그 결과 우리 양모 가격이 시장 가격보다 훨씬 높았다. 사육자를 위해 원자재를 재평가하고, 수공업적으로 세척을 했기 때문이다. 반면 다른 업체들은 가장 싼값에 양모를 구입하고, 가장 싼 노동력을 이용할 수 있는 지역에 공장을 두었으며, 우리가 1년에 걸쳐 취급할 양모를 매일 세척할 수 있는 세척장을 이용했기 때문에 훨씬 저렴했다. 우리는 다른 것으로 보완할 필요가 있었다. 크뢰즈의 파트너는 시장가격으로 편물용 원사를 구입해 염색 작업을 했다. 남은 것은 직조와 제작 가격을 평가하는 것이었다. 우리는 섬유 분야에서 일하는 직업인들로부터 분 단위로 일하고, 분 단위로 말하고, 분 단위로 사는 것을 배웠다. 그 해의 편직 가격은 1분당 약 0.22유로로, 제작 가격은 1분당 0.20유로에 가까웠다. 이 가격에는 인건비, 장비 감가상각비, 경상비 등이 포함됐다. 편직과 제작 시간은 모델마다 달랐다. 기계의 성능, 직원의 숙련도, 작업 구성의 적합성이 달랐기 때문이다. 우리는 기존 규칙을 따르지 않고 1분당 가격기준을 새로 세웠다. 탄야는 자기 기록을 경신하려는 스포츠 챔피언처럼 탁자 위에 타이머를 놓고 일했다.

어떻게 디자인, 제작, 조직 및 관리, 마케팅 등에 들어가는 비용을 계산할 수 있을까? 마땅히 참고할 기준이 없어서 우리는 비율을 적용하기로 했는데, 원가에 섬유 유통에서 참고하는 증가율 계수를 적용하여 판매 이윤을 책정했다.

그러나 이 경제 퍼즐에는 '재고'라는 필수 요소가 빠져 있었다. 하나의 컬렉션을 준비하려면, 판매가 예상되는 최소 재고량, 사이즈 및 색상 수요 예측, 리스크 관리, 그리고 모든 예상 비용을 평가해야 한다. 자금은 어떻게 조달할 수 있을까? 증자라도 해야 할까? 우리는 관계망을 동원하고 다시 시민연대투자자클럽의 도움을 받아야 했다. 이번에는 갸릭Garrigue[21]이 시민연대투자자클럽의 뒤를 이어 1만 3,720유로를 투자해주었다. 갸릭은 리스크 캐

피탈 투자 협동조합으로 기금 출자자들에게 '사회연대경제 기업의 창업과 발전'에 투자할 것을 제안한다.

도시의 낙후지역으로 들어가다

공공임대아파트 사무실 책임자 중 한 명이 우리에게 'K'동에서 진행될 신규 프로젝트를 설명해주었다. 친구 프레데릭이 살고 있는 'K'동은 콘크리트로 된 필로티가 있어서 1층은 빈 공간이었다(도시계획자들이 너무 위험한 구조라고 간주한 모양이다). 중앙 안뜰은 쓰레기장이었고 아이들을 위해 마련된 모래밭에는 개똥과 오물이 널려 있었다. 공간의 투과성은 경찰과 추격전을 하는 범죄자에게 이상적이었다. 공공임대아파트 사무실이 구상중인 'K동 프로젝트'란 건물 필로티 부분을 막고 상점과 작업장을 설치하는 것이었다. 임대료는 아주 매력적이었다. 목표는 주민을 화합시키고, 실업 문제를 해결할 경제활동이 일어나도록 하는 것이었다. 하지

---

21 시민연대투자자클럽의 활동이 활발해지면서 좀 더 큰 규모의 자금지원을 요청하는 기업들이 많아지자 이런 요구에 대응하기 위해 시민연대투자자클럽에 참여하는 투자자들이 별도로 '갸락'이라는 연대금융기구를 만들었다. ―옮긴이

만 이 대담한 프로젝트에 대해 회의적인 사람들도 있었다. 그들은 창문이 파손되는 시간과 모험을 시도한 순진한 사람들이 도망가는 데 걸리는 시간을 놓고 내기를 걸 정도였다. 그래도 이 프로젝트는 우리를 매혹시켰다. 우리는 도전을 좋아했고, 농촌에서든 도시에서든 운명론을 상대로 싸우는 걸 좋아했다. 우리는 충분히 큰 공간을 선택해 그곳을 정비했다. 원래 생피에르빌로 작업장을 이전하려 했으나 적절한 공간이 부족했기 때문에 도시와 접촉하면서 농촌을 발전시키겠다는 각오로 이곳에 왔다. 그리고 앞으로 발랑스에서 일하게 될 직원을 위해 작업장 위 아파트를 임대했다. 우리는 이 지역에서 감시자 없이 값비싼 장비와 재고가 있는 작업장을 방치한다는 게 얼마나 위험한 일인지 잘 알고 있었다.

편물 기술 습득을 위한 마라톤 훈련

퍼즐은 거의 완성됐지만 마스터 조각이 사라졌다. 우리 편직공이 일자리를 구한 것이다. 한 달 후 그는 더 이상 여기에 없을 텐데 우리는 아직 아무도 전자식 편물기 작동법을 몰랐다. 그 비밀을 파헤치기 위해 우리가 쓸 수 있는 시간은 한 달밖에 없었다.

기계 테크닉도 이해해야 했지만 먼저 편물 코의 복잡하고 미묘한 마법부터 익혀야 했다. 이 분야 전문가들은 모두 한 달 만에 필요한 기술을 습득하는 것이 불가능하다고 말했다. 줄타기 곡예사인 우리에게도 평행봉이 위험하게 기울어지기 시작했다. "자신을 믿어라, 장기적으로 나아갈 방향을 잃지 말라, 어떤 문제에도 해결책은 있다. 문제를 잘 파악하는 것만으로 충분하다." 당시 우리들이 되뇌었던 문구들이다. 우리는 이 게임에 가장 최고의 '두뇌'를 투입하기로 했다. 제라르는 건축을 하기 전 공예기술학교 입학시험에 통과한 바 있었고, 장르네 블로슈는 공예예술 분야 기술자였다. 비엘오동 청소년 작업장에 참여하면서 알게 된 장르네는 우리 모험에 관심을 갖고 함께하기로 결정했다. 두 사람은 곧 전자식 편물기 작동법과 프로그래밍, 복잡한 편물 기술을 습득하기 위해 발랑스에서 한 달을 보냈다. 가장 큰 어려움은 모든 설명서가 이탈리아어로 돼 있다는 점이었다(프로티 기계는 이탈리아산이었다). 둘 중 누구도 이탈리아어를 이해하지 못 했기에 영어 또는 프랑스어 버전 매뉴얼과 사용자 교육 과정이 있을지도 모른다는 희망을 품고 제조업체에 연락했다. 하지만 새 기계를 구매한 이들에게는 그러한 서비스가 제공되지만 '저렴한' 중고 장비를 구매한 사용자에게는 아무것도 제공되지 않는다고 했다. 우리에게는 유창하게 프랑스어를 구사하는 이탈리아 친구에게 기계 작동 매뉴얼을 설명해달라고 부탁하는 것 외에 다른 해결책이 없었다.

한 달 후 우리는 젖을 뗐다. 이제 혼자 걸어야 했다. 스스로의 힘으로 도구에 대한 지식을 얻고 숙련을 하며 전진해야 했다. 제라르는 트루아에 있는 프랑스섬유연구소Institut du textile francais에서 인턴십을 하며 편물 훈련을 보충하기로 했다

"저는 편직공인데 당신의 직업은 뭔가요?"

장르네와 제라르는 섬유에 대한 마라톤 훈련을 받았지만 둘 중 누구도 발랑스에서 살 계획이 없었다. 제라르의 가족과 일터는 생피에르빌에 있었고, 장르네는 회사 정보시스템 구축과 양털 깎기 훈련에 주력할 계획이었다. 둘 다 편직 분야에 일시적으로 투입될 수는 있었지만 상시적 생산을 맡을 수는 없었다. 당시 발랑스에는 미리엄 프라주가 살고 있었다. 그녀는 비엘오동 청년 작업장에 참여한 후 자원봉사자로 남았고 노동통합사업장 인턴 촉진자로 일했다. 그녀는 좀 더 전문적인 일자리를 찾으면서 컴퓨터 교육을 하고 있었다.

"알제리 출신 아버지를 둔 나는 아르데슈의 베르누 지역 출신인 어머니를 따라 프랑스 국적을 얻었다. 두 문화의 만남으로 내 인

생은 더욱 풍성해졌다. 나는 파리와 마르세유에서 성장하며 도시 문화도 경험했다. 그런 나에게 퐁바를레트 구역에서 편물 작업장을 만든다는 건 사회적인 모험일 뿐 아니라 기술적인 도전이기도 했다. 나는 한 번도 낙후된 지역에서 살아본 적이 없지만, 인간의 커다란 잠재력과 나에게 있는 것과 같은 역동성을 그곳에서 발견했다. 이 구역에서 사업을 시작하려면 무엇보다 '희화화', '낙인', '운명론' 같은 지역 이미지부터 없애야 했다."

―미리엄 프라주

미리엄은 '낙후지구'를 선택했고 '낙후지구'도 그녀를 선택했다. 그녀는 마을 사람들과 친해졌고 프레데릭의 활동에 훌륭한 협력자가 됐다. 그녀는 프로티 게이지 2의 훌륭한 기술을 습득해 아르들렌의 '편직공'이 됐다.

어떻게 해서라도 매출을 올려야 한다!

새로 조성된 작업장에서 옷은 만들 수는 있었지만 감가상각비와 임금에 상응하는 매출을 올려야만 성공할 수 있을 터였다. 이미 마을 시장이나 마졸렌 박람회 혹은 현장 판매로는 마케팅에 한계가 있다는 것을 잘 알고 있었다. 우리는 다른 가능성을 찾았다. 수공예품 장터에 관심을 갖고 학교 방학 기간에 아르데슈를 찾는 관광객의 호기심을 끌 만할 이벤트를 조직했다. 작은 장터는 약간의 성공을 거두었는데 거기서 올린 수입을 볼 때 참여할 만한 충분한 가치가 있었다.

파리에서 열리는 마졸렌 박람회에서는 초기 3년 동안 우리와 비슷한 감수성을 가진 고객층을 만났지만 판매 결과는 썩 좋지 않았다. 제랄딘은 작은 판매 부스에서 양모 매트리스나 이불에 대해 방문객의 관심을 끌기 위해 노력했지만 성공하지 못했다. 이후 더 크고 좋은 판매 부스에서 마케팅을 했을 때는 성공적이었다. 놀랍게도 1986년 새 작업장에서 만든 첫 니트웨어를 선보였을 때 우리는 감당할 수 없을 정도로 많은 방문객을 맞이했고 판매 수익이 급격히 늘었다. 그해엔 박람회 전체 방문객도 크게 증가해서 박람회 인지도를 높이는 데 결정적으로 중요한 해였다.

여름에는 관광지 전단지를 보고 찾아온 휴양객을 맞이했다. 그들은 우리가 팔고 있는 다양한 제품에 매료됐고 우리의 생산 및 판매 방식에 관심을 보였다. 우리는 우리의 모험과 그들이 구매하는 제품의 역사를 이야기하는 데 시간을 보냈다. 그들의 호의는 우리에게 위로와 격려가 됐다.

여름에는 관광지와 직거래 장터에서, 가을에는 마졸렌 박람회에서 제품을 팔았고, 연말에는 크리스마스 선물용으로 판매를 올렸다. 모든 것이 괜찮아보였다. 하지만 현금이 마르는 연초 3개월 동안엔 불안이 엄습했다.

최대한 지출을 줄이면서 겨울철에 우리 제품을 구매할 고객을 찾아야 했다. 겨울 스포츠를 즐기는 사람들에게 질 좋고 아름다운 양모 니트웨어가 관심을 끌지 않을까? 우리는 쥐라의 스키장에 있는 청소년레저·활동클럽Club de loisirs et d'action de la jeunesse 안내센터에 연락했다. 우리에게 저렴한 숙박과 니트웨어 판매가 가능한 지역의 연락처를 줄 수 있을까 해서였다. 그들은 두 팔 벌려 우리를 환영하며 지역 관광사무소를 연결해주었다. 하지만 제랄딘과 미리엄이 판매를 위해 고군분투했음에도 지역 관광사무소를 찾아오는 사람은 거의 없었다. 우리는 쥐라 스키장 다음으로 알프스 스키장을 찾았는데 낮엔 판매가 저조해 저녁에 호텔을 순회해야 했다.

카탈로그를 제작하다

우리는 세벤에서 실크 작업을 다시 시작한 미셸 코스타 씨와 계속 연락하고 지냈다. 그는 가르 지역에 위치한 생이폴리트뒤포

르에서 실크 박물관과 누에 사육장, 직조 작업장, 현장 판매장을 통합해 '세리카'라는 농업공동체이익회사를 설립했다.

코스타 씨와의 교류는 매우 풍부했고 서로에게 유익했다. 그와 우리는 전통적 자원에 대한 재평가와 방적공장 재건이라는 같은 열정을 품고 있었다. 우리는 초심자로서 섬유 분야 및 시장의 규칙을 습득하는 데 몰두했다. 우리는 마케팅 전략으로 선택한 현장 판매에 대해 오랫동안 이야기했다. 그는 출판사나 박물관을 설립해본 경험도 있었다. 그와 우리는 두 회사를 위해 공동 마케팅 방법을 개발할 필요가 있다는 데 뜻을 같이했다. 우리는 함께 마졸렌 박람회에 갔고 공동 통신판매를 위해 카탈로그 제작을 고려해보기로 했다. 코스타 씨가 우리를 도와줄 수 있는 그래픽디자이너와 인쇄소도 소개해주었다. 통신판매가 자칫하면 손해를 볼 수도 있는 위험한 모험이란 걸 알았지만 우리는 코스타 씨를 믿었고 1986년 말 첫 카탈로그를 제작하기로 결정했다.

우리는 고품질의 두꺼운 종이와 큰 판형을 골랐고, 전문가의 사진과 디자인 시안을 선택했다. 우리는 그 카탈로그에 '세벤의 실크와 양모'라는 제목을 붙여 아르들렌과 세리카로 서명했다. 공동의 판매연락처를 기재해 각자 회사에 5,000부씩 배포했다. 그렇게 처음에는 1만 부, 그 다음은 1만 5,000부를 배포했다.

이 경험을 통해 우리는 새로운 직업을 탐색했다. 인쇄업자와 그래픽디자이너의 언어를 배웠고, 시안, 제작, 사진 조판, 플래시, 인쇄 사이의 분업을 이해했다. 색상 분해의 섬세함도 배웠고, 우리 제품을 위한 연출 사진을 촬영하는 첫걸음도 내딛었다.

재정적 위험은 컸지만 투자 효과는 고무적이었다. 아이디어가 좋았고 우리 고객과 세리카 고객으로부터 호평을 받았다. 해가 갈수록 품질과 전문성 면에서 진보했다. 두 조직의 영업적 접근은 각자에게 활력을 주었다. 각자 방법이 다르고 역사가 다르고 동기도 어느 정도 달랐지만 지역자원으로 지역발전을 추구하는 역동성은 같았다. 세리카 직원들은 아르들렌 조합원들처럼 스스로 주

공동 마케팅으로 추진한 통신판매 아르들렌은 양모로, 세리카는 실크로 지역산업 회복이라는 같은 열정을 품은 미셀 코스타 씨와 공동으로 진행한 통신판매는 회사의 매출 균형을 잡을 수 있도록 해주었다.

도하는 모험 속에서 살았고, 자신에게 주어진 과제를 해결하기 위해 많은 상상력과 에너지를 펼쳤다.

새로운 마케팅 전략은 성공적이었다. 덕분에 1년 내내 균형 잡힌 판매가 가능해졌다. 박람회나 전시회 때 일시적으로 형성된 고객과의 관계를 연장할 수 있었기 때문이다. 카탈로그는 곧 우리의 명함이었다. 통신판매는 현장 판매, 박람회 및 전시장 판매에 이어 회사의 매출 균형을 잡을 수 있도록 한 세 번째 수단이었다.

파리에 매장을 열다

아르들렌은 개방적인 회사였다. 우리는 인턴을 맞이하는 일에 항상 보람을 느꼈다. 퀘벡에 작업장을 만들기 위해 아르들렌으로 양모 매트리스 제작을 배우러 온 이자벨라를 맞이했고, 독일에서 온 탄야는 계속 여기에 남기로 했다. 로렌에서도 두 명의 인턴, 올리비에 자캉과 티에리 자크망이 왔다. 티에리는 전문대 농업경영 과정을 다니면서 기독청년농촌운동 네트워크에서 활동하고 있었다. 그들은 농촌개발을 위한 대안기업 운영에 관심이 있었다. 우리는 그들이 인턴십을 끝낸 뒤에도 계속 연락하며 지냈다. 학교 졸업 후 둘은 양심적 병역 거부의 일환으로 대시민서비스를 할 수 있는 곳을 찾고 있었는데, 우리는 그들에게 파리에 있는 대안 경제발전연락사무소Agence de liaison pour le développement de l'économie alternative. Aldea를 알려주었다. 당시 이 조직은 대안적 활동을 홍보하고 정보나 판매 공간을 제공할 수 있는 대안의 집Maison des alternatives'을 만들자는 아이디어로 주목받고 있었다. 대안경제발전연락사무소의 재무 책임자이자 아르들렌 조합원이기도 한 장 마타가 이 프로젝트의 후견인이 되어 그들이 대안의 집 아이디어를 발전시키는 데 도움을 주기로 했다.

그들은 연구 단계에서 생산자, 금융 파트너 그리고 공간을 구하기 위해 애썼지만 물가가 비싼 파리에서 합리적인 예산으로 프로젝트를 실현시키기는 어려운 일이라는 것을 깨달았다. 이번에도 갸릭과 시민연대투자자클럽 몇 군데, 그리고 개인 몇몇이 현금 출자를 해주었다. 그들은 '대안의 집'을 시작하기 위해 아르들렌과 세리카는 물론 앙단[22]의 제품과 다른 섬유 제품, 목재 장난감 등을 모았다.

파리에서 매장을 연다는 건 어려운 일이었다. 저렴한 공간은 상권에서 멀었고, 충분한 판매 물량을 조달하기에는 자금이 부족

22 식료품, 생필품, 장식품 등 1,200여 종의 제품을 판매하는 협동조합 -옮긴이

했으며, 고객 수요도 분명하지 않았다. 파트너십은 영업 활동을 책임 진 티에리의 요구와 노력에 못 미쳤고 만족스런 결과도 나오지 않았다. 그는 직장위원회와 파리 유기농 시장에서 판매를 하는 등 모든 시도를 했지만 픽퓌스 거리에 설립했던 쿠아레일 상점은 4년 후 문을 닫아야 했다.

국경을 넘어 진출하다 : 아르들렌, 아르드윌레, 아르들라나, 아르드윌…

　1986년부터 마졸렌 박람회는 계속 성장했다. 대중은 유기농 제품에 더 많은 관심을 가졌고 의류와 실내장식용품도 환경 친화적인 것을 찾는 사람들이 많아졌다. 완전히 새로운 생활방식이 자리를 잡고 퍼져나가기 시작한 것이다. 자연과진보협회에서는 건강과 복지를 주제로 한 새로운 박람회를 만들었다. 이러한 변화 속에 '행복을 파는 상인'이라는 콘셉트도 등장했는데 우리가 알던 유기농 개척자와는 거리가 멀다는 느낌을 받았다. 어쨌거나 '다르게 살고 다르게 일하기'라는 새로운 박람회는 새로운 바람을 몰고 왔다. 우리는 마졸렌에서 열리는 것과 같은 박람회가 독일과 유럽 전역에 존재할 뿐 아니라 프랑스보다 훨씬 앞서 있다는 사실을 알게 됐다. 우리 미래의 시장이 유럽에 있다는 것도 깨달았다.

그러던 중 제네바에서 열리는 스위스 박람회로부터 초청을 받았다. 우리는 모험을 해보기로 했다. 제네바는 프랑스어권이어서 일이 쉽게 진행될 것이라 생각했다. 우리는 트럭에 제품을 싣고 달렸다. 세관에 모든 내용물을 솔직하게 신고하고 정해진 절차를 따랐다. 제품 가격은 스위스 프랑으로 바꿨다. 제랄딘과 내가 안전하게 도착해서 부스를 세웠고, 모든 것이 잘 돌아갔다. 제네바 시내 한복판에서 트럭 기어에 문제가 생긴 것만 제외하면. 트럭은 전진도 후진도 불가능한 상태였다. 그 순간 스위스 프랑으로 차량 견인비와 수리비를 지불해야 한다는 생각에 아찔했다. 마침 조합원 중 한 명이 오래된 작은 트럭으로 우리를 데리러 와 고장 난 트럭을 수리할 수 있는 안마스 차고까지 견인해주었다. 이를 만회하려면 박람회에서 판매량을 올려야 했다. 하지만 실망하지 않을 수 없었다. 박람회 방문객들은 우리 부스 앞을 빠르게 지나쳐 온갖 이벤트를 하는 무면허 약장수들을 향해 쏜살같이 달려갔다. 그때 우리도 양모가 치유에 좋다고 선전할 만한 것을 생각해봤지만 양모는 단열에 좋고 습기를 흡수하는 친환경 공기조절 섬유라는 점을 강조하는 것외에는 달리 사람들의 이목을 끌 만한 방법을 찾아내지 못했다. 결국 기력이 다한 우리는 남은 물건을 오래된 트럭에 싣고 프랑스로 향했다. 그런데 국경에서 세관원이

의심에 찬 눈초리로 우리를 저지했다. 그들은 우리 수첩을 조사하고 판매 신고서의 세부 사항까지 샅샅이 살펴봤다. 그러고는 급기야 확인을 하겠다며 트럭을 열라고 했다. 우리는 그들의 무례함에 절망하며 서로를 쳐다보았다. 프랑스와 스위스 국경에는 이들이 정말 감시해야 할 밀매업자가 없는 걸까? 경멸과 조롱을 느끼면서 우리는 도로 위에서 상자를 하나씩 열고 니트, 크기와 품질이 다른 양말, 크기와 색깔이 다른 양모 실타래 등을 꺼냈다. 결국 그들은 "다시 싸세요, 다시 싸세요, 좋습니다!"라고 소리를 질렀다. 무슨 훈련도 아니고! 이렇게 우리의 첫 번째 수출 시도는 우리 통화와 현지 통화 간, 은행과 다른 은행 간 환율 변동성을 고려해 최상의 조건으로 환전하는 노하우를 알아낸 것으로 끝이 났다.

이를 계기로 지역 밖으로 사업을 확장하겠다는 열망은 꺾일 법도 했는데 또 다른 제안이 우리를 유혹했다. 룩셈부르크의 한 대형 매장이 아르데슈 제품으로 구성된 갤러리를 여는데 거기에 참여하는 아르데슈 포도생산자연합이 우리에게도 동반 참여를 요청한 것이다. 기꺼이 요청에 응한 우리는 그곳에서 아주 따뜻한 환대를 받았다. 시설은 모든 면에서 우수했고 판매량도 상당했다. 이후에도 제라르와 제랄딘은 이같은 경험을 여러 번 했다. 룩셈부르크 사람들은 아르데슈의 양모와 지역 생산품을 좋아했다.

탄야는 우리에게 환경 친화적인 제품을 전시하고 판매하는 대규모 박람회인 슈투트가르트의 '프로 사니타'를 알려주었다. 나는 탄야와 함께 그 박람회를 방문했는데 정말 규모가 엄청났다. '프로 사니타'는 마졸렌 박람회와 달리 매우 전문적인 박람회였다. 현장에서 직접 판매하는 것은 거의 없었지만 유통업체들이 공급업체를 발굴하러 찾아왔다. 유기농 제품 시장은 훨씬 체계적이었고 각 도시마다 유기농 전문매장이 있었다. 브랜드마다 수공예차원을 훨씬 넘어서는 아주 광범위한 제품을 선보였다. 섬유 비중이 높았고 침구도 있었다. 고급 카탈로그와 전문 모델 등을 앞세운 통신판매 방식도 아주 발달해 있었다. 당시 우리가 슈투트가르트 박람회에서 본 품질과 규모는 향후 5~10년 안에 프랑스에서 일어날 일을 상상하게 해주었다. 그것은 마치 채찍질 같았다. 이 분야에서 미래를 원한다면 우리는 모든 면에서 발전해야 했다. 유럽 시장을 개척한다는 전망을 가지자 더 이상 여유를 부릴 시간이 없었다.

우리는 프랑스와 국경을 맞댄 다른 프랑스어권 국가들을 생각했고 벨기에의 나무르 지역에서 열리는 박람회에 참가했다. 룩셈부르크에서와 같이 아주 큰 환대를 받았는데 환경 친화적인 제품을 지향하는 박람회였다.

우리는 또 프랑스의 자연과진보협회와 유사한 스페인의 한 협회로부터도 초청을 받았다. 이 협회는 마드리드에서 '바이오 컬처'라는 박람회를 시작하려고 했다. 그들은 매우 호의적이었으며, 유럽 차원의 박람회라는 이미지를 얻고 싶어 했다. 우리는 지중해 사람들로부터 환영받을 것이라는 생각에 모험을 시도했다

1989년 우리는 슈투트가르트, 나무르, 마드리드에서 우리 제품을 전시했고, 그다음 해에는 바젤과 볼로냐를 추가했다. 환전에 전문가가 됐고, '조용히' 국경을 통과할 수 있게 됐다. 독일, 스페인, 이탈리아, 스위스의 침구 표준에 맞게 우리 제품을 현지화하는 방법도 알게 됐다. 우리에게 숙박을 제공하는 여러 나라 파트너와 연결됐고 독일어, 스페인어, 이탈리아어로 된 제품 소개책자와 판촉물도 갖게 됐다. 독일어권 박람회에서는 탄야가, 스페인어권에서는 아를렛이 전면에 나섰고, 다른 이들은 보디랭귀지를 섞어 그럭저럭 영어로 의사소통을 했다. 프랑스 박람회도 활성화되고 있었다. 파리의 마졸렌 박람회는 11월, 다르게 살고 일하기는 2월, 리옹의 프리메베르는 3월, 그르노블의 아르티사는 12월에 열렸다.

노력이 결실을 맺다
〰〰〰〰〰

에너지를 쏟아부으며 역동적인 힘을 발휘했더니 성과가 따라

왔다. 아르들렌의 매출액은 1985년 12만 6,532유로에서 4년 후 45만 7,347유로로 뛰어올랐고 직원도 4명에서 14명으로 늘었다 (상근 11명). 급여는 최저임금을 기준으로 항상 동등했다. 모두의 의지와 자부심으로 조직 확장에 성공했고, 급여 인상보다는 조합발전을 위한 기금 축적을 선호했다. 그래도 생활수준은 주거, 차량, 소비 등 모든 면에서 전반적으로 향상되었다. 소비에서 상호부조가 늘어나 각자가 최저임금으로 사는 것보다 훨씬 안락한 삶을 누렸다.

회사의 재무상태도 건전했다. 투자 대부분을 자체적으로 해결한 덕분에 부채가 거의 없어서 현금 유동성 문제로 쪼들리지 않았다. 조합원과 갸력의 지원 덕분에 자본금은 3만 8,112유로로 늘어났다. 흑자였다. 우리는 1993년에 가서야 이익배분참여협약 Accord de participation을 체결해 5년 동안 배분을 보류하고 특정 조건하에서만 이익을 분배하기로 했다. 따라서 이 시기에는 기본적으로 1978년 노동자협동조합법에 근거한 이윤 배분 규정에 따라 그해에는 이익의 45%를 직원들에게 배분(노동배당)하고, 45%는 법정준비금으로 할당하였다. 노동자협동조합의 법정준비금은 비분할적립금으로 어떤 경우에도 출자자들에게 배분할 수 없기 때문에 이익의 10%만 출자자들에게 배당(자본배당)되었다.

초창기에는 출자금에 대한 이익 배분을 전혀 고려하지 않았다. 그러나 기업에서 자본의 역할과 필요성을 이해하고 보니 출자금에 대해 이익을 배분하는 것이 불필요한 일은 아니라는 생각을 하게 되었다.

몇 년간 좋은 결과가 이어진 덕분에 1990년 우리는 '순이익이 매출의 5%를 초과할 때 직원에게 상여금을 지급'할 수 있도록 하는 이익분배협약을 체결했다. 이러한 비율은 자본보다 노동을 우위에 두고 직원에 의해 운영되는 기업의 작동 원리를 아주 잘 보여준다.

예를 들어 1990년 최저임금(공제 전)은 월 770유로였다. 그해 우리 조합의 순이익은 매출액의 5%보다 컸기 때문에 우리는 직원들에게 상근자 1인당 701유로씩 총 6,600유로 상당의 상여금을 지급했다. 여기에 직원 노동배당금으로 1,608유로를 지급했다. 그해 상여금과 직원 노동배당금의 합계는 25%의 추가 급여에 해당하는 것으로 아주 예외적인 경우였다. 다른 해에는 보통 합계가 5~22% 사이였다.

퇴사를 하면 직원 조합원은 직원 자격을 잃을 뿐만 아니라 조합원 자격도 잃게 된다. 이익배분참여협약에 따른 잉여배당금은 그가 회사를 떠날 때 받을 수 있지만 자본 출자금에 대한 환급은 회사의 재정 안전성을 위해 최대 5년까지 보류할 수 있다.

장르네는 재고 관리, 고객 관리를 위해 새로운 정보시스템을 설치했다. 회계는 전산화됐고 부문별 분석 방법이 시행됐다. 카트린은 공인회계사의 도움을 받아 출중한 실력을 갖추게 됐다.

우리는 초기 정신을 잃지 않고 성장했다. 기독청년농촌운동에서 온 젊은이 4명이 팀에 합류했다. 기독청년농촌운동의 프로그램을 통해 아르들렌과 접촉해본 적이 있는 이들이었다. 그런 젊은이들은 가족사업 인수, 프로젝트 개발, 노동조합 제도 개선 활동 및 정치적 참여 등 어떤 형태로든 지역발전을 위해 활동하겠다는 의식을 갖고 있었다. 이같은 운동에 대한 강력한 의지는 농촌사회의 재활력과 지역발전에 기여하는 것이었다.

전기 기술을 전공한 피에르 비달은 농업에 열정적이었고, 농업에 관심이 있던 아를렛 본푸스는 의류 분야에서 아주 창의적이고 능수능란했다. 프랑수아즈 밀라니는 마케팅에 재주가 있었고 심리행동치료를 전공한 나탈리 티로노는 아버지가 운영한 섬유회사에 다닌 경험이 있었다. 그들은 아르들렌에 감동하고 관심을 가졌다. 아르들렌 정신에 매료되었고 참여하고 싶어 했다. 그들은 기독청년농촌운동에 소속돼 있었기 때문에 서로를 알고 있었고 공통의 문화도 잘 받아들였다. 도시에 살다 이웃 마을에 정착한 부모님을 따라 온 실벳 모라르도 합류했고, 양털 깎는 팀에도 티에리, 소피, 기가 충원돼 매년 5만 마리의 양털을 깎을 수 있게 되었다. 어느 때보다 열정과 성공에 대한 결의로 충만했다.

기독청년농촌운동 활동가였던 나는 지역발전을 위해 이곳에 왔다. 기독청년농촌운동에서 많은 생각을 나누었지만 더 구체적인 것이 필요했다. 아무리 훌륭한 말이라도 행동으로 이어져야 하는 법이다. 나는 협동 프로젝트에 끌려 이곳에 왔다. 나는 우리를 상호주의자라고 부른다.

- 피에르 비달

나로서는 역동적인 삶을 사는 동시에 환경을 지키고 지역 경제를 살리는 조직의 팀원이라는 것이 중요했다. 이전 직장에서 나는 점점 '기능적' 인간으로 변해갔다. 그러다 나를 두근거리게 하는 프로젝트를 만나 몰두할 수 있게 됐다.

- 나탈리 티로노

나는 열여섯 살 때부터 기독청년농촌운동에서 적극적으로 활동했고 상근자로 일하기도 했다. 그러면서 집단 차원의 생활과 책임감을 갖는 문제에 직면했다. 행동을 통해 내 꿈을 현실에서 실현하고 싶었고, 내 인생을 스스로 책임지면서 다른 사람과 함께 사는 사회를 만들고 싶었다.

- 프랑수아즈 밀라니

새로운 문제

회사의 미래를 위해 고려해야 할 새로운 문제들이 나타났다. 그중 한 사건으로 인해 우리는 고민에 빠졌다.

슈투트가르트 박람회 이후 통신판매용 카탈로그 책임자들이 우리를 방문했다. 양모 매트리스에 큰 관심을 보인 그들은 많은 양의 매트리스를 주문했고 우리는 정기적으로 매트리스를 배달했다. 그런데 주문 증가에 비해 대금 지급이 점점 늦어지더니 급기야 아예 희박해져버렸다. 우리는 매트리스 공급을 중단했지만, 그들은 대금 지불기한을 연기했다. 우리는 그들이 파산했다는 것을 감지하고 확인하기 위해 찾아갔다. 책임자 부부는 애처로운 상태였다. 부인은 우울증에 빠져 있었고 남편은 절망적인 상태였으며 아이들은 스스로 알아서 챙기고 있었다. 대금을 결코 받지 못할 것이라는 걸 그때 깨달았다.

1990년 우리는 60개의 다양한 박람회에 참여했고 340일 동안 지역 밖에서 판매 활동을 벌였다. 우리가 어디까지 갈 수 있을까? 당시 젊은 여성 조합원들은 출산을 고려하고 있었다. 아이들이 태어나면 과연 지금처럼 판매를 위해 자주 그리고 멀리 떠날 수 있을까? 마드리드는 정말 멀고도 멀다. 트럭과 트레일러로 가는 데만 이틀, 다시 돌아오는 데 이틀이 걸린다. 박람회 참가는 이제 그만두어야 할 때가 된 것이다.

만약 유럽 여러 국가에서 일회적으로 만난 고객과 지속적으로 관계를 유지하려면 현지 언어와 통화에 맞게 제품 카탈로그를 만들 협력사를 둘 필요가 있었다. 하지만 그렇게 하는 것이 정말로 우리에게 맞는 일일까?

우리는 여러 나라를 다니면서 우리 자신과 환경 친화적인 제품을 둘러싼 유럽 시장의 변화에 대해 많은 것을 배웠다. 하지만 고민스러웠다. 계속 해외시장을 뚫을 것인가, 산업적 규모의 환경 친화적인 양모 제품 생산자가 될 것인가, 아니면 주로 마케팅만 하고 제작은 인건비가 아주 저렴한 나라에 하청을 주는 기업처럼 할 것인가?

독일, 스위스, 이탈리아, 스페인에 우리 제품을 팔기 위해 현지 언어로 된 통신판매용 카탈로그를 만들어야 할까? 호주, 뉴질랜드 또는 남아프리카에서 유기농 양모를 구입할 수 있을까? 운송비 절감을 위해 작업장과 창고를 론 계곡 중심지로 옮길까? 숱한 질문 속에서 우리는 돈이 의사결정을 좌우할 때 경영이 어떤 방향으로 가는지를 분명히 보았다.

우리는 우리의 첫 번째 프로젝트와 첫 번째 사명에 충실하고자 했다. 아르들렌의 목표는 지역의 양모에 가치를 부여하고 지역 발전에 힘쓰는 것이었다. 생피에르빌은 아르데슈 중앙에 있는 작고 고립된 산촌 마을이다. 우리에겐 유럽 전역에 우리 제품을 팔아 많은 돈을 버는 것만큼이나 이 마을을 개발하고 활력있게 만드는 것이 흥미로웠다. 이곳에 살며 사업을 시작하기로 한 것은 우리 의지였고, 그 가치를 존중하면서 평화로운 삶을 살기를 원했다. 방향을 돌린다고 해도 후진을 해서는 안 된다. 매출을 유지하면서도 외부 영업은 제한하는 방법을 찾아야 했다. 우리는 시골에 살기를 선택했고, 어떻게 하면 자주 그리고 멀리 나가지 않아도 될지 고민했다.

지역에서 파트너십을 엮다

맞바람에 혼자 맞서는 것은 성공을 위한 최선의 방법이 아니다. 뭉치면 더 큰 힘을 낼 수 있기 때문에 주위에 있는 사람, 조직들과 관계를 형성하는 것이 각자의 활동을 더욱 강화하는 데도 보탬이 될 것이라고 자연스럽게 생각했다.

우리는 지역을 기반으로 농산물, 밤잼, 블루베리, 꿀, 약용 식물, 앙고라 울 또는 모헤어를 생산, 가공하거나 팜스테이 등의 활동을 하는 여러 단체와 밀접한 관계를 맺고 있었다. 이들과 '산악 활동 교류Echange montagne initiative'라는 모임을 통해 공동 홍보를 논의했다. 이는 함께 일하는 시간이었을 뿐만 아니라 서로를 더욱 풍요롭게 하는 경험을 공유하는 시간이기도 했다. 우리는 서로를 잘 알게 됐고, 서로의 일을 높이 평가했다. 단체마다 돌아가면서 도와주는 '공동 작업의 날'까지 만들었다.

우리는 또한 야채, 라벤더, 햄·소시지, 달팽이, 치즈, 와인 등 아주 다양한 품목의 생산자들과 아르데슈 전역의 판매상이 모인 세벤–비바레 경제이익연합Groupement d'intérêt economique에 가입했다. 나중에는 이리외 계곡 상류에 있는 관광 숙박 시설 연합체인 '뷔를르와 솔레이유Burle et Soleil'에도 가입했다.

이러한 만남을 통해 지역의 다양한 경제활동을 더 잘 이해할 수 있었다. 양모는 식료품이 아니라 농업 외 분야 혹은 준농업 분야로 분류돼서 함께하기가 쉽지 않았지만 다양한 기업과 제품 사이에서 최적의 파트너십을 구축하기 위해 노력했다. 한때 생피에르빌은 산촌 사람들을 위한 큰 시장이 섰던 곳인데 우리가 참여한 모임에서 몇 사람이 이 시장을 재개하자는 아이디어를 냈다. 많은 사람이 호응했고 급기야 전체 주민이 참여하는 프로젝트로 발전했다. 우리는 지역 활동에 열정적으로 참여했는데 일례로 전국 양치기 개 대회 같은 독창적인 이벤트는 주말에만 1만여 명이 찾아올 정도로 대대적인 성공을 거두었다. 함께 연대하고 공유하는 행사를 통해 원주민과 이주민, 젊은층과 노년층 사이에 사회적 유대감이 형성됐고 생피에르빌은 역동적이고 진취적인 마을이라는 이미지를 얻게 되었다.

우리는 비엘오동과도 계속 관계를 유지했다. 우리 중 몇 사람은 여름 동안 청년 작업장을 활성화하는 자원봉사 활동을 계속했고, 협회가 개발한 노동통합 인턴을 위한 인적 자원 네트워크에도 참여했다. 상호 지원은 각 공간에서 이루어지는 활동을 중심으로 이뤄졌다. 제라르가 비엘오동 활동가들의 훈련과 작업을 지원했고, 비엘오동의 직원들은 때때로 아르들렌 프로젝트에 참여하였다. 우리는 각각의 활동을 높이 평가했고, 모든 프로젝트의 발전을 위해 상호 협력했다. 아르들렌의 전기 기술자는 안내소의 안전 시스템을 자문해주고 설치를 도왔다. 비엘오동 청년 작업장 젊은이들은 사육자들이 양 통구이 하는 걸 돕곤 했다. 또 카트린은 비엘오동 사업을 관리하는 르마협회Association le Mat 회장으로서 회계 및 법률 지식을 보탰다.

당신들 일에 미쳤군요!

우리가 4년 동안 성장할 수 있었던 건 급격한 자본금 증대나 수익 증가 혹은 판로 확대 때문이 아니었다. 그건 팀원 모두의 개

양털 깎기 축제 공연 마을 사람들은 우리가 일만 한다고 비판하기도 했지만 총회에 이어진 파티나 양 사육자들을 위한 축제 등 잊을 수 없는 추억을 간직하고 있다.

인적, 집단적 헌신에서 비롯된 것이었다. 직원들의 일에 대한 헌신은 존경심을 불러일으킬 정도였다. 물론 비판도 받았지만 말이다.

"아르들렌에서 그들은 일만 한다. 마을에서는 그들을 좀처럼 만날 수 없다. 그렇지만 그들도 파티를 즐길 줄 안다!"

수많은 사람들이 조합원 총회에 이어진 파티나 양털 깎는 사람들이 사육자들을 위해 주최하는 연중행사(엄청난 크기의 양 통구이를 맛볼 수 있다)에 대한 잊을 수 없는 추억을 간직하고 있다.

우리가 했던 노력이 우리 삶의 상당부분을 차지했다. 노동이 목적이 아닌 사람들은 사회적 활동보다 팀에서의 관계나 가족에 집중했다. 이 지역에서는 기업가정신이란 것이 친숙하지 않았고,

노동을 중시하는 우리의 급여 체계가 놀랍게 보일 수도 있었다.

우리는 회사의 직원이지만 '농부'와 마찬가지로 자원을 최대한 활용하려고 노력하면서 땅에 매여 있는 사람들이다. 그들처럼 폭풍이 위협하더라도 임무를 끝까지 완수하고, 그들처럼 장기적인 비전을 가지며, 그들처럼 당장의 수익보다는 지속가능성을 우위에 두고 일한다.

우리는 회사의 직원이지만 '장인'처럼 기량을 향상시키고 도구를 개선하며 생산성 향상과 경제 규칙을 준수하는 데 전적으로 책임을 다한다.

우리는 회사의 직원이지만 '상인'처럼 경제 권력의 무시할 수 없는 힘을 알기에 우리 제품에 대한 대중의 관심을 높이고 이미지를 제고할 기회를 찾으려고 애쓴다.

우리는 또한 '예술가'라고 말하고 싶다. 경제활동을 하지만 이익이나 권력 혹은 돈의 개념을 넘어서 팀으로 만들어낼 수 있는 작품, 우리가 원하는 좋고 아름답고 인간적인 작품을 만들기 위해 상상력과 창의성을 유감없이 발휘한다.

"우리는 실천을 통해 스스로를 실현한다."

6장

1990~1995

살아 숨 쉬는
박물관

꽤 오래전부터 아이디어 하나가 우리 머릿속을 맴돌았다. 어느 해 여름, 휴가를 온 관광객이 있었는데, 우리가 하는 일에 대해 자세히 알고 싶어 했다. 이들은 단순히 양모로 만든 편물 제품을 사러 온 게 아니었다. 우리 제품이 어떤 품종의 양모로 만들어졌는지, 우리가 양모를 가지고 어떻게 일하는지 등을 알고 싶어 했다. 우리는 그들에게 다양한 양 품종을 소개하고 우리 일을 설명하는 홍보 영상을 보여주며 궁금증을 풀어주려 했다. 이를 계기로 다른 해 여름에는 관광객을 위해 우리가 양모를 얻는 양에 대해 소개하는 전시회를 기획하기도 했다.

향후 더 원대하게 발전될 아이디어가 떠오른 것도 바로 이때였다. 양과 양모 작업의 역사를 주제로 일종의 '진흥공간'을 만들면 좋겠다는 생각이었다. 그건 정말이지 우리의 열정을 불러일으키기에 충분한 주제였다. 우리는 이에 대해 풍부한 이야깃거리뿐 아니라 이미 상당한 지식도 갖추고 있었다. 다양한 기획을 통해 우리가 만든 공간으로 많은 방문객을 유치할 수 있다면 유럽 여기저기서 열리는 박람회에 참여하느라 그토록 많은 시간과 공을 들이지 않아도 될 터였다.

박물관의 콘셉트를 찾아서

'진흥공간 조성이라는 게 실현 가능성은 있는 프로젝트일까?' '유사한 공간이 프랑스나 다른 나라에 이미 존재하지 않을까?' '진흥공간 조성 자금은 어떻게 조달할까?' 여러 질문이 떠올랐다. 진흥공간 조성에 대한 사전조사를 진행하기 위해 자금을 지원받아 제라르와 내가 조사에 착수했다. 맨 먼저 할 일은 기존의 직물산업 박물관들을 조사하는 것이었다. 이 분야에서 프랑스는 아직 뒤처져 있었다. 직물산업의 중심지였던 북부 도시 푸르미에 직물산업 생태박물관이 하나 있었는데 직물산업 관련 기계들이 전시된 넓은 공간에서 방적 작업을 시연하기도 했다. 지역 역사 전시 공간에서는 과거 거리를 재현한 모습을 볼 수 있었고, 1891년 유혈 노동자 파업을 다룬 영화도 상영했다. 이곳을 짓는 데 얼마나 많은 자금이 투입됐을지 감히 상상도 할 수 없었다. 우리 지역보다 훨씬 경제적 여건이 좋은 지방자치단체의 지원을 받아 건립한 것이 분명했다.

우리는 이웃나라 영국으로 눈을 돌렸다. 친구들이 스코틀랜드에 모직을 주제로 한 관광 코스인 '스코틀랜드 모직 관광코스 The Scottish Borders Woollen Trail'가 있다고 알려줬다. 우리는 서둘러 그곳으로 갔다. 스코틀랜드산 체크무늬 모직물이나 트위드를 만드는 작은 방직공장 여러 개가 코스를 따라 늘어서 있었다. 모든 공장은 방문객을 맞이하는 박물관과 제품을 판매하는 매장을 갖추고 있었다. 우리와 비슷한 규모였고 제조업을 기반으로 한 방식도 비슷했다. 박물관은 제각각 다른 성격을 띠고 있었지만 대체로 기술, 역사, 사회적 측면을 주제로 했다. 우리는 직물 만들기 워크숍에 여러 차례 참여했다. 그곳에서 스웨덴, 일본, 이탈리아 등 다양한 나라에서 온 방문객들과 만났다. 방문객들은 열띤 모습으로 여러 프로그램에 참여했다.

자신감을 얻은 우리는 들뜬 마음으로 프랑스로 돌아왔다. 프랑스에서는 문화계와 경제계 사이가 멀어 주로 공공기관 지원으로 박물관이 건립되는 반면에, 영미 국가에서는 우리와 같은 제조업체들이 농촌지역에서 자신들의 생산수단을 활용한 문화, 관광 프로젝트를 개발하고 있는 사례를 찾을 수 있었다.

앙베르에 있는 제지회사 리샤르드바가 운영하는 종이박물관 견학에서도 큰 영감을 얻었다. 이곳은 기술문화유산 보존과 제지라는 두 주제를 결합한 박물관이었다.

우리는 온 힘을 다해 박물관 프로젝트를 기획했다. 제라르는 건축 업무를 담당해 대형 공간을 구상했다. 박물관 주제 구상을 맡은 나는 중요한 문헌들을 수집하고, 박물관 로고와 소개자료를 구상하고, 전시물 배치를 연구했다.

우리는 교육적인 동시에 즐거움도 선사하는 공간을 만드는 데 중점을 뒀다. 프로젝트를 진행할수록 '박물관'이 우리 공간에 딱 맞는 용어는 아니라는 생각이 들었지만 그렇다고 적절한 다른 단어를 찾기도 힘들었다. '진흥공간'이라는 용어는 사람들에게 별 의미를 주지 못했고, '생태박물관'이라고 하면 지역의 사회사를 주로 다루거나 양모산업보다는 실크 산업에 더 적합한 용어로 느껴졌다.

생피에르빌까지 먼 걸음을 할 방문객을 생각하면 박물관은 훌륭한 공간으로 조성돼야 했다. 건물 자체가 심미적으로 아름다울 뿐 아니라 내용적으로도 단순히 전시만 하는 공간을 넘어서서 방문객을 환대할 수 있는 프로그램과 콘텐츠를 갖추어야 했다. 이를 위해 우리는 가이드의 설명으로 진행되는 투어를 떠올렸고 거기에 공연과 시연도 번갈아 진행하자는 아이디어를 냈다. 박물관은 모든 연령대가 방문할 수 있는 곳이어야 하고, 즐거운 시간을 보내는 동시에 무언가를 배워갈 수 있는 공간이어야 한다는 것이 우리의 생각이었다.

양, 양모, 사람… 모든 것을 알려주는 공간

방문객이 생피에르빌로 오는 동안의 긴 여정과 운전으로 인한 지루함을 잊고 박물관에 온전히 집중할 수 있도록 하는 것, 이것이 우리가 선보일 공간의 첫 번째 목적이었다.

그래서 우리는 공간 내 조명을 모두 끄고, 방문객들도 이미 알고는 있지만 통합적으로 생각해보지는 않았을 양에 대한 영상을 상영하기로 했다. 양의 역사, 양모 생산 기술, 양이 지닌 이미지와 상징을 유머를 곁들여 간결한 언어로 소개하는 영상을 만들기로 한 것이다. 내레이터로는 어린 양을 내세우기로 했다. 다양한 품종의 양과 양털을 실제로 볼 수 있는 공간도 조성하기로 했다. 작은 울타리 안에 대표 품종 10여 종의 양을 모아두고 가이드가 목축의 역사와 양 품종별 특성을 설명하는 방식이다. 뿔이 두 개인 양과 네 개인 양, 식용 양, 양모 생산용 양, 유제품 생산용 양 등 여러 품종을 소개하기로 했다. 심지어 '아무 용도도 없는' 양으로, 유전학적 다양성을 상징하는 웨쌍 난쟁이양까지 포함시키기로 했다. 방문객들은 다양한 목축 방법을 배우고, 궁금했던 점을 전문 가이드에게 질문해 호기심을 해소할 수 있을 터였다.

또한 양모에 대해 소개하는 공간도 세 곳으로 나눠 조성하기로 했다. 양털 깎기, 양털 솔질, 방적·편물·펠트 가공에 대한 공간을 하나씩 할애하는 것이다. 가이드가 각 단계에 적용되는 기술을 설명하고 시연하기로 했다. 양털 깎기의 경우 실제로 시연하기는 어려워 양털 깎는 인력과 기계를 배치하고 실물 크기의 양 모형을 활용해 양털 깎기 기술을 보여주기로 했다. 방문객들이 직접 양털 깎기 체험을 할 수 있게 하고, 모두에게 양모를 나눠주며, 방적 체험을 원한다면 직접 양털을 빗어보며 방적의 마술을 경험하는 시간을 선사하기로 했다. 실제로 작동하는 물레도 설치하기로 했다.

인형극 공연도 방문 코스에 포함시켰다. 목동, 편직공, 양털 깎기 전문가, 양털 세척사, 솔질 전문가, 매트리스 제조공, 편직 전문가, 염색사, 재단사 등을 아우르는 100여 개의 캐릭터가, 기계화가 되기 전, 그러니까 150년 전 아르데슈의 양모 작업 방식을 소개하는 것이다. 채색 인형 제작자, 전자공학을 좋아하는 내 아버지, 음향 전문가와 미술학교 학생 등 우리의 지인을 비롯한 여러 예술가와 전문가가 우리와 함께 공연을 만들기로 했다.

박물관의 마지막 공간은 오늘날의 양모산업을 소개하는 장으로 꾸미기로 했다. 아르데슈에서 아르들렌이 하는 활동처럼 말이다. 수공예 방식을 유지하면서도 현대적인 도구와 기법으로 양털을 깎고, 솔질하고, 방적과 편직을 해 제품을 제조하는 방식을 보여주기로 했다. 오랜 세월에 걸쳐 양모 작업이 전통적인 면모를 간직하면서도 현대적인 섬유로 자리 잡았다는 것을 보여주는 것이 목적이었다. 잊힌 과거를 회상하거나 해묵은 이야기를 끄집어내는 것이 아닌, 언제나 생생하게 살아있는 양모를 소개하기로 했다. 그렇게 해서 이 공간을 '살아있는 박물관'으로 만들고자 했다.

박물관을 세우려는 자, 그 비용을 견뎌라

생피에르빌은 오브나, 프리바, 발랑스에서 각각 1시간 거리였다. 리옹, 생테티엔, 그르노블, 아비뇽으로부터는 2시간 거리에 있었다. 방문객을 이곳까지 오게 하려면 수준 높은 콘텐츠와 제법 규모가 있는 박물관을 만들어야 했고 그기 위해서는 꽤 많은 비용이 필요했다. 우리는 총 필요 예산을 24만 4,000유로로 잡왔다. 건설비용으로 15만 2,500유로, 박물관 콘텐츠 구비 비용으로 9만 1,500유로가 예상됐다. 이 중 7만 6,200유로는 대출을 받기로 했고, 대출금과 비슷한 수준으로 출자금을 준비하기로 했다. 그렇게 하고도 9만 1,500유로가 더 필요했다. 이러한 자금 계획이 원활히 돌아가려면 연간 방문객을 최소 2만 명은 유치해야 했다. 공공 박물관은 대부분 투자금과 운영금을 지원받기 때문에 입장료를 높게 책정하지 않아도 되지만, 우리는 입장료로만 운영은 물론 가이드 비용까지 감당해야 했다. 따라서 초기 3년 내 연간 최소 입장료 수입이 8만 2,300유로는 되어야 했다. 또 조합이 운영하는 매장에서 매출이 30% 증가한다면 박물관에 필요한 자금을 조달할 수 있을 것으로 예상됐다.

우리의 에너지, 역량, 홍보 능력을 활용하면 박물관 건립은 실현 가능성이 있어 보였다. 투자를 유치하는 건 새로운 도전이었지만, 생피에르빌에 직원 14명을 갖춘 기업을 성공적으로 설립한 경험이 있기에 확신이 있었다. 경영 역량에도 자신이 있었고 실제로 우리는 괜찮은 성과를 내고 있었다. 은행도 큰 위험부담 없이 우리 프로젝트를 지원해줄 것이라고 생각했다.

이 프로젝트가 성공한다면 고립된 농촌지역이 새롭게 명성을 얻고 활력을 되찾을 수 있었다. 그래서 지역의 공공기관들도 우리 프로젝트에 기대를 걸 만했다. 우리가 할 일은 지역 의원들이나

기관 대표들을 만나 대담하고도 독창적인 우리 프로젝트의 정당
성을 설명하고 설득하는 것이었다.

금융 파트너를 찾아서
~~~~~~~

　자금을 확보하고자 우리는 지역발전을 위해 우리가 쏟은 노
력과 활동 그리고 아르들렌 노동자협동조합의 미션과 비전을 소
개하는 문서를 만들었다. 그리고 우리 활동을 높이 평가하고 우리
에게 가치 투자를 할 공공 및 민간 파트너를 찾아 나섰다.

　대출은 협동조합은행 쪽으로 눈을 돌렸다. 협동조합은행
은 우리 프로젝트를 응원하기 위해 협동조합은행 재단상과 상
금 1,524유로를 수여했다. 프랑스 노동자협동조합총연합회 산
하 자조금융기구인 소코덴Société coopérative de développement et d'entraide des coopératives, Socoden도 우리의 든든한 지원군이 됐다.

　신용도가 높은 공적 자금을 동원하기 위해 우리는 프로젝트
문서를 가장 먼저 시청에 제출했다. 시청이 시공 주체가 되어 박
물관을 짓고, 나중에 우리가 다시 사들이는 방안을 제안했다. 하
지만 시청이 지역 낙농업 증진을 위해 치즈 생산공장 설립을 계
획 중이라는 말을 들었다. 시청이 이 사업의 추진 주체로서 부지

매입에 투자를 해야 하므로 동시에 2개 프로젝트를 지원하기는 어렵다고 했다. 비록 우리 프로젝트에 도움을 받지는 못했지만 생피에르빌에서 여러 사업이 진행 중이라는 사실이 기뻤다. 한편 우리는 다른 파트너 기관을 찾아 기나긴 여정을 시작해야 했다.

나는 새로 선출된 아르데슈 도의원을 만났다. 기업 경영인이기도 한 이 의원은 생피에르빌 시의회에서 경영인 친구들과 함께 지역 활동을 펼치고 싶다고 공개적으로 밝힌 적이 있다. 그는 우리 프로젝트에 대해 듣더니 나지막한 소리로 말했다. "기업을 정말로 발전시키고 싶다면 이곳을 떠나세요. 내가 돈을 벌게 된 때는 아르데슈를 떠난 후입니다!"

이러한 말에도 신경 쓰지 않고 우리는 지역개발 기구들을 관리하는 코뮌연합을 찾아갔다. "생피에르빌 시청이 여러분의 프로젝트를 지원하지 않는다면 저희가 할 수 있는 건 아무것도 없습니다." 사실이었지만, 이대로 받아들일 수는 없었다! 우리는 더더욱 전의를 불태웠다. 도청 문화국에 찾아갔다. "경제국으로 가보세요." 경제국에 찾아갔다. "관광국으로 가보세요." 관광국에 찾아갔다. "농업국으로 가보세요." 농업국에 찾아간 우리는 즐기는 심정 반 아연실색 반으로 그곳에서 나왔다. 담당자에게 뜻밖에 짧은 경제 강의를 들었기 때문이다. "자, 보세요, 여러분. 예산 균형을 맞춰야 합니다. 수입이 지출보다 높아야 한다고요. 자체 자금

조달 능력이 어느 정도 되는지 계산을 해야 돼요." 하지만 선생님, 우리는 8년째 이 기업을 운영하고 있는데요!

한번은 아비뇽의 농업노동자조합인 아사브파^{Asavpa}가 주최한 지역발전 토론회에 갔다. 토론자들은 지역발전이 민관 협력하에 문화, 경제, 농업 등 다양한 분야를 아우르는 '포괄적'인 방식으로 이루어져야 한다고 강조했다. 우리는 토론회장에서 받은 종이에 질의사항을 써 냈다. '지역 단위 프로젝트를 포괄적인 방식으로 다루어야 한다면, 영역 간 칸막이 행정과 도대체 어떤 식으로 일을 추진해야 할까요?' 답변은 간단했다. "도지사를 만나러 가세요. 모든 것을 총합하는 것이 도지사의 일이니까요." 아, 왜 진작 이 생각을 하지 못했을까? 우리는 도지사의 수석 비서관과 만났다. 그는 우리를 따뜻이 맞아주었다. "농촌지역개발 유럽 프로그램^{Programme européen de développement des zones rurales, PDZR}이 곧 시행될 예정입니다. 여러분 프로젝트가 이 프로그램에 딱 들어맞는 것 같네요. 이런 프로젝트가 지원을 받아야 합니다. 하지만 유럽 프로그램의 지원을 받으려면 자금을 매칭할 수 있는 프랑스 측 파트너를 찾아야 해요. 여러분의 프로젝트를 담당부서에 소개해보겠습니다." 우리는 기대에 들떴다. 하지만 3개월이 지나도록 아무런 소식이 없었다. 수석 비서관은 다른 곳으로 인사 발령을 받은 뒤였다. 우리는 원점에서 다시 시작해야 했다.

박물관 프로젝트에 제동이 걸리다

우리는 박물관을 짓기 위해 건축 허가를 신청했다. 3층 높이 건물에 헛간까지 총 650제곱미터 면적의 건물을 지을 예정이라 허가가 중요했다. 우리는 허가가 쉽게 났을 거라 생각하고 우편물을 뜯었다. 결과는 정반대였다. 편지에는 승인받은 양모 세척용수 정화조가 있어야만 건축을 허가할 수 있다고 쓰여 있었다.

왜 우리는 그때까지 정화조를 보유하고 있지 않았을까? 양모 세척은 이제 수작업이 아니라 산업용 작업이 됐지만 당시까지만 해도 정화조는 드물었다. 그때 우리는 밀짚과 지표면을 통해 오수를 필터링하는 유형의 작은 정화시설을 갖춘 상태였지만 이 시설로 승인을 받기는 어려울 것 같았다. 우리는 양모 세척용수 정화조를 설치하려고 여러 군데에 비용을 문의했다. 그때마다 엄청난 견적을 받아보았다. 설치비용으로 약 15만 3,000~23만 유로 정도가 필요했다. 수자원공사에 정화조 설치비용을 지원받을 수 있는지 알아봤지만 우리가 수자원공사에 분담금을 내고 있지 않았기 때문에 불가능하다는 대답을 들었다. 우리가 수자원공사에 분담금을 내지 않았던 건 우리가 지정된 최소량보다 오수를 더 적게 배출했기 때문이다. 다시 말해 자연을 그다지 많이 오염시키지 않는 방법으로 생산해왔기 때문이다!

환경영향평가를 실시하다

부모님과 친구들도 우리에게 닥친 어려움을 잘 알고 있었다. 다들 문제 해결에 도움이 될 만한 정보를 주려고 애썼다. 참고할 만한 외국 사례가 없을까 찾고 있을 때, 아버지가 〈르몽드〉에 난토막 기사를 내밀었다. 수처리관리회사인 데그레몽이 프랑스 북부 바스케알의 정화조 설계 전문기업을 인수했다는 내용이었다. 바스케알에 있는 회사는 소규모 공장에 걸맞은 정화조를 전문으로 제작하는 곳이었다.

우리는 회사 주소를 찾아내 연락을 한 후 찾아갔다. 엔지니어 한 명이 우리의 애로사항을 듣더니 해결책이 있다며 플로큐레이션[23] 현상을 이용해 물과 기름을 분리하고 진흙을 회수하는 물리화학적 수처리 방식을 제안했다. 비용은 9만 1,500유로 정도였다. 경영진은 이 방식이 우리 조합 상황에 적합하다고 판단했지만 엔지니어는 시설 승인을 받으려면 환경영향평가를 실시해야 한다고 덧붙였다.

---

23 플로큐레이션flocculation은 '응집'이라는 뜻으로, 응집제를 사용해 미세입자들을 응집된 덩어리로 모으는 것을 뜻한다. −옮긴이

"고속도로나 원자력 발전소를 건설할 때처럼요?"

"네."

관련 법률을 살펴보니 시설 승인은 모두 산업적 규모를 기준으로 하고 있었다. 대부분의 양모 세척장은 연간 3,000~5,000톤 정도의 양모를 세척했는데 우리는 그들의 100분의 1밖에 안 되는 양모를 세척했다. 이런 예외적 경우가 논의된 적은 없는 듯했다. 우리는 낙담했다. 이미 시설비용으로 9만 1,500유로가 드는데다, 전문업체에 환경영향평가를 맡길 경우 또 거액의 추가 비용이 발생할 것이었다. 우리는 그 어떤 공공자금도 지원받지 못한 상태였다. 오염물질을 마구 배출하는 거대 기업들에겐 잘도 지원을 하면서 말이다!

우리가 양모를 직접 세척하는 데에는 많은 수고와 노동력이 들어갔다. 그래도 그 과정을 우리가 직접 하기로 한 것은 조합에서 양모산업의 전 과정을 통합해보고자 했기 때문이다. 양모 세척을 스스로 하지 않는다면 양모 생산을 포기하게 될 것이고, 그러면 양털 깎기도 그만둬야 할 것이다. 그렇다면 다른 지역에서 양모를 구매할 수밖에 없다. 양모산업을 터득한다는 것은 생산의 전 과정을 체득하고 고객에게 양질의 제품을 보장하는 것이다. 당시에는 친환경 생산조건을 충족하는 외주업체가 드물었고, 대량만 취급했기 때문에 소량의 양모는 스스로 세척할 수밖에 없었다.

우리는 소규모 공장과 대규모 산업시설에 달리 적용되는 별도의 기준이 없다는 사실에 분노했다. 환경영향평가 내용과 비용에 대해서도 알아보면서 우리가 직접 평가할 수는 없는지 문의했다. "안 될 건 없다"는 답변을 들었다. 하지만 신뢰할 만한 평가 보고서를 작성해야 했다. 제라르는 과학 지식을 총동원하고 역량 있는 친구들의 조언을 구하면서 열심히 준비했다.

마침내 우리는 환경영향평가를 통과했고 건축 허가증도 받았다. 하지만 1989년 당시 45만 8,000유로의 수익을 올리던 우리 기업이 33만 6,000유로의 투자를 유치하려면 어떤 신통한 요술을 부려야 할지 도무지 알 수가 없었다.

대안은행

프랑스 협동조합은행Banque française du crédit coopératif, BFCC은 우리가 박물관을 건립할 수 있도록 이미 7만 6,200유로를 대출해준 상태였다. 우리는 최소한의 보증으로 더 큰 신규 대출을 받을 수 있을지 물어보려다 말았다. 우리 회계를 보여주면 '양모 세척은 하청을 주라'는 말을 들을 게 뻔했다. 우리의 독창성을 알아봐줄 다른 금융 파트너를 찾아야 했다.

우리는 파리의 한 박람회에서 '새로운 박애주의 경제'라는 뜻의 네프Nouvelle économie fraternelle, NEF라는 금융회사의 창립자 장피에르 비도가 주최하는 콘퍼런스에 참석했다. 그는 협력자들과 함께 대안은행을 설립해 사회, 교육, 환경에 기여하는 프로젝트를 지원할 것이라는 계획을 밝혔다. 기존 은행과는 다른 가치에 주목하여 한층 더 인간적인 경제를 만들겠다는 야심찬 계획이었다. 프랑스는 다른 유럽 국가에 비해 대안은행 분야가 뒤처져 있었다. 반면 독일과 이탈리아는 각각 오코방크Ökobank와 마그Mag라는 대안은행을 보유할 정도로 이 분야에서 선두주자였다. 우리는 사회적 연대를 추구하는 갸릭과 시민연대투자자클럽에 이어 또 다른 대안 금융 설립 프로젝트가 있다는 사실을 알게 되어 기뻤다. 우리는 협동조합은행이 윤리적 투자 정책의 선구자로서 이런 대안금융회사들과 협력한다는 사실을 알았다. 네프는 사회적, 환경적 가치를 지닌 프로젝트에 투자할 수 있는 선택권이 모든 시민에게 주어져야 한다는 원칙을 주창하며, 투자한 프로젝트에 대해서는 안내서를 제작해 투명성을 최대한으로 끌어올린다는 자세를 견지했다. 네프 창립자들은 엄격함과 청렴함을 고루 갖춘 인물들이었다.

네프는 우리에게 7년간 6만 1,000유로를 대출해주기로 했다. 이들은 보증으로 담보가 아닌 연대보증을 요구했다. 부자에게만 대출해주는 것이 아니어서 연대보증으로 리스크를 관리했다. 우리 조합원 12명은 함께 연대보증 계약서에 서명했다.

운수 좋은 날

이웃 시에서 옛 제분소를 복원해 50명 정도를 수용할 수 있는 숙박시설을 건립했다. 시 차원에서 진행했기 때문에 풍부한 보조금을 지원받았고 코뮌연합의 자랑이기도 했다. 우리도 그 시설의 개관식에 초대를 받았다.

개관식에서 우리는 우리 제안에 퇴짜를 놓았던 모든 의원과 기관 대표자들을 만났다. 거기엔 도지사도 있었고, 교육부 기술교육 담당 차관으로 있던 로베르 샤뤼 전 국회의원도 있었다. "아르들렌 분들이시네요. 잘 지내셨죠? 요즘은 어떤 활동을 하십니까?" 아르들렌 설립 초기부터 우리 활동을 지원해준 샤뤼 차관은 아르들렌이 8년간 성장한 모습을 보며 기뻐했다. 우리는 그에게 새롭게 추진하고 있는 박물관 프로젝트와 지원금 부족으로 겪는 어려움을 토로했다. 이야기를 들은 차관이 도지사에게 몸을 돌렸다.

"지사님. 이 프로젝트를 검토해보시면 좋겠습니다. 도에서 지원하는 '농촌 진흥 및 개발을 위한 부처 간 기금Fonds interministériel pour le développement et l'aménagement rural, FIDAR' 올해 예산이 마땅한 프로젝트가 없어 불용된 것으로 압니다. 이분들 프로젝트가 기금 목적에 딱 맞는 것 같은데요."

이 이야기에서 각자가 느낀 교훈은 모두 다를 것이다. 우리는 이 프로젝트에 선정돼 전체 투자금의 30%에 해당하는 7만 3,000유로를 마시프상트랄 주정부 기금으로 지원받을 수 있었다. 그 뒤 잡지를 읽다가 우연히 농협은행재단이 도서산간지역 문화 프로젝트에 지원금을 제공한다는 기사를 보았고, 이 재단으로부터도 1만 5,200유로를 지원받았다. 코뮌연합도 경제개발계약 차원에서 제공되는 도청 기금을 활용해 7,620유로를 지원해주었다. 자금을 찾아 헤매는 우리의 간절한 외침에 많은 친구와 지인도 투자금이나 당좌예금 형태로 십시일반 도와 총 7만 6,200유로를 지원했다. 협동조합은행은 12년 상환 조건으로 7만 6,200유로를 대출해주었고, 노동자협동조합총연합회 산하 자조금융기구인 소코덴은 회사 수익에 따른 변동이자율로 4년간 1만 5,200유로를 대출해줬다.

이로써 필요한 자금이 모두 준비됐다. 남은 일은 프로젝트를 성공으로 이끄는 것이었다. 매년 관광객 2만 명이 생피에르빌에 찾아올지 아무도 보장할 수 없었지만 우리는 박물관 개장일을 1991년 7월로 정했다. 대규모 공사와 폐수처리장 설치도 시작했다. 직원 14명으로 구성된 우리 조합은 새로운 항해를 떠날 모든 준비를 마쳤다.

박물관 건설 현장 박물관 개장일은 1991년 7월로 정했다. 사진은 대규모 건설 작업이 완료된 후 모습이다.

새로운 분야, 새로운 전문가

피에르의 부인이자 교사인 시몬은 박물관의 교육적 측면에 깊은 관심을 가졌다.

당시 저는 생피에르빌에 있는 한 초등학교 교사였습니다. 1년간 재교육 휴가를 받은 상태였죠. 그해 저는 재교육을 받으면서 동시에 박물관에서 동료와 함께 방문객에게 양모산업 역사를 소개하는 프로그램을 진행했어요. 지식을 전수하고픈 제 열정을 교사가 아닌 다른 활동으로도 이어갔던 거죠. 이듬해 교직으로 복귀한 저는 반일근무를 하며 나머지 반나절은 박물관에서 쓸 최신 교육자료를 만드는 데 할애했습니다. 더 나은 콘텐츠로 방문객을 맞이하기 위해서였죠.

−시몬

지식을 효과적으로 전수할 뿐 아니라 방문객이 전시 콘텐츠에 집중하도록 만드는 좋은 박물관 가이드가 되려면 어떤 능력을 길러야 할까? 우리는 스피치 전문가와 공연 분야 전문가에게 도움을 구했다. 그렇게 연극 워크숍, 동화구연 워크숍, 광대 워크숍 등을 열어 우리에게는 생소한 분야를 배워갔다. 우리 중에는 워

박물관 전시 준비 우리는 교육적인 동시에 즐거움도 선사하는 공간을 만드는 데 중점을 뒀다. 단순히 전시만 하는 공간을 넘어서서 방문객을 환대할 수 있는 프로그램과 콘텐츠를 갖추고자 했다.

크숍을 통해 자신도 미처 알지 못했던 뜻밖의 재능을 찾은 사람도 있었다. 이 재능은 박물관 가이드로서뿐만 아니라 훗날 조합원 총회나 매년 양 사육자들을 위해 여는 양털 깎기 축제에도 활용되었다. 광대놀이에 재능 있는 동료들 덕분에 특별한 행사때만이 아니라 일상에서도 긴장을 풀고 화기애애한 분위기를 유지할 수 있었다.

우리는 박물관 운영과 아르들렌 경영을 분리하기로 결정했다. 이를 위해 '베르주라드Bergerades'라는 단체를 새롭게 설립했다. 문화 활동과 경제활동을 명확히 구분 짓는 것이 더 낫다고 생각했기 때문이다. 문화 활동과 경제활동은 양립할 수 없다고 보는 프랑스의 정서도 고려한 판단이었다. 시몬은 조기퇴직 후 자원봉사로 베르주라드 대표직을 맡았다.

성장은 변화를 뜻한다

규모의 변화 속에서 우리가 추구하는 가치를 훼손하지 않고 본모습을 지킬 수 있을까? 성장은 때로 불안정과 균형 파괴를 뜻하기도 한다. 우리는 전진하는 것일까, 몰락하는 것일까? 새로운 모험이 새로운 국면을 가져올 것이라는 사실은 구성원 모두가 느끼고 있었다. 이쯤에서 총정리를 한번 해볼 필요가 있었다. 우리는 활동 부문별로 각자가 담당한 업무를 정리하고 발전 사항과 미래 전망을 이야기하는 자리를 가졌다. 이를 통해 지금까지 함께 이뤄온 것들을 잃지 않으면서 새로운 도전에도 성공하자는 데 뜻을 모았다.

문화 사업을 시작한다고 해서 생산활동에 지장이 있어서는 안 됐다. 우리는 각 생산부서에서 필요한 것들을 확인했다. 매트리스와 침구 제작 분야에서는 품질 향상을 위해 보수공사가 필요했고, 몇몇 부서는 사무실 이전 작업도 필요했다. 안 그래도 사무실이 부족했는데 새로운 활동까지 더해지면서 상황이 더욱 나빠질 수 있었다. 발랑스의 편직 및 의류 작업장에서 일하는 탄야와 미리엄은 현재 업무량을 유지하면서 우리와 계속 연락하기로 했다. 이들은 의류 생산뿐 아니라 생피에르빌 매장을 비롯한 각종 박람회 및 장터에서 펼치는 판매 업무에도 참여했다.

우리는 새로운 영업 방향을 세웠다. 박물관 효과로 직판장 수익이 늘 것이라는 기대 속에 유럽 지역 박람회 참가를 중단하기로 한 것이다. 대신 프랑스 전역의 친환경 제품 판매 협동조합을 돌며 판매 활동을 하기로 했다. 새롭게 방향을 정하고 보니 우리 제품에 어떤 상표를 붙여야 할지 고민이 됐다. '친환경 양모'라는 라벨을 달아야 할까? 당시 식품이 아닌 제품은 생산자가 직접 라벨을 제작할 수 있었는데 신뢰도를 높이려면 전문기관이나 정부가 인증한 라벨을 부착할 필요가 있었다.

힘을 합쳐 위기를 극복하다

열심히 노력하고 때로 좌절하며 수년을 보냈다. 방문객 수 2만 명 달성을 위해 서로를 북돋았다. 연간 방문객 수는 1991년 4,000명으로 시작해 1992년 9,000명, 1993년 1만 3,000명으로 천천히 늘어났다. 3년 안에 목표 방문객 수를 달성한다는 건 너무 낙관적인 예상이었다. 1995년이 되어서야 비로소 목표를 달성할 수 있었다.

5년 동안 우리 재정은 불안정했고 69만 유로를 추가로 유치해야 했다. 그중 18만 3,000유로는 대출을 받았고, 9만 6,000유로는 지원을 받았으며 나머지 41만 1,000유로는 우리가 직접 충당했다. 박물관과 세척용수 정화시설 설치 외에도 추가 자금이 더 필요했다. 사무실 증설에 6만 8,600유로가 들었고, 생산도구를 추가로 구비하는 데 20만 5,800유로가 들었다. 매출은 45만 7,000유로에서 83만 8,000유로로 기대 이상으로 증가했고 매년 흑자를 기록했다. 연 평균 6%씩 매출이 성장했다.

직판장 매출도 9만 1,500유로에서 22만 8,700유로로 늘어 외부 활동이 아닌 내부 활동으로 수익을 창출하겠다는 기대에 부응했다. 통신판매 또한 계속해서 상승세를 보였다. 하지만 수지균형을 맞추기 위해 외부 장터 판매를 완전히 없애지는 않았다. 국내와 벨기에를 주요 활동지로 지정해 두 곳에서 열리는 박람회 중 우리 제품 이미지에 가장 부합하는 박람회에만 참여했다. 모두가 담당 분야에서 최대한의 잠재력, 에너지, 이타심을 발휘했기 때문에 가능한 일이었다.

경영, 영업, 홍보 능력도 많이 성장했다. 카트린과 시몬 그리고 나는 박물관 홍보, 경영, 운영에 있어서 최고의 트리오가 됐다. 신규 인력도 생산과 영업 부문에서 전문성을 펼치며 활약했다. 관객에게 선보일 인형극 콘텐츠도 완성 단계였고, 편물 작업장도 계속 발전해갔다.

하지만 이 시기까지도 우리는 임금인상을 생각하지 않았다. 수익을 배분해 갖기는 했지만 최저임금을 고수하며 연대를 다졌다. 당시는 경영수지가 좋아 세액공제 전 급여인 1,144유로의 18~20%까지 배당과 상여금으로 가져갈 수 있었다. 하지만 임금을 인상했더라면 자력 출자로 그 정도의 성과를 달성하기는 어려웠을 것이다. 우리는 늘 조직의 성장과 박물관 발전을 최고 목표로 고수했다.

여전히 차량, 식사, 주거 등에서 상호부조에 기반한 공동 소비를 유지했기에 개별 소비에 비해 삶의 수준도 더 높이 유지할 수 있었다. 더 적게 지출하고 더 많이 누리는 생활은 만족감을 가져다 줬다. 이를 유지하는 힘은 서로에 대한 굳건한 신뢰와 정직에 있었다. 우리의 신뢰와 정직은 단 한 번도 위기를 맞지 않았다. 오랫동안 이어진 우리 관계가 이를 증명한다.

주민들, 깜짝 놀라다

지역 관광 발전은 이리외 지역 의원들의 주요 관심사였다. 이들은 여러 시를 연계해 공동 관광안내소를 설치했는데 우리도 관광안내소 활동에 활발히 참여했다. 그 활동에는 아르데슈의 관광 진흥에 관심 있는 각 시 대표와 전문가가 함께 참여했다.

우리 지역은 프랑스 최대의 밤 생산지이기도 했다. 시청은 밤 생산자 조합이 지원하는 생피에르빌친구협회와 함께 시내에 '밤나무 집'이라는 전시관을 세웠다. 전시관은 훗날 우리의 홍보 파트너가 되었다. 우리는 전시관 관계자와 함께 박물관과 전시관을 소개하고, 지역 맛집에서 점심을 먹는 일일 관광코스를 기획했다.

지역 의원이 관광업을 중요하게 여긴 반면 주민들은 그렇지 않았다. 주민들은 외딴 벽지에 매년 300대의 자동차를 타고 찾아오는 관광객 무리를 보고 엄청난 충격을 받았다. 관광객 대량 유입은 다양한 반응을 낳았다. 어떤 이들은 사람들에게 잊힌 생피에르빌이 매력적인 관광지로 재탄생했다는 사실을 자랑스러워했지만 일부는 관광 부작용을 겪은 발롱퐁다크처럼 되는 것이 아닐까 염려했다. 혹자는 아르들렌에서 일하는 우리가 갑자기 마을의 새로운 부자가 됐다고 억측하며 질투하기도 했다.

우리는 이 모든 것을 자연스러운 현상이라 생각하며 그대로 받아들였다. 잔잔하던 마을에 우리가 아주 작은 반향을 일으킨 것은 사실이지만 평온함은 유지되고 있었다. 주민들이 변화를 수용하고 소화하면서 이 변화가 지역의 미래에 가져다 줄 장점이 무엇인지 깨달을 때까지 기다릴 필요가 있었다.

새로운 직원을 받아들이다

새로운 활동이 더해졌으니 추가로 고용도 필요했다. 당시 우리 팀원들은 자신의 역량을 모두 써버린 상태이기도 했다. 그동안 우리 14명은 리스크를 분담하며 협동 문화를 구축해 '다르게 일하기'를 고수했다. 이제 새로운 단계로 넘어가야 할 때였다.

우리는 새로운 단계로의 전환을 상징하는 행위로 국립고용센터Agence nationale pour l'emploi, ANPE 지역본부에 연락했다. 침구 작업장 직원 한 명을 긴급히 충원해야 했기 때문이다. 우리는 고용센터 담당자에게 '돈을 벌기 위해 억지로 일하는 사람이 아니라 의욕이 있어서 일을 직접 선택하는 사람'을 원한다고 설명했다. 하지만 그런 구직자는 드물었다. 열 명 정도가 면접을 보러 왔는데 '통근시간이 너무 오래 걸린다', '적성에 맞는 일인지 모르겠다' 등의 이야기를 늘어놓고는 구직활동 확인증에 서명을 받은 뒤 가

버렸다. 생피에르빌 거주자 중에서도 꼭 맞는 인력을 찾기 어려웠다. 지역에 사는 여성 구직자들은 대부분 양로원에서 일하고 싶어 했다.

그간 우리 모두는 직책에 상관없이 책임감을 갖고 일했다. 그건 즐거운 일이었다. 우리는 상하관계를 갖춰 조직을 운영하는 것을 거부했다. 일반 제조공장 노동자들은 상사 지시에 완전히 복종하며 분 단위 속도에 맞춰 할당량을 채워야 한다. 심지어 화장실 이용 시간도 제약을 받는다! 열네 살 때부터 이런 훈련을 받아 온 사람들이 갑자기 그 습관을 버리는 것은 쉽지 않은 일이다. 그래서 우리는 처음부터 새로운 직원을 정규직으로 채용하기보다는 단기 계약직으로 채용해 우리 조직의 고유한 정신과 '유기적' 방식으로 일하는 조직문화에 동화될 수 있는 시간을 갖도록 하는 것을 선호했다.

그러던 중 이웃 마을에 살며 계약직으로 일하던 한 젊은 여성이 우리 조직에 잘 적응하는 듯 보였다. 그녀는 조합원이 되는 데는 관심이 없었고, 근로계약을 맺은 직원으로 남기를 원했다. 그래도 우리 사이에는 신뢰할 수 있는 협력관계가 형성됐다. 새로운 직원들도 조직 팀원으로 하나둘 자리 잡았다. 덕분에 우리와는 좀 다른 동기를 지닌 외부 사람들과도 긍정적인 협력관계를 구축할 수 있겠다는 희망을 갖게 됐다.

우리가 사는 생피에르빌에는 협동조합의 역사도 없고 참고할 만한 사례도 없었다. 발랑스만 해도 시계 케이스 제조로 유명한 부아몽도 협동조합이 있었고, 생클로드에는 문화예술 사업을 하는 프라테르넬Fraternelle 협동조합이 있었으며, 기즈에는 인기있는 주방용 팬을 만드는 패밀리스테르Familistère 협동조합이 있었는데 말이다. 다른 지역에서 볼 수 있는 상부상조의 풍습이 이곳에는 없던 상태였다.

여러 업무 간 공정성 세우기

양모산업을 구성하는 각 영역이 동등하게 인정받고 비슷하게 경제적 가치를 창출했다면 훨씬 더 수월하게 사업 분야를 다양화하고 사업을 다각화할 수 있었을지도 모른다. 아르들렌은 양털 깎기, 양모 세척, 양모 솔질 및 선별을 하나로 엮어 '생산 이전 단계' 분야로 발전시켜왔다. 작업장으로는 매트리스·침구 작업장과 편직·의류 작업장이 있었고, 영업은 직판장 판매, 박물관 및 장터 판매, 통신판매로 나뉘었다. 여기에 아르들렌은 문화·관광 분야까지 지평을 넓혀 직판장 판매에 긍정적 효과가 나타나기를 기대했다.

외부에서 볼 때 아르들렌의 각 영역은 동등해 보이지만 사실 각 영역이 창출하는 수익은 불균등했다. 원자재 관련 업무일수록 이윤이 적었고 업무 가치도 낮게 평가됐다. 이 문제를 해결하기 위해 우리는 양털 구매가를 시중 가격이나 통상 임금에 비해 높이 책정했다. 양털 깎기와 양모 세척 작업은 육체적으로 매우 힘들었지만 사회적으로 높게 평가받지는 못했다. 반면 수익을 올리는 영업은 가장 높이 평가받았으며, 생산 업무에 비해 더 큰 영향력을 지녔다.

생산 업무에 문화 활동을 병행해 보니 몇 가지가 걱정됐다. 방문객 응대라는 '가치 있는' 업무에만 치중하게 되지는 않을까? 관광업 발전을 위해 생산 업무를 희생시키는 것은 아닐까? 우리는 10년이 지난 지금, 아르들렌의 가치는 모든 업무를 아우를 때 비로소 빛난다고 자신 있게 말할 수 있다. 매일 이곳을 찾는 방문객들도 이 사실을 일깨워주었다. 방문객들은 자신들이 아르들렌을 찾는 이유로 원자재 취급 단계부터 박물관에 이르기까지 양모산업 전 과정을 소개한다는 점, 양털 깎기와 양모 제작 과정을 체험할 수 있다는 점, 자신들이 구매한 양모 옷에 담긴 이야기와 생산자를 잘 알 수 있다는 점을 꼽았다. 아르들렌 구성원들은 자신이 생산한 제품을 직접 판매할 수 있을 뿐 아니라 박람회에 참가해 소비자에게 소개할 수도 있다. 이들은 제작부터 판매까지 함께하

박물관 방문객 맞이 아르들렌 조합원 대부분은 콘크리트 믹싱 작업을 하다가도 재정 관리를 하고, 손이 기름 때 범벅이 되어 작업을 하다가도 박물관을 찾은 방문객을 맞이하기도 한다. 한 마디로 멀티플레이어들이다.

고, 고객과 직접 교류할 수 있다는 점에 만족해한다.

　어려운 업무와 쉬운 업무, 가치 있다고 여겨지는 업무와 그렇지 못한 업무 간 평형을 되찾는 일은 가능하다. 아르들렌 조합원 대부분은 여러 분야를 넘나들며 뛰어난 솜씨로 다양한 기능을 수행한다. 콘크리트 믹싱 작업을 하다가도 재정 관리를 하고, 손이 기름때 범벅이 되어 작업을 하다가도 박물관을 찾은 방문객을 맞이하기도 한다. 감침질 기계를 잘 다루면서 판매도 잘한다. 이들은 생각하고 말하는 능력뿐 아니라 실무능력까지 갖췄다. 이론적 지식과 실무능력은 대척점에 있는 것이 아니다. 각각의 업무는 전체의 일부를 이룬다. 각 신체 부위가 모여 한 몸을 이루듯이 말이다. 손과 발, 눈과 귀, 뇌가 없다면 우리는 과연 무엇이 될 수 있을까?

여러 조합들, 네트워크를 결성하다

우리는 우리 조합을 발전시키는 데 집중하느라 한동안 다른 기관이나 단체 사람들을 만나지 못했다. 비엘오동과는 긴밀한 관계를 유지했지만 당시 그곳은 청년 작업장을 넘어 아동을 대상으로 한 환경교육에 매진하고 있었다. 우리에겐 우리와 비슷한 활동을 하거나 관련 연구를 진행하는 다른 기업과 경험을 공유하는 일이 절실했다. 이들은 어디에 있을까? 1970~80년대 '다르게 일하기', '대안기업' 열풍이 지나간 후 현재 이들은 어떤 모습을 하고 있을까?

우리는 몇몇 모임에 참석해봤다. 큰 규모의 노동자협동조합에는 심리적 거리를 두었지만 노동자협동조합 운동에는 참여했다. 노동자협동조합 대회에서 만난 몇몇 중견 노동자협동조합 사람들과 친밀감을 느꼈다. 우리는 도서산간 지역에서 활동하는 네트워크에 자주 참여했다. 특히 개인이나 가족 차원에서 '작은 것이 아름답다'는 모토로 가치를 실현하는 조직들을 자주 만났다. 우리는 비영리 단체와 가깝게 지냈는데 소비자협동조합 쿱비오 Coop Bio, 공동경작 농업연합 형태인 농업협동조합 Groupement agricole d' exploitation en commun, Gaec, 농기계이용협동조합 Coopérative d'usage de matériel agricole, Cuma, 농업공동체이익조합, 노동자협동조합 형태의 생산협동조합과 노동자참여기업 Sociétés à participation ouvrière, Sapo, 심지어 연대 활동에 참여하는 일반 회사와도 가깝게 지냈다. 이들 조직에서 일하는 친구가 생겼고, 대안 연대 경제 네트워크인 레아 Réseau de l'économie alternative et solidaire, Reas가 주최하는 여러 행사에도 참여했다.

하지만 현장 실무경험을 공유할 네트워크가 없어 아쉬웠다. 우리는 우리와 비슷한 동기를 가진 이들과 만나 이야기를 나눈 끝에 대안 연대 실천 경험을 공유하는 네트워크, 르파 Réseau d'échanges et de pratiques alternatives et solidaire, Repas를 만들었다. 르파는 우리가 중요하게 생각하는 잔치 느낌을 암시하기도 했다.[24] '실천'이라는 단어를 단체 이름에 넣는 것은 결코 가벼운 선택이 아니었다. 우리는 이 네트워크를 프랑스 전역으로 확장하고자 했다. 매년 2주간 20명

24 '르파'는 프랑스어로 '식사'라는 뜻이다. -옮긴이

정도가 그해에 공유하고픈 주제를 가지고 주제와 연관된 경험이 있는 기업이나 단체를 탐방했다. 우리가 다룬 주제는 '의사결정', '자금 순환', '팀과 창업가 정신의 약화' 등이었다. 우리는 이 네트워크를 통해 여러 조직을 방문하고, 위험한 모험을 성공으로 이끌어낸 여러 '탐험가적 연구자'를 만나볼 수 있었다. 리무쟁에서 제재소를 운영하는 앙비앙스 브아^{Ambiance Bois} 협동조합, 아베롱에서 가금류를 사육 및 가공해 상품화하는 비알라레^{Vialaret}, 보주 지역에서 환경교육, 문화 등 다양한 활동을 펼치는 옥살리스^{Oxalis} 협회, 산림 관리 전문가로 이뤄진 유로실바^{Eurosylva}, 몽트뢰이에서 활동하는 유기농 식품 소비자 협동조합 레누보로빈슨^{Les Nouveaux Robinson} 등을 알게 됐다. 이러한 만남을 통해 다른 조직이 지닌 활기를 공유했고, 풍요로운 협력관계를 이루었다. 서로 다른 분야에서 활동하는 15개 조직이 모여 만든 르파는 계속해서 성장했고, 이는 전국적으로 다양한 분야의 '현장 활동'이 이뤄지고 있다는 것을 보여주는 증거였다.

초심으로 돌아가자

1995년 조합원 총회에서 우리는 박물관 방문객 연 2만 명 돌파 달성을 축하하며 샴페인을 터뜨렸다. 우리가 거둔 성과가 자랑스러웠다. 하지만 한 가지 새로운 사실을 깨달았다. 이제 성장을 잠시 멈추고 조합을 안정화할 필요가 있다는 것이었다.

우리는 조합 규모 문제에 대해 다시 생각해보았다. 당시 조합에는 20명 정도가 근무했다. 우리는 설립 초기 목표를 크게 넘어섰다는 사실을 잘 알고 있었다. 고전경제학에서 '성장하지 않으면 뒤처진다'라는 무한경쟁을 모토로 삼는다는 것도 잘 알았다. 하지만 현재와 같은 성장세가 지속가능한 것으로는 보이지 않았다. 조합 내 쌓인 피로도를 보여주는 몇 가지 지표도 있었다. 몇몇 사람들의 관계에도 변화가 생겼다. 단순하고 직접적으로 관계를 유지하는 데는 한계가 있었다. 갈등 관계가 명확히 드러났고, 조직 내 권력 문제도 쟁점으로 떠올랐다. 생산 분야와 영업 분야 간 관계가 원만하지 못했고, 실무자와 경영진 간 관계도 삐걱거렸다.

우리는 아르들렌 호의 속력을 줄이기로 결정했다. 함선이 아니라 유람선 속도로 운행하며 20여 명으로 구성된 조직을 안정화하기로 했다. 또 다른 경험의 시작이었다.

7장

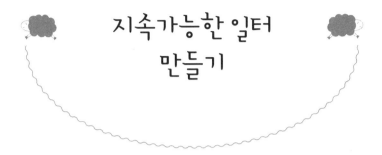

1996~2000
지속가능한 일터 만들기

파리 샹젤리제에 사무실이 있는 일본 기업으로부터 편지 한 통을 받았다. 우리가 만드는 '목동 스타일 카디건'을 유통하고 싶으니 가격 조건을 알려달라는 내용이었다. 일본인들이 프랑스 농촌의 전통적 이미지를 좋아한다는 사실은 익히 알고 있었지만 '목동 스타일 카디건'을 일본으로 수출하는 것은 엉뚱한 이야기라 생각해 편지를 서랍 깊숙이 넣어버렸다. 어느 날 건조한 목소리에 아시아인 억양으로 불어를 구사하는 한 여성이 전화를 걸어왔다. "저희가 보내드린 편지에 회신을 못 받아 연락드렸어요. 저희는 아르들렌 상품에 정말 관심이 많아요!" 우리는 우리 일을 간단하게 설명하고 수출에는 관심이 없음을 단호하지만 예의바르게 설명하는 회신을 보냈다. 우리 편지가 파리에 배달된 후 우리 팩스에는 일본 기업이 보낸 회사 소개서와 회장 사진, 기업 연혁과 성과 보고서가 들어오는 소리가 끊이지 않았다. 우리가 자신들의 기업을 신뢰하지 않는다고 생각한 모양이었다. 끝없는 팩스량에 놀란 우리는 아무런 답장을 하지 않았다. 그러자 다시 전화를 걸어왔다. "우리에게 제품을 팔지 않을 권리는 없어요!" 전화를 건 여성은 화를 내며 대표를 바꿔 달라고 했다. 그때 우리 대표는 흙손을 든 채 한창 일하는 중이었다. 일본으로 수출하고 싶어 하지 않는 기업을 상대하는 것은 아마 그녀 인생에서 처음 겪는 일이었을 것이다. 막무가내인 상대에 맞서 우리 대표는 우리 입장을 고수하며 자신의 역할을 완벽하게 수행했다.

우리가 목표로 해야 하는 시장은 어디일까?

우리가 일본 수출을 거부한 것은 아쉬울 것이 없거나 무례해서가 아니었다. 이제 막 되찾은 조합의 균형을 견고히 하고 외부 효과로 인한 위험을 피하기 위한 이성적인 선택이었다. 아르들렌의 목표는 분 단위로 시간을 쪼개 생산성을 높이거나 수출 단가를 낮춰줄 원재료를 구입해 이익을 늘리는 데 있지 않았다. 우리는 양모산업을 이루는 각 영역을 존중하고 양모산업에 관련된 직업의 다양성을 포용하며 소비자와 최대한 직접적인 관계를 맺으면서 제품을 판매하고 싶었다.

우리는 이미 박람회와 장터에서 경쟁을 경험했다. 소매업자들이 더 저렴한 가격으로 양모 이불을 판매하는 것을 보았다. 고객들은 값싼 제품과 아르들렌 제품이 왜 가격 차이가 나는지 설명해달라고 했다. 원자재 가격을 낮춰야 하나? 제품 생산을 기계화하거나 생산 시설을 다른 지역으로 옮겨야 하나? 심사숙고한 끝에 우리는 우리 방식을 고수하기로 했다. 양모 이불은 손상 없이 10년 이상 사용할 수 있는 제품이기 때문에 그만한 가격을 매길 가치가 있다는 결론을 내렸다. 우리의 양모 매트리스는 새로운 스타일의 독일산 천연 라텍스 매트리스와 경쟁해야 했다. 물론 우리 제품을 더욱 발전시키기 위해 해야 할 일도 많겠지만 우리 제품은 시장에서 높은 평가를 받고 있었다. 그러므로 굳이 시장 흐름에 편승할 이유가 없었다. 우리는 우리 방식을 지키면서 시장 상황에 세심한 주의를 기울였다.

고성장기와 대규모 투자시기를 거쳐온 우리는 조직을 불안정한 상황으로 몰고 갈 수도 있는 활동은 밀어붙이지 않기로 의견을 모았다. 대신 제품의 품질, 조합 운영, 홍보, 에너지 관리, 팀워크나 조합 문화에 더욱 집중하기로 했다.

양모 품질에 집중하고, 사육자와 돈독한 관계를 쌓다

양모 수거 파트너였던 남동권역양모협동조합은 세계 양모시장 붕괴를 견디지 못하고 1986년 파산했다. 우리는 양모산업 관계자와 돈독한 관계를 계속 유지하기 위해 아르데슈와 드롬 지역에 있는 양 사육자조합을 모아 아르데슈·드롬 양모산업진흥협회Association de promotion de laines d'Ardèche et de la Drôme, Aplad를 설립했다. 생피에르빌을 거점으로 한 새로운 협회는 양 사육자와 마자메의 양모 구매조합인 시칼렌 사이에서 중개자 역할을 했다. 이 협회를 통해 우리는 양모 수거 안정성을 확보할 수 있었다. 하지만 애석하게도 1996년 부가가치세 및 법인세 과세 대상이 된 이 협회는 세금을 감당할 수 없어 해산하고 말았다.

이때부터 아르들렌은 양 사육자 350명과 직거래를 시작했다. 양모는 산업제품으로 분류되기 때문에 양모 관련 활동은 농업 분야에 속하지 않았다.(모헤어나 앙고라, 실크 등 동물섬유는 농업 분야에 속하는데 말이다.) 우리 조합은 오래 전부터 양 사육자와 특별한 관계를 형성하고자 노력해왔다. 양모 가격이 높지 않아서 우리 조합원으로 참여해달라고 독려하기에 무리가 있다는 사실이 늘 안타까웠다. 우리는 신뢰를 기반으로 그들과 협력관계를 구축했다. 양 사육자에게 매년 양털 깎는 서비스를 제공하고 양모 품질에 따라 합리적 가격을 제시했다. 양모 구입 가격은 세계시장 가격 변동과 상관없이 적용하였다. 한 예로 1996년 세계 양모 가격은 폭락했지만 아르들렌은 중간 품질의 양모 1킬로그램을 기존과 같은 0.8유로에 구입했다.

우리는 양 사육자들이 자신들의 양모가 질이 좋다는 사실을 알 필요가 있다고 생각했다. 비록 세계 시장은 이들의 양모를 높게 쳐주지 않았지만, 우리는 그들에게 세계 시장 가격보다 높게 지불할 용의가 있었다. 물론 양 사육자들이 심혈을 기울여 최적의 양모 품질을 만들어준다는 전제하에 말이다. 양모 생산은 양고기 생산과 다를 바가 없어서 양털 숱은 양의 건강 상태와 관련이 있었다. 우리는 양 사육자들이 자신들의 양모가 고품질임을 직접 경험해보도록 완제품 사용을 권해보기로 했다.

이를 위해 아르들렌은 양모 대금을 가격이 상향 조정된 상품권 형태로 지불하는 방안을 떠올렸다. 예를 들어 1996년 어떤 양 사육자가 중간 품질 양모를 우리에게 100킬로그램 팔았을 경우 우리는 판매대금으로 현금으로는 79유로를, 상품권으로는 140유로를 지불하는 식이었다. 수령 방식은 양 사육자들이 자유롭게 선택할 수 있고 매년 변경할 수도 있었다. 많은 양 사육자가 상품권으로 양모 대금을 지불받아 양모 침구나 옷을 구매해 가족과 사용하고 자신들의 양모로 만들어진 것이라며 뽐냈다. 1996년 우리 조합은 양모 대금 48%를 상품권 형태로 지불했다.

당시 우리는 화학 처리를 하지 않은 고품질 양모에 관심이 있었다. 우리가 맨 처음 양털 깎는 작업을 시작했을 때, 양 사육자들이 양털 청결도를 높이려고 털을 깎기 전 린덴[25]으로 양을 씻기는 모습을 보고 혼비백산한 적이 있다. 그 뒤로 우리는 꾸준히 화학물 처리 반대 캠페인을 벌였다. 오늘날은 환경오염 방지를 위해 화학물 처리는 전면 금지된 상태다. 우리는 모든 양 사육자에게 그 어떤 독성 살충제나 유기염소계 화합물, 유기인산 화합물도 사용하지 않고 양모를 생산한다는 우리의 품질 헌장을 준수해달라고 요청했다. 우리는 양털 잔류 효과가 미미한 식물성 대체물질 사용만 허가했다. 다행히 우리 지역에서는 양 사육이 주로 소규모로 행해졌기 때문에 우리의 권장사항이 어렵지 않게 받아들여졌다.

양 사육자들은 매년 양털 깎는 사람들을 매우 반갑게 맞이한다. 푸짐한 식탁을 차리고, 양털 깎는 작업도 적극적으로 돕는다.

25 살충제, 제초제로 쓰이는 화학물질-옮긴이

아르들렌도 매년 8월이면 열리는 양털 깎기 축제에서 특제 메슈이[mechoui][26]를 준비했다. 이날은 200여 명이 모여 맛있는 요리를 함께 먹으며 각종 레크리에이션을 즐기고 공연을 관람했다.

품질 향상에 심혈을 기울이다

우리는 5년간 작업장, 양모 세척장 및 카딩 기계 개선을 위한 투자에 주력했다. 건조기를 구입하고, 양털 먼지를 줄여줄 환기 장비도 구비했다. 새로운 저수탱크를 갖춰 세척용수 정화조를 계속해서 업그레이드하고 추가로 피토 정화시설도 구축했다. 피토 정화시설은 80미터의 수로를 내고 수로를 따라 수상식물을 넣은 12개의 저수탱크를 설치한 것으로, 양모를 헹군 최종 용수를 처리할 목적으로 사용되었다. 산업 표준화에 맞추는 작업에도 힘을 기울였다. 기계들에는 인증된 안전장치를 설치했고 전기 설비도 조금씩 정비했다. 행정 감독 기관의 안내에 따라 장비를 개선해나갔다.

26 양고기 숯불 통구이 요리- 옮긴이

우리가 양모를 보관하던 창고 주인이 차고를 짓는다며 비워 달라고 하는 바람에 새로운 보관창고를 찾아야 했다. 하지만 접근성이 좋고 창고로도 적절한 건물을 찾는 일이 쉽지 않았다. 결국 우리는 새 창고를 짓기로 했다. 새 창고 지하에는 가공 전 천연 양모를 보관하고, 지상은 2개 공간으로 나눠 한 곳은 완제품을 두는 곳으로, 다른 한 곳은 매트리스용 침대 밑판 마감 작업장으로 사용하기로 했다. 일자리 창출이 많지 않은 창고 건설 작업으로는 투자받기가 어려웠기 때문에 9만 9,000유로를 대출받았다. 창고를 짓는 데에는 총 15만 2,000유로가 들었다. 신축 창고 주변을 정비해 방문객 전용 주차장도 만들었다.

모든 분야에서 기술적 발전을 도모했던 우리는 섬유 기술 워크숍을 개최하고, 외부 워크숍에도 참석했다. 의류 제작 담당자였던 탄야와 미리엄은 패턴 재단, 봉제, 가봉, 그리고 모자 등의 잡화 제작 기술까지 연마했다. 둘은 로안에서 활동하는 패션 전문가들과 가깝게 지내며 점차 프로의 세계로 들어섰다.

섬유산업의 수도라 불리는 로안의 의류업계 종사자들은 우리를 보며 놀라움을 금치 못했다. 당시 로안은 산업시설의 다른 지방 이전으로 인해 일자리 8,000개가 사라질 위기였다. 반면 모든 종류의 혁신에 열려 있던 우리는 실력 있고 그 분야에 인맥이 넓은 편직공을 물색하는 중이었다. 제라르와 함께 회사의 공동 대표가 된 카트린 역시 법률 및 금융 분야에서 역량을 다져나갔다. 우리는 아르들렌의 모든 제품을 생산기술 면에서나 품질 면에서 향상시키는 것을 목표로 했다. 생산자의 삶의 질을 보장하면서도 소비자에게 합리적인 가격에 제품을 제공하기 위해 최상의 조건 속에서 제품이 생산될 수 있도록 생산성 향상에 심혈을 기울였다.

업무 편성

아르들렌은 복잡한 기업이었다. 계절성 업무, 일회성 업무, 상시 업무 등 다양한 업무를 수행했다. 프로의식과 다기능성[27]을 강조하며 각 분야의 업무수행 방식을 구축했다. 양털 깎는 사람들은 역량을 강화하는 동시에 후임을 양성했다. 3~6월에만 행해지는 계절성 업무였던 양털 깎기는 육체적으로 힘든 일이었을 뿐 아니라 임금노동으로 유지하기에도 적합하지 않았다. 어떤 이들은 그만두었고, 어떤 이들은 자영업자로 일했다. 우리에게 중요한 과제는 양 사육자 300명에게 지속적으로 양털 깎기와 수거 서비스를

27 조합원 각자가 조합 활동의 다양한 업무 혹은 역할을 번갈아 맡도록 하는 것을 말한다. -옮긴이

제공하는 것이었다. 쥘리앵 발라드는 1년 동안 양털 깎기, 양털 세척, 박물관 가이드까지 3개 직무를 수행했다.

양털을 깎고, 수거한 양털을 세척해 판매하고, 이 모든 것을 박물관 방문객에게 설명하고…. 한 산업에서 여러 단계의 업무를 수행한 덕분에 내 역량을 더욱 강화할 수 있었다. 하나의 활동이 존재할 수 있는 이유는 그 활동과 연결된 다른 활동들이 있기 때문이라는 사실도 분명히 깨달았다.

—쥘리앵

피에르 티시에는 양모 수거와 세척 및 솔질을 담당하면서 정화조도 관리했다. 그는 압축기, 탈수기, 건조기, 카딩 기계를 재조립하거나 자주 수리해본 경험을 살려 환기구를 통해 먼지를 집진하고 재료를 운반하는 법을 마스터했다. 그의 다음 목표는 방적 작업을 완벽히 수행하는 것이었다. 박물관 방문객과 교류하는 것도 좋아했던 그는 박물관 가이드를 맡을 때 열정적으로 자기 업무를 소개했다.

제품 제작과 영업은 아르들렌의 2세대, 3세대가 맡았다. 나탈리 티로노와 나탈리 퀴르트나는 5명으로 구성된 침구 제작팀을 이끌었다. 프랑수아즈 밀라니는 외부 판매 활동을 담당하면서 봄과 여름에는 박물관 업무에 매진했다.

탄야와 미리엄은 발랑스에서 편물과 봉제 작업장을 안정화했다. 이들은 다른 직원 2명과 함께 신제품 모델을 개발하는 데 1개월, 집중적으로 제작하는 데 6개월을 보내고 나머지 시간은 박람회와 매장에서 제품을 판매하며 보냈다. 또한 둘은 우선도시개발지구 주민과 함께 지역 재생 활동도 했다. 이들은 동네 아이들과 함께 오랫동안 방치돼 있던 화단을 새로 가꾸었고, 시청과 협력해 세입자와 함께 공공임대아파트 단지에 가족정원을 조성하는 프로젝트를 성공적으로 이끌었다.

시몬 티시에는 박물관 인력 관리와 가이드 교육을 지휘했다. 박물관 방문객 수는 월별로 편차가 있었기 때문에 인력 배치를 유동적으로 해야 했다. 전일 근무자 1명, 파트타임 근무자 1명, 하계 근무자 1명, 그리고 각 계절별 근무자를 고용해 교육했다. 직원 중 박물관 가이드를 훌륭히 수행할 수 있는 사람은 10명 정도가 됐다. 우리는 직원의 다기능성을 최대한 끌어올리기 위해 박물관 활동을 아르들렌에 다시 통합시키는 방안을 검토했다.

행정 부문에서는 카트린이 비서 2명, 파트타임으로 근무하는 정보처리 기술자 1명과 함께 인보이스 관리, 판매 수량 입력, 파일 관리 및 회계를 맡았다. 나는 사무국장으로 일하면서 홍보와 통신판매 전용 카탈로그를 만들고 문서 작성 등을 담당했다.

제라르는 조합 대표를 맡은 동시에 건축과 부지 정비 작업을 계속했다. 아르들렌 설립 초기에 함께했고, 이제 파트타임으로 함께 일하게 된 프레데릭이 그를 보조했다. 제라르는 사업개발 계획을 만드는 데도 시간을 쏟았고, 지역 내 협업이나 지역개발 사업에도 조합 대표 자격으로 참여했다. 당시 제라르는 설립 초기부터 우리를 지원해준 프랑스재단 환경위원회^{Comité environnement de la} ^{Fondation de France} 위원으로도 활동했다.

피에르 비달은 파트타임으로 근무하며 전기설비를 담당했다. 전기설비 업무를 하지 않는 시간에는 양 사육자로서 소규모 양 무리를 맡았다. 피에르는 학생 단체가 오면 이 양떼를 활용해 양털 깎는 작업을 보여주고, 양 사육법을 알려주는 프로그램을 진행했다.

누가 어떤 장터에 갈지, 이번 주 매장 상근은 누가 할지, 아픈 사람을 대신해 누가 박물관 가이드를 할지 등을 정하는 업무 편성 및 관리 업무는 20여 명으로 구성된 조직을 원활하게 돌아가도록 하는 가장 중요한 일이었다. 협의는 필수였다. 절제력, 경청 능력, 종합분석 능력, 예측력 등은 소중한 자질이 되었다. 각자 모두의 성공은 물론 작업 결과의 질을 높이기 위해 최선을 다했다.

각 부문은 높은 자율성을 기반으로 돌아갔다. 부문별 회의는 중요한 결정을 내려야 할 때나 특정한 계획을 수립하기 위해 다른 부문과 상의가 필요할 때 열렸다. 카트린과 제라르는 공동대표로서 회사 전략을 공유하고 재정 상황을 알리기 위해 자주 회의에 참석했다. 분기별 1회씩은 모든 직원 조합원이 참여하는 조합 회의를 열었고, 해마다 한 번 모든 조합원이 참여하는 총회를 개최했다.

총회는 조합 운영에 매우 중요한 역할을 했다. 총회 때는 직원 조합원이든 아니든, 모든 조합원이 한데 모여 각 부문 성과를 되짚고, 적절한 방향을 설정해 미래 비전을 공유했다. 총회는 축제의 장이기도 했다. 엄격한 감사가 끝나면, 비조합원 직원들, 이웃들, 친구들이 모두 참여해 한 해를 무사히 보낸 것을 축하했다. 초콜릿 트뤼프 만들기 대회를 열거나 연기력이나 광대 기질이 있는 이들이 재미있는 런웨이 쇼를 선보이기도 했다. 아르들렌은 유머가 가득한 곳임을 증명하는 시간이었다.

정체성 다지기

홍보를 더 잘하기 위해서는 우리 정체성에 대해 더욱 깊이 탐구해야 했다. 여기까지 발전해온 아르들렌은 어떤 존재일까? 우리는 오랫동안 친환경 제품 박람회에 참여하며 존재감을 인정받아 어느 정도 명성을 얻었고 독창적 관광지로서 널리 알려졌는가 하면 '환경과 지역발전'을 모토로 하는 활동도 잘 추진해왔다. 하지만 얼마든지 다른 길로 나아갈 수도 있었다. 우리는 통신판매용 카탈로그에 독일이나 이집트산 친환경 제품을 포함시킬 수도 있었다. 이미 조직도 갖추었고 서류도 잘 구비돼 있었다. 하지만 우리는 세계화에 맞서 지역에 연결된 우리 정체성을 지키기로 했다. 외국 제품은 원자재의 산지가 어디인지, 누가 어떻게 만들었는지 불투명했다. 우리는 각 공정에서의 숙련된 기술과 직접 참여, 그리고 역량을 자신할 수 있었다. 우리는 직능인이지 이윤 창출을 위해 정체 모를 제품을 마구잡이로 판매하는 상인이 아니었고, 소비자를 '고객은 왕'이라는 달콤한 미사여구로 속여 판매에만 열을 올리는 사람들도 아니었다.

세계화와 더불어 유기농업이 산업화되고 거대 유통기업이 유기농 제품의 판매뿐 아니라 생산까지 좌우하는 오늘날, 우리는 양모산업과 관련된 모든 주체와 일관성 있는 관계를 유지하며 투명성을 높이는 일에 집중했다.

우리는 협동조합으로서의 정체성도 계속 확립해나갔다. 네트워크를 더욱 견고히 구축하기 위해 다른 협동조합도 계속 찾아다니며 만났다. 수년 전엔 대안 프로젝트를 보기 위해 퀘벡으로 갔다면 이제는 유럽으로 눈을 돌려 영국 웨일스의 대안기술센터

Center for Alternative Technology, 이탈리아 베로나의 대안금융협동조합인 마그Mutua Auto Gestione, MAG와 카베르데Ca Verde 농가 숙박 및 레스토랑(농촌관광), 독일의 양모 대안기업 핑코프Finkhof 등을 만났다. 이들은 규모가 상당했다. 이 조합들의 성장 사례를 보며 아르들렌의 미래를 생각해볼 수 있었다.

조직은 심한 갈등을 자주 겪는다. 설립 정신을 지켜나가는 것은 쉬운 일이 아니다. 경제적 문제 때문이기도 하고, 지원동기보다 역량을 우선한 채용 때문에 조직이 점점 변해가기도 한다. 우리는 아르들렌과 비슷한 규모로 독창적 활동을 펼치는 노동자협동조합이 있는지 찾아보았다. 그러던 중 리옹에서 벽화 작업을 하는 시테드라크레아시옹Cité de la création 노동자협동조합과 콩을 원료로 한 식품을 주로 만드는 토풀리Tofouli 노동자협동조합을 만났다. 이들은 우리를 따뜻하게 맞아주었다. 이들을 통해 우리는 한 걸음 물러서서 우리 상황을 바라볼 수 있었고, 새로운 접근법과 새로운 조합 운영방식을 접할 수 있었다. 매우 뜻깊고 생산적인 만남이었다. 우리는 르파 네크워크에도 활발히 참여하면서 성찰을 통해 조합 활동을 깊이 다져나갔다. 새로운 조합이 참여하면서 르파 네트워크는 점점 규모가 커졌다. 열혈 협동조합 활동가이자 연구자인 드라페리가 참여해 우리의 논의에 역사적 의미를 부여해주기도 했다.

전력 공급 문제

　신축 건물이 완성되자 우리는 난방이 고민이었다. 기존 건물은 소규모 수력발전 에너지를 사용했지만 신축 건물까지 전력을 공급할 여력은 없었다. 당시 론알프스 주정부는 목재를 활용한 바이오매스 에너지 장려 정책을 펼치고 있었는데, 우리는 론알프스 주정부와 환경에너지관리청ADEME의 지원을 받아 부지 전체 에너지 관리 방안을 연구했다. 연구 결과 200킬로와트 규모의 보일러를 설치하면 모든 건물에 난방을 할 수 있고 기존 소규모 수력발전 에너지는 다른 곳에 더욱 적절히 사용할 수 있는 것으로 나타났다. 우리는 지역 내 소규모 업체로부터 폐목재를 공급받아 보일러 공급 원료로 사용할 수 있었다. 나무가 우거진 지대였기 때문에 폐목재 이용은 삼림 쓰레기를 유용하게 활용할 수 있는 좋은 방안이기도 했다. 폐목재를 사용한 보일러는 삼림화재 예방에 기여할 뿐 아니라 주민들에게 좋은 난방 도구였다.

　지역자원에 가치를 부여하는 일에 관심을 두었던 우리는 곧바로 보일러 설치 가능 여부를 검토했다. 보일러 설치를 위해선 18만 3,000유로가 필요했다. 일부 금액을 지원받는다고 해도 아르들렌이 부담해야 할 금액이 12만 3,000유로에 달했다. 조합 활동에 주력해야 할 시기에 보일러 설치에 이렇게 큰 금액을 투자

하는 것은 어려운 일로 보였기 때문에 우리는 보일러 설치를 미루고 차근차근 한 번에 하나씩 해나가기로 했다.

인력 관리

우리와 가장 오랫동안 일한(거의 30년째 함께해온) 사람들의 나이는 48~58세 사이였다. 우리는 오랜 기간에 걸쳐 형성된 파트너십이 얼마나 특별한지 잘 알고 있었다. 위기도 있었지만 함께 극복해 여기까지 올 수 있었다. 신뢰를 탄탄히 유지해왔고 늘 상호보완적이었다. 각자 자신의 전문 분야를 책임지면서 서로의 차이를 수용했다. 아르들렌 1세대의 활동은 어느새 2세대로 이어졌다. 2세대는 10~15년 동안 영업과 생산을 책임졌다. 2세대는 대략 30~40세 사이였다. 그들은 양털 깎기, 정보처리, 영업 등 대체하기 어려운 역량을 보유했고, 개인 사정이나 직업적 이유로 아르들렌을 떠나는 동료의 뒷모습을 배웅하기도 했다. 동료가 떠날 때 조합으로서는 법률과 정관 및 내규에 따라 깔끔하게 처리하면 된다지만, 삶을 공유하며 함께 모험에 참여했던 이들을 떠나보내는 것은 감정적으로 힘들 수밖에 없었다. 그래도 삶은 끊임없이 변화하며 개인은 자유롭게 자기 인생을 걸어갈 권리가 있다. 새롭게 참여하는 이와 떠나가는 이를 잘 관리하는 것은 모든 조직에 부여된 숙명이다.

아르들렌 1세대와 2세대가 늘 원만히 지낸 것은 아니다. 세대 간 나이 차이가 많다 보니 거리감이 있을 수밖에 없고, 또 모든 사람이 자유롭게 의견을 개진하려면 어느 정도의 거리감은 존중해야 했다. 시몬은 세대 차이에 대한 경험을 이렇게 털어놓았다.

나 역시 세대 차이를 느꼈지만 문제로 인정하지 않았다. 일종의 현실 도피를 한 셈이다. 때로 청년들은 우리에게 "저는 아르들렌에 처음부터 있던 게 아니라 중간에 들어왔잖아요."라고 말하곤 했다. 하지만 시간이 흐름에 따라 아르들렌은 초기와는 확실히 다른 조합으로 발전했다. 우리는 다함께 새로운 역사를 만들었다. 각자 시작은 달랐을지 몰라도 내 생각에 우리는 양질의 관계를 형성했다고 생각한다. 우리는 단지 함께 일할 뿐 아니라 미래에 대한 계획도 같이 한다. 2세대는 그들 나름의 방식으로 선구자이다. 우리 조합은 정말 독창적이다.

─시몬

이 시기 우리는 새로운 인력 대부분을 단기 계약직으로 채용했다. 한 곳에 정착하고 싶어 하지 않는 청년들의 요구에 부응하기 위해 계절별 또는 특정 업무별로 직원을 채용했다. 신규 직원의 대부분은 협동조합 활동에 큰 관심을 보이지 않았다. 이들은 순수하게 고용 계약 관계만 유지하고 싶어 했다. 아르들렌 조합원과 비조합원 직원들은 좋은 공생 관계를 구축했지만 회사 안에서 조합원으로서 해야 할 특별한 역할은 무엇인지에 대해 자문하게 되었다. 조합원은 조합에 많은 투자를 했을 뿐 아니라, 조합 역사에서도 중요한 위치를 차지했다. 조합원은 임원 역할을 맡았는데 '조합 자본금 일부를 보유했기 때문에 임원이 될 수 있었다'고 말할 수는 없다. 그들은 충분한 역량과 책임을 다하는 좋은 자세를 갖추었기 때문이다. 만약 비조합원 직원도 역량이 충분하고 신임을 얻는다면 임원이 될 수 있었다. 우리는 서로 다른 위치에 있는 사람이 갖는 역할 사이에 혼란과 격차가 생기지 않도록 주의를 기울였다. 공동의 목표를 추구하는 협동조합은 각기 다른 동기를 지닌 사람이 함께할 때 존재할 수 있다. 아르들렌은 언제나 다양한 동기를 존중하며 여러 사람이 섞인 조직을 만들어가는 것을 선호했다.

나는 조합의 활동과 조합원들을 보고 이곳에서 일하기로 했다. 아이가 있어서 너무 이른 아침에 출근을 하고 싶지 않았다. 아르들렌은 전형적인 고용주와 노동자 관계에 얽매이지 않기 때문에 좋다.

이곳에서는 멀티플레이어가 되어 다양한 업무를 할 수 있다. 사람들은 조합의 거의 모든 업무와 활동에 관심을 갖고 있고, 근무시간을 유동적으로 조정할 수도 있다. 내게는 이것이 중요한 사항이다.

－수지 크루제

나는 아르들렌의 활동만 보고 이곳에서 일하는 것이 아니다. 나는 직장에서도 색다른 인간관계를 맺을 수 있다는, 일종의 환상을 간직하고 살아온 사람이다. 일터는 사람들이 인생에서 많은 시간을 보내는 장소다. 직장생활을 열심히 하면 직장 동료와 회사 밖에서도 유대 관계를 맺게 된다. 일과 가정생활 간의 경계가 모호한 농부나 수공예인이 살아가는 방식처럼 말이다.

－나탈리 퀴르트나

생피에르빌 출신인 나는 아르들렌이 설립된 초기부터 지금까지 성장하는 모습을 지켜봤다. 친구들과 함께 아르들렌 부지에서 뛰어놀면서, 일상에서 끓어오른 열기가 특별한 열정으로 발전하는 모습을 지켜봤다. 이러한 열정과 창조적이면서도 겸손한 활기를 보며 나는 생피에르빌에 살면서 협동조합 활동에 참여하기로 했다. 나는 그 외에도 지역 소방 구조대원으로 활동하고 있다.

－스테판 말발

조합원 총회 공동의 목표를 추구하는 협동조합은 각기 다른 동기를 지닌 사람이 함께할 때 존재할 수 있다. 아르들렌은 언제나 다양한 동기를 존중하며 여러 사람이 섞인 팀을 구축하는 길을 선택했다.

나는 열네 살 때부터 제조업 분야에서 일했다. 초기에는 학업을 병행했고 나중에는 정식 노동자로 취업했다. 아르들렌에서 파트타임으로 일을 해보고 나서 풀타임으로 근무하기로 결정했다. 이곳은 내가 다녀본 여느 제조업 회사와 다르다. 아르들렌은 노동자를 신뢰한다. 아무것도 아닌 것처럼 보일지 모르지만, 이건 정말 중요하다!

－투에프 사나

조합 문화 발전시키기

르파 네트워크에서 '팀 약화'와 '설립 초기 목표로부터의 이탈'과 관련한 토론을 한 후 몇몇 조합원은 "노동시장에서 통용되는 직무능력이나 통근시간을 기준으로 채용이 이뤄진다면 조합 설립 정신은 어떻게 확장하고 지속할 수 있는가?"라고 물었다. 조직이 와해될 정도의 심각한 갈등 없이 조직이 유지되는 경우 정서적 친화감 조성보다는 일과 관련된 직장 내 조직문화 형성에 특별한 관심을 쏟았다는 사실을 알 수 있었다.

우리는 주도성과 책임감을 연대의식으로 바꾸기 위해 협동 정신과 팀워크를 어떻게 세워나가야 할지 고민했다. 당시 대부분의 교육은 오히려 개인의 능력, 경쟁, 복종을 기반으로 이루어졌다. 그렇다면 집단의 능력, 주도적인 협동 정신, 자율적 사고를 함양하는 문화의 씨앗은 어디서 자라고 있을까? 당시 시민의식 교육은 소비가 가져다주는 즐거움에 비해 큰 관심을 끌지 못했다.

르파 네트워크에는 인턴십 문의를 자주 받는 협동조합이 10여 곳 있었다. 이들은 '일'의 개념에 문제의식을 지닌 오늘날 청년에게 조합을 알리겠다는 사명감으로 '도제 인턴십' 프로그램을 제안했다. 조직에 일정 기간 체류하면서 인턴 생활을 해보게 하자는 발상이었다. 운영위원회에서 인턴십과 교육적 측면을 결합한 프로그램을 개발하기 시작했다. 1997년 론알프스 주에서 1차 도제 인턴십이 진행됐다. 실험적 직업훈련에 제공되는 지원을 받아 진행한 것으로, 진로를 고민하는 사람을 조합에 초대해 협동조합이 무엇인지 함께 체험하고 알아가게 했다. 초기 도제 인턴십의 경험과 활동 과정은 2002년 샤를 레오폴드 마예 출판사가 출간한 《살아가는 방법을 가르치는 기업*Quand l'entreprise apprend à vivre*》에 소개되기도 했다. 도제 인턴십은 인턴뿐 아니라 조합에게도 도움이 됐다. 지도교사라는 교육적 역할을 하면서 조합의 문제를 다시 생각해보았고, 전달할 개념을 구조화했다. 운영위원회에서 지도교사들은 매우 활발히 교류했다. 모두 각자의 업무를 넘어 한층 더 깊은 대화를 나누며 성찰할 수 있는 계기가 되었다.

주 35시간 노동법 때문에 고민에 빠지다

1999년 정부는 불황을 겪던 양모산업을 지원했다. 저임금 기업의 세금 부담을 덜어준 것이다. 덕분에 아르들렌도 꽤 여유가 생겼다. 고용에 따른 세금 부담이 덜해 채용을 확대했다. 당시 유럽에서는 다른 분야에 비해 섬유산업이 특별 혜택을 받는다고 문제를 제기하는 이들도 있었지만 노동 집약적 특성이 강하고 고용 창출도 하는 섬유산업의 특수성을 모르는 사람은 없었다.

주 35시간 노동법이 제정된 것도 이때였다. 전면 시행은 2002년부터였지만 노동자 20명 이상을 고용한 기업은 2000년 1월부터 주 35시간 노동을 적용해야 했다. 이 기한보다 일찍 주 35시간을 적용하는 기업에게는 혜택이 주어졌다. 당시 우리 조합에는 20명이 일하고 있었다. 우리는 주 35시간 노동을 일찍 적용해 혜택을 받고자 했다. 섬유산업 지원 혜택이 끊긴 것으로 인한 타격을 줄이고 싶었기 때문이다. 우리는 지역 노동자협동조합연합회와 새로운 노동법에 관해 연구했다.

주 39시간에서 주 35시간으로 노동시간을 줄이는 것은 워킹맘이나 열정적으로 여가 활동을 즐기는 사람, 그리고 열악한 노동환경에서 일하는 노동자에게는 매우 반가운 일이었다. 하지만 우리처럼 특수 분야에 종사하는 이들에게 이 법은 마치 농부, 상인, 의사, 호텔리어, 수공예인에게 주당 35시간만 일하라고 하는 것과 마찬가지였다. 주 35시간 노동을 양털 깎는 업무, 박람회에서 제품을 판매하는 업무, 여름 한철 성수기에 행해지는 업무 등에 적용하는 것은 어려웠다. 이렇게 되면 혼란만 더 가중될 뿐이었다.

조합원들은 때로 예측하기 어려운 작업 수요에 따라 유연하게 근로시간을 조정했다. 여름에 박물관 일일 방문객 수는 평균 150명이었지만 많을 때는 하루 300~400명까지 맞이해야 했다.

우리가 참여하는 박람회 중 가장 규모가 큰 파리 마졸렌 박람회에 참가할 때는 8명을 판매원으로 보내야 했는데 파리까지의 이동시간은 물론 오전 10시부터 오후 10시 30분까지 열리는 박람회 기간 중 휴식 시간을 정확히 측정하기도 어려운 일이었다. 또 양 사육자들은 대부분 오후 8시 이후인 저녁이나 오전 8시 전 이른 아침에만 시간이 있었는데 이들에게 양털 깎기 서비스를 제공하기 위해 마련한 콜서비스에 응대하는 시간을 재기도 어려웠다. 양털 깎기 작업은 하루 동안 진행되는 일이지만 임금은 시간이 아니라 양털을 깎은 양의 수대로 책정됐다. 이런 급여 체계를 주 35시간 노동 기준에 맞추기란 여간 어려운 일이 아니었다. 생피에르빌에는 네덜란드인이 많이 거주했는데 이들은 우리와 식사 시간이 달라 주로 오후 1시에 매장을 방문했다. 이처럼 수많은 경우의 수를 하나의 틀에 끼워 맞춰야 하니 우리 조합의 운영방식을 재고할 수밖에 없었다. 지금까지는 우리가 자유롭게 시간을 측정했다면, 이제는 시간이 우리를 측정하게 된 셈이다.

제품 생산이나 행정업무 같은 고정적 업무와 외부 판매나 양털 깎기, 박물관 관리, 성수기 업무와 같은 유동적 업무 사이의 차이가 더욱 가시적으로 드러났다. 두 업무 간 차이는 직원과 직원 조합원 간 입지 차이와도 중첩돼 나타났다. 새로운 노동법이 적용돼도 우리는 지금 같은 역동성을 유지하며 고객과의 관계를 유지할 수 있을까? 비조합원 직원과 직원 조합원 간 격차가 더욱 커지는 것은 아닐까? 1년을 기준으로 근무시간을 책정하면 괜찮을까? 기계적으로 시간을 준수해야 하니 지금까지 구축한 고객과의 유동적 관계가 훼손되는 것은 아닐까? 해답을 찾기 힘든 수많은 질문이 꼬리에 꼬리를 물고 이어졌다.

뒤처지지 않으며 한걸음 물러서기

1997년 연간 박물관 방문객 수가 2만 2,000명으로 최고치를 기록한 이후 박물관 성장세는 주춤했다. 이후 연간 방문객은 2만 명 수준을 유지하거나 소폭 하락하기도 했다. 지난 10년 동안 18만 명이 넘는 방문객이 박물관을 다녀갔으니 이제 지역 고객이 박물관에 흥미를 갖기는 어려운 일이었다. 우리는 선택의 기로에 놓였다. 지역 방문객은 감소하겠지만 여름 성수기 방문객을 생각해 박물관을 이대로 운영할 것인지, 아니면 새로운 프로젝트를 시작할 것인지 선택해야 했다.

우리는 방문객을 대상으로 만족도, 아쉬운 점, 박물관에서 보고 싶은 것 등을 묻는 설문조사를 실시했다. 방문객들은 모두 박물관에서 '기계'와 '작업장'을 보고 싶다고 대답했다. 우리는 방문객이 원하는 것이 무엇인지 잘 이해했다. 하지만 방문객 수용 관련 규정 때문에 작업장 투어를 진행하기 어려웠다. 투어를 하려면 작업장을 완전히 새롭게 구성해야 했다. 방화문을 설치하고, 건물을 모두 단층으로 만들어 장애인 편의시설을 조성해야 했다. 한마디로 평지에 완전히 새로운 건물을 지어 이사를 가야 했다. 하지만 양모 작업의 기계화와 산업화를 주제로 새로운 전시공간을 만든다는 건 재미있는 아이디어로 보였다. 지역 양모산업의 역사를 소개하는 것도 중요한 일이라 생각했다. 우리는 아르데슈의 민속학자인 실벳 베로 윌리엄즈에게 지역 문헌 수집을 의뢰했다. 제라르와 나는 곧 새로운 전시장 구상에 들어갔다. 우리는 농촌지역 개발 유럽 프로그램Programme européen de développement des zones rurales, PDZR의 지원을 받을 수 있었다.

지역개발의 어려움

아르들렌 구성원들도 새로운 프로젝트를 환영했다. 다양한 경험과 역량을 지니고 있고 늘 활기와 창의성이 넘치는 이들이지만 우리만의 활력으로는 충분하지 않다는 걸 잘 알고 있었다. 어떤 업무든 서로 시너지 효과를 내야 비로소 진정한 발전을 이룰 수 있는 것처럼 관광 분야는 지역 단위 관광 관련 기관, 관광안내소, 지역 내 다른 관광지, 숙박업체 등이 모두 연결되어야 한다.

주의 깊게 살펴야 할 새로운 현상도 있었다. 1999년 인구조사 결과 우리 지역구 인구가 254명 감소했다. 2000년대 초부터 현재까지 인구는 급격하지는 않지만 계속 감소 추세다. 이웃 마을에서 가장 규모가 컸던 섬유회사는 파산 신청을 하며 직원 70명을 해고했다. 1990년 인구조사 때 증가세였던 생피에르빌 인구도 528명에서 504명으로 줄었다. 다른 지역에서 온 사람들이 주택을 구매해 정착하기도 했지만 감소한 인구수를 상쇄하기에는 역부족이었다. 고령 인구는 조금씩 사라져갔다. 이 시기 주택을 구매하는 이들 대부분은 조기퇴직자들이었다. 곧 학교와 공공서비스 유지가 쟁점으로 떠오를 상황이었다.

박물관 내 새로운 전시 프로그램을 기획하던 중 마을 음식점들이 영업을 축소해 올해 단체 손님을 받지 않기로 했다는 소식을 들었다. 이는 아르들렌뿐 아니라 밤나무 집 전시관에도 걱정스러운 소식이었다. 봄, 가을에 많은 단체 관광객이 이곳을 찾았기 때문이다. 우리는 당장 2001년 봄을 대비해 임시방편이라도 찾아내야 했다. 시청이 우리에게 공간을 임대해주기로 했고 이웃 마을 음식점이 우리 마을로 음식을 배달해주기로 했다. 하지만 안정적인 박물관 운영을 위해서는 새로운 식당을 만드는 일이 급선무였다.

　지역발전은 모든 환경이 뒷받침될 때 가능하다. 지역주민과 학생이 있어야 고용을 창출할 수 있고, 따뜻한 환대를 받으며 숙박, 식사, 주유소, 이동 통신망 등 필요한 서비스를 이용할 수 있어야 관광객이 찾아온다. 어려움에 처한 지역을 지원하기 위해 유럽연합과 주정부 차원에서 많은 노력을 들였지만 실제로 사업을 하고 있는 곳보다 프로젝트 수립 단계이거나 사업을 시작하기 위한 지원을 필요로 하는 지역이 더 많았다. 실제 지역발전 사업을 시작하려고 해도 건물 가격이 너무 높았고, 적당한 땅이 있어도 활용하거나 임대를 하기에는 많은 제약이 있었다. 과도한 도시 집중화에 따른 비용이 얼마나 높은지도 모르면서 일각에서는 농촌 지역을 유지하는 비용이 너무 많이 든다며 지자체에 부담이 되니 차라리 '황무지를 만들자'는 제목의 기사를 신문에 싣기도 했다. 농촌개발을 위해 꼭 필요한 '종합 전략'은 실행되기 어려운 것처럼 보였다.

제2전시관을 짓다

　제1전시관 주제와 이어지는 새 박물관 건립에 대한 조사가 끝났다. 제1전시관이 양과 양모산업의 역사를 양털 깎기, 물레를 이용한 방적 작업, 펠트 가공, 편직, 방직 등 수작업 위주로 설명한 공간이었다면, 제2전시관은 산업혁명의 태동기였던 18~19세기에 발달한 산업적 생산방식이 가정과 마을에 어떤 변화를 가져왔는지 소개하는 방향으로 구성하기로 했다. 특히 에너지 관리, 공장제로의 전환, 최초의 기계 발명 등을 중심으로 소개하기로 했다. 실벳은 우리 지역, 특히 아노네, 비비에, 오브나의 양모산업 역사에 대한 다양한 문헌을 연구해 큰 도움을 주었다. 그중에서도 프랑스 남부 지역 랑그도크 공장 관리자들이 상세하고 열정적으로 기록한 문헌은 큰 도움이 되었다. 제라르와 나는 에너지 관리와 기계 발명가에 관한 자료를 연구했다. 우리는 섬유 산업화의 요람인 영국으로 가 당시 시대를 고증하는 여러 박물관을 둘러봤고 양모산업의 역사에서 영국만큼 중요한 위치를 차지하는 네덜란드의 섬유박물관도 찾아갔다. 또한 산업혁명 태동기였던 이 시대와 관련된 여러 중요한 문서도 수집했다.

당시 막 설립된 아르데슈 산악 주립자연공원 조사위원회Comité d'étude du parc naturel régional des Monts d'Ardéche는 론알프스 주정부가 공동으로 자금을 지원하는 유럽기금을 활용해 우리 프로젝트를 지원해주기로 했다. 우리는 새로운 프로젝트의 가치가 인정을 받았다는 사실에 기뻤다.

제2전시관 건설은 2001년에 시작해 2002년에 완료하기로 했다. 옛 방적공장 터에 박물관을 짓기로 한 덕분에 오래 전 기계를 돌리는 데 사용했던 수력발전기와 물레바퀴 장치도 재조명할 수 있었다. 수력발전기가 돌아가는 모습을 보며 과거 전력 생산 방식을 이해할 수 있는 공간, 18세기 디드로와 달랑베르가 출간한 백과사전에 등장하는 공장의 축소 모형을 볼 수 있는 공간, 최초의 기계 발명 과정을 볼 수 있는 공간, 기계가 작동하는 모습을 볼 수 있는 공간 등을 포함해 총 5개의 전시관을 만들기로 했다. 마지막 공간에서는 지역개발이 마주한 쟁점을 소개하는 영화를 상영하기로 했다.

전시관을 짓기 위해 우리는 영화감독, 발랑스의 예술단체 폴리마주Folimage 소속 독립 예술가, 석공, 목수 등 여러 분야 사람들에게 도움을 청했다. 제라르는 18세기 공장을 상세히 재현하는 축소 모형과 최초의 방적기 복제품을 만드는 데 거의 1년을 보냈다. 우리의 최종 목표는 공장이 가동되는 모습을 선보이는 것이었다. 제2전시관 건립에 투자한 금액은 주정부와 유럽연합 기금으로부터 받은 지원금 9만 7,600유로를 포함해 17만 5,000유로에 달했다.

제2전시관을 통해 우리는 잘 알려지지 않은 시대의 흥미진진한 역사를 많은 이에게 알리고 싶었다. 이 시대는 오늘날 우리가 문제를 제기하고 있는 '산업 문명'의 토대가 완성된 시대였다. 우리는 방문객 유입을 늘려 현장 판매도 증대하고 싶었지만, 그러기 위해서는 조합 운영과 생산 도구 또한 발전시켜야 했다.

제2전시관은 매트리스 및 침대 밑판 제작 작업장 및 기계식 작업장이 있던 공간을 사용하기로 했다. 우리는 그 공간에 있던 작업장을 더 나은 곳으로 옮기기 위해 가장 최근에 건립한 건물을 확장하기로 하고 270제곱미터 면적의 2층짜리 부속건물을 증축했다. 2002년 봄, 새롭게 태어난 공간을 보며 직원들 모두 만족했다. 건축 공사는 고용 창출 효과가 없었기 때문에 그 어떤 지원금도 받을 수 없어서 우리는 공사비용 전부를 대출받아야 했다. 건물 공사에는 모두 18만 유로라는 거액이 들어갔다.

필요에 의해 조직을 전환하다

우리는 1991년 박물관 운영을 위해 베르주라드 협회를 만들었다. 하지만 한 공간에서 두 개의 조직을 운영해보니 장점보다 단점이 더 많아 박물관 운영을 아르들렌 조합에 통합하고 베르주라드는 교육·문화 활동을 담당하는 기관으로 두기로 했다. 이로써 제2전시관 프로젝트도 온전히 아르들렌 노동자협동조합의 몫이 되었다.

새로운 프로젝트를 수행하며 조합 규모도 많이 변했다. 직원 수는 20명에서 30명으로 늘었고 앞으로 더 늘 것으로 예상됐다. 성장을 위해서 우리는 조직 내부의 강점과 약점, 교육과 채용 수요를 파악할 필요가 있었다. 내부 조직 개편도 필요했다. 우리는 부티에르 인근에 있는 협동조합 인력 관리 컨설팅 회사로부터 도움을 받았다.

이때까지 아르들렌 노동자협동조합은 두 명의 공동대표를 둔 유한회사[28]였다. 두 공동대표는 토론과 숙고를 거친 후 우리에게 주식회사로 전환하는 것이 어떨지 제안했다. 향후 예상되는 아르들렌의 발전방향을 생각하면 주식회사가 더 적합한 형태로 보였다. 주식회사로 전환하면 이사회를 구성해 조금 더 집단적인 합의 체제를 구축할 수 있게 될 것이다. 2001년 5월 마침내 아르들렌은 이사 9명과 이사회가 선출한 회장 1명, 그리고 지명된 사장 1명을 둔 주식회사가 됐다.

28 프랑스 노동자협동조합은 기본적으로 상법상의 회사로, 주식회사[SA], 유한회사[SARL], 단순주식회사[SAS] 중 하나의 형태로 회사를 설립해야 한다. 우리나라처럼 협동조합 법인이 별도로 있지 않고, 일단 주식회사나 유한회사의 형태로 법인을 설립하고 회사 정관에 노동자협동조합법에 따른 노동자협동조합임을 명시하는 방식이다. 따라서 노동자협동조합 주식회사나 노동자협동조합 유한회사라는 형태를 취한다. 노동자협동조합 유한회사는 전체 직원 중 조합원이 2~100명, 노동자협동조합 주식회사는 전체 직원 중 7명 이상이면 된다. −옮긴이

계속해서 성장할 수 있을까?

무릇 발전이란 연쇄적인 반응을 일으키는 법이다. 하나의 새로운 프로젝트가 완성되면 새로운 필요사항이 생겨난다. 그리고 이는 추가 고용이 필요한 새로운 서비스의 도입으로 이어진다. '양모산업'이라는 아이디어에서 출발한 아르들렌은 양털을 깎고 양모를 세척했다. 그 양모를 가지고 매트리스를 만들었고 그 다음엔 매트리스를 판매했다. 그러다 박물관까지 세우기에 이르렀다. 그 다음은? 아직 새로운 가능성이 열려 있었다. 아르들렌 차원이든 외부 차원이든 발전의 기회는 여전히 있었다. 우리는 성장으로 인해 겪은 이전의 위기 또한 잘 기억하고 있었다. 성장은 재정적 불안정을 야기할 수 있을 뿐 아니라 조직의 존재의미를 상실하게 만들 수도 있었다. 성장은 조직 내부에 낙담과 의욕 상실을 가져오는 역효과를 낼 수도 있었다.

기업은 생물과 같아서 존재하고 성장하지만 병들거나 죽을 수도 있다. 아르들렌은 아직 건강했지만 앞으로 어떻게 될지 예측할 수 없으므로 늘 조직의 상황을 주시할 필요가 있었다. 우리는 아르들렌이 아동기에 있는지, 성인이 된 것인지, 아니면 노년기에 접어든 것인지 알 길이 없었다.

성장은 두 종류로 나눌 수 있다. 하나는 인위적 성장이다. 스타트업이 여기에 해당된다. 이들은 빠르게 정점을 찍지만 빠르게 추락한다. 다른 하나는 유기적 성장이다. 같은 목표를 가진 다양한 사람들이 서로를 존중하며 한자리에서 느리지만 꾸준히 이루어가는 성장이다. 유기적 성장이 더 지속가능한 것이라고 기대해도 좋을까?

농촌에는 창의적 에너지와 사회적·경제적·문화적 야심이 필요하다. 그래야만 아름다운 자연경관과 만족스러운 생활 인프라를 갖춘, 사회·문화적으로 활기가 넘치는 땅이 될 수 있다.

콜루슈는 말했다.

"좋은 크기란 두 발이 땅에 닿는 크기다."

8장

2001

경험으로 맺은
결실

생피에르빌에서 방적공장을 발견한 후로 여러 해가 흘렀다. 창립 20주년을 맞은 아르들렌은 30년 동안 매일 매일 쌓아올린 역사의 결실이다. 오늘날 아르들렌을 찾는 고객과 방문객은 이리 외 계곡에 있는 작은 마을에 이런 공간이 있다는 사실을 알고 깜짝 놀란다. 이들이 보는 것은 커다란 건물과 그 안에서 분주히 움직이며 일하는 직원들이다. 하지만 아르들렌이 지금과 같은 모습이 되기까지는 눈에 보이지 않는 수많은 요인과 의지가 작용했다. 이제 우리는 지금까지의 활동을 종합적으로 정리해보며 계속 앞을 보고 나아갈 것이다.

펠리시가 이 모습을 볼 수 있다면

펠리시 쿠르비에르 부인은 더 이상 우리 곁에 없지만 그녀와의 만남에서 모든 것이 시작됐음을 잊지 않고 있다. 펠리시는 양모산업이 쇠퇴하는 모습을 두 눈으로 지켜보며 가슴 아파했다. 그리고 이 모든 여정은 펠리시가 그토록 걱정했던 양모산업에서 시작됐다. 펠리시가 살아 돌아와 이 모습을 본다면 어떨까? 아마도 자신을 찾아온 이 '젊은이들'을 믿기 잘했다고 생각할 것이다. 그리고 나직이 말할 것이다. "옛 마을 사람들이 이 모습을 봐야 하는데…"

오늘날 아르들렌은 프랑스 중남부 오트루아르와 아르데슈, 두 도의 양 사육자 250명이 기르는 양 5만 마리의 양털을 깎는 조합이 됐다. 매년 아르들렌이 생산하고 분류하는 양털 무게만 60톤에 이른다. 이중 40톤이 침구와 편물 제품 제작에 사용된다. 2,000제곱미터 부지에서는 다양한 활동이 이뤄진다. 조합원 18명을 포함해 직원 30명이 일하는 아르들렌은 통신판매 전용 카탈로그를 4만 5,000부 배포하며 프랑스와 벨기에 곳곳에서 열리는 박람회나 장터에서 일 년 중 100일 이상을 보낸다. 연간 2만 5,000명이 박물관을 방문하거나 제품을 구매하기 위해 생피에르빌에 찾아온다. 1991년부터 현재까지 누적 방문객 수는 25만 명

2001년 아르들렌 부지 전경
20년이라는 역사를 쌓아올린 아르들렌은 설립 초기 기대했던 것보다 훨씬 높은 수준의 다양한 사업을 추진했다. 아르들렌은 지역에 찾아온 사람들이 일자리를 찾을 수 있도록 돕는 일종의 '착륙 기지' 역할을 자주 맡았다.

에 이른다. 아르들렌은 에너지 생산 및 관리 방식을 개선하고 방문객을 수용하기 위해 계속해서 새로운 프로젝트를 구상하고 있다. 제품 생산자와 소비자에게 더욱 큰 만족감을 제공하기 위해 업무능력도 계속해서 향상시키려고 노력하고 있다.

아르들렌이 제시하는 지역 경제활동

우리는 양모산업을 구성하는 각 공정을 차근차근 하나씩 갖쳐나갔고, 마침내 통일성 있는 '앙상블'을 만들어냈다.

25년 동안 아르들렌을 신뢰해준 양 사육자들은 오늘날 믿을 만한 양털 깎기 서비스를 받고, 시장가격보다 높은 가격으로 양모를 판매할 수 있게 되었다. 그에 상응해 양 사육자들도 아르들렌이 제시한 요구사항인 '화학용품 사용 금지'를 준수해줬다. 현재 아르들렌에는 양 사육자를 대표하는 조직이 없지만 앞으로 이 부분을 보완할 생각이다. 양털 깎는 사람 중 몇 명은 아르들렌에서 직원으로, 몇 명은 독립적으로 일하며 계절마다 파트너로 일하고 있다.

양모 가공, 세척, 솔질, 침구·의류 작업장은 발랑스에 있는 건물에 분산돼 있다. 방적공장도 새로 지어 2003년부터 가동되었다. 재료를 가공하는 과정별로 용수 재처리, 쓰레기 재활용, 화학용품 비사용 등을 적용해 친환경 생산을 위한 만반의 노력을 했다.

박물관에는 두 종류의 전시관을 열어 문화적·교육적 차원의 역할을 수행했다. 우리는 방적산업 유산을 보존하고 싶다는 의지로 아르들렌을 시작했기 때문에 설립 초기부터 박물관 건립을 생각했다. 물론 초기에는 경제활동에 집중할 수밖에 없었지만 시민교육과 관련이 깊은 이들이 운영한 아르들렌이 문화와 교육을 더 중요시한 것은 당연한 일이었다.

이후 아르들렌은 직판, 박람회·장터 판매, 통신판매 등 다양한 방식으로 판매 활동을 했다. 아르들렌은 확고한 정체성과 역사를 지닌 '브랜드'였다. 원산지나 제조사가 누구인지 알 수 없고 최종 수익이 누구에게 돌아가는지 불투명한 여느 시판 제품과 달랐다. 아르들렌은 투명하게 조합을 운영했기 때문에 누구라도 제품 제작 규모와 품질을 직접 확인할 수 있었다.

제품 가격은 원가를 기준으로 '공정하게' 책정됐다. 노동 관련 규정에 따라 노동에 대한 정당한 보상을 하기 위해서였다. 판매가를 낮출 수 있는 방법이 수없이 많다는 것을 모르지 않았지만 아르들렌은 그 길을 가지 않았다. 당시 수많은 섬유회사가 해외로 공장을 이전했다. 그들은 시장가격을 관찰하며 최저가로 원자재를 구매하고, 사회보장제도나 퇴직연금 제도를 갖추지 않은 국가에 사는 취약계층을 고용하며, 사회보장 분담금을 지불하는 대신 다량의 에너지를 소비해 환경을 오염시키는 국제 운송업체를 이용해 제품을 배송했다.

하지만 아르들렌 고객들은 의식적으로든 무의식적으로든 자신의 소비 활동과 자신이 살고 싶은 사회를 만들어나가는 일 사이의 연관성을 중요하게 생각하는, 시민정신을 지닌 소비자였다. 모든 경제활동은 소비자에게 의존한다. 아르들렌은 소비자와 더욱 긴밀한 관계를 구축하기 위해 성찰을 거듭하고 있다. 2002년 우리는 고객에게 발송하는 카탈로그에 아르들렌의 연대고객이 되어 함께 더 멀리 나아갈 생각이 있는지를 묻는 카드를 넣어 보냈다. 고객 200명이 긍정적인 회신을 보내옴에 따라 우리는 새로운 네트워크를 구축할 수 있게 됐다. 후원 조합원이 된 고객도 있었고, 카탈로그 배포 작업에 동참하거나 필요할 때마다 일정한 활동에 참여해 힘을 보태는 고객도 있었다. 당시 공익협동조합^{Société} coopérative d'intérêt collectif, SCIC이라는 새로운 유형의 협동조합이 등장했는데 우리는 공익협동조합 형태가 양모산업의 다양한 주체와 파트너들을 연결할 수 있을 거라고 생각했다.

아르들렌은 비정한 세계경제 시대에 지역을 무대로 친환경적이고 공정하며 지속가능한 방식으로 연대하면서 경제활동을 해나가는 기업으로 자리매김하게 되었다.

지역 차원에서 다양한 활동을 하다

아르들렌은 설립 초기에 기대했던 것보다 훨씬 높은 수준의 다양한 사업을 추진해왔다. 오늘날 아르들렌의 직원 수는 30명에 이르는데 다들 아르들렌 근처에 살거나 주변 마을에 살면서 출퇴근한다. 20세부터 57세까지 다양한 연령대가 근무하는데 평균 연령은 35세다. 이들 중 대부분은 이곳에 와서 가정을 이루었거나 장기적인 계획을 세워 아르들렌에 안착하였다. 이들은 지역에서 학교가 유지될 수 있도록 기여하며 지역에 활력을 불어넣고 있다. 젊은 구성원들 중에는 더 나은 단계로 나아가기 위해 아르들렌에서 경험을 쌓는 이가 많다. 이들은 아르들렌에 정착을 할지 다른 곳에서 일하거나 자신만의 프로젝트를 기획할지 망설이고 있다. 아르들렌은 지역에 찾아온 사람들이 일자리를 찾을 수 있도록 돕는 일종의 '착륙 기지' 역할을 자주 맡았다.

아르들렌이 지역경제에 미친 영향을 정확히 평가하기 위해서는 심층 연구가 필요하겠지만 기업이 직접 고용을 늘리면 수많은 간접 고용을 창출한다는 것은 분명하다. 대도시에서 멀리 떨어진 지역에 연 3만 명의 방문객이 유입되면 이동수단·숙박·식사와 관련한 경제적 효과가 나타나게 마련이다.

이같은 지역발전은 아르들렌이 홀로 이뤄낸 것은 아니다. 다양한 경제 주체와 지역 공공기관의 폭넓은 파트너십이 있었기에 가능했던 일이다. 우리 조합은 주, 도, 시 단위 협회 활동에 참여했고 코뮌공동체, 주립자연공원, 관광위원회, 부티에르 현장지원센터, 지역개발 포괄계약Contrat global de développement, 론알프스 주정부 등 지역사회의 다양한 기관과 협력했다.

아르들렌의 활동은 경제적 차원에 국한되지 않았다. 아르들렌은 낙후 지역에서도 여러 활동을 할 수 있다는 것을 보여줬다. 지역에서 이제 누구도 '여기서는 아무것도 할 게 없다'고 말하지 않을 것이다. 지금은 빛이 바랬으나 과거에 영광을 누려본 적이 있는 마을에 사는 사람들은 새로운 활동으로 활기를 되찾겠다는 희망을 마음속에 품고 있다. 거기서부터 이것저것 해보겠다는 상상이 시작되는 것이다. 우리 지역 공공기관들은 새로운 프로젝트를 제시하는 사람을 환대하고 지원하는 것이 중요하다는 사실을 이제 잘 안다. 사람들이 언론과 미디어가 새롭게 재조명하는 지역의 가치를 믿는다면 도시에서 시골로 이주하는 운동이 실제로 시작될 것이다.

다르게 일하기?

새천년의 사회적 상황은 1970~80년대와 다르다. 일과 삶의 관계에 대한 문제의식은 예전부터 있어왔지만 이제는 그 기반이 달라졌다. 청년 세대는 계층 상승이나 재산 증식보다 삶의 질과 노동의 의미를 더욱 중요하게 생각한다.

아르들렌은 조합 활동을 다양화하며 성장했다. 조직 규모와 구성원들의 나이 및 조합 활동 동기도 달라졌다. 하지만 형태는 바뀌었을지언정 설립 정신은 변하지 않았다. 아르들렌에서 일하는 이들은 제각기 다른 동기를 갖고 있다. 그래서 우리는 모든 직원에게 조합원이 될 것을 강요하지 않는다. 중요한 것은 해야만 하는 일을 하는 것이 아니라 하고 싶은 일을 하는 것, 조직의 객체가 아니라 주체가 되는 것, 더 나아가서는 조직을 직접 구성하는 주체가 되는 것이기 때문이다. 직원들은 아르들렌에서 다양한 차원과 종류의 업무를 담당하며 점점 더 중요한 책임을 맡게 됐다. 각자 다기능성을 유지했기에 조직 전반에 고루 연결될 수 있었다. 직원 모두 영업과 박물관 업무를 고루 수행하며 다양한 영역에서 훌륭히 활동했다. 양털 깎기 업무, 기계 조작 업무, 행정 업무, 생산 업무를 오가며 자기 업무가 어떤 성과를 내는지 확인할 수 있었고, 고객 및 방문객과 교류할 수 있었다.

초창기 멤버들은 여러 가지 일이 뒤죽박죽 섞인 시간을 보냈지만 점차 일터에서의 시간, 가족과 보내는 시간, 친구와 보내는 시간이 훨씬 정돈됐다. 이들은 지금까지도 생활의 일부를 함께하고 서로 신뢰하며 상부상조한다. 하지만 구성원마다 나이와 목표, 업무가 다르기 때문에 일정 거리를 유지하며 관계를 맺고 있다. 그렇다고 신뢰나 상호보완 관계가 저해되는 것은 전혀 아니다. 우리는 즐거운 분위기에서 점심식사를 같이 하며 변함없이 유쾌한 관계를 이어나가고 있다.

임금은 최저임금보다 약간 높은 수준으로 오랫동안 동등하게 유지되고 있다. 이익배분참여협약에 따라 조합원이든 비조합원이든 직원 모두가 수령하는 배당금은 더 많이 늘어났다. 초창기 설립자들이나 임원들은 자신의 역량이나 직급과는 상관없이 평직원들과 거의 같은 임금을 받는다. 임금 인상을 요구한 사람은 단 한 명도 없었다. 모두 대규모 투자가 필요할 경우를 대비해 자본을 비축해두는 것을 선택했다. 덕분에 1,500제곱미터 면적의 새로운 건물도 지을 수 있었다. 아르들렌이 자기자본을 조성할 수 있었던 유일한 길은 아르들렌 직원 조합원의 노동 덕분이다.

아르들렌의 또 다른 특징이자 협동조합의 특성 중 하나는 어떤 경우에도 조합원들에게 분배되지 않는 법정적립금(정관 상 수익의 45%에 해당)을 조성한다는 것이다. 이 적립금은 조합에 재투자된다. 조합이 문을 닫으면 남은 적립금은 조합원에게 분배되지 않고 다른 협동조합(또는 연합회)이나 행정기관에 귀속된다. 이러한 의미에서 아르들렌은 공공의 이익에 복무하는 기업인 것이다. 저임금 정책을 고수한 것은 조합을 발전시키기 위한 전략이었을 뿐 아니라 몇몇 구성원에게는 자발적인 절제를 기반으로 한 생활방식을 선택하는 방법이기도 했다.

우리는 더 많이 소비하고, 더 많이 버리고, 더 많이 오염시키는

'넘침의 사회'에 살고 있다. 우리는 지구에, 우리보다 가난한 이에게 점점 더 많은 부담을 지운다. 나는 분별 있는 소비를 선택했다. 차량과 사무실, 식료품 일부를 친구와 공유하면서 나와 내 가족에게 만족스러운 삶을 제공할 수 있게 됐다. 지구의 미래를 살리는 일에 동참하고 싶다면, 생활방식을 바꾸고 경제적 비만에서 탈출하는 것부터 시작해야 한다.

－제라르

책임 분담하기

조합 활동을 공정하게 활성화시키기 위해 우리는 구성원으로서의 책임을 명확히 분담했다. 우리는 참여와 활동 결과를 점점 더 정확하게 측정할 수 있게 됐다. 직원은 일반적으로 계약 상 명시된 근무 시간과 업무만 책임지면 된다. 자신의 역량과 시간을 고용주에 판매해 금전적 보상을 받는 것이다. 노동자협동조합에서 직원이 조합원이 될 경우, 조합 경영에 참여해 책임을 분담한다. 조합원 총회에 참여하고 회계 결산을 비롯해 전략적 방향 등 조합에서 이뤄지는 중요한 의사결정에 참여하게 되는 것이다. 협동조합은 자본금 출자를 얼마를 했든 '1인 1표제'를 원칙으로 하기 때문에 권력과 돈 사이에 연결고리가 없다. 조합원은 또한 조합 경영진 선출에도 참여할 수 있다. 따라서 아르들렌에서는 비조합원 직원, 직원 조합원, 이사회 구성원 또는 경영진이 된 직원 조합원이 각자의 책임을 분담했다. 모든 구성원은 자신이 원한다면 지위를 자유롭게 선택할 수 있었다. 누구든지 자신이 원하는 지위를 얻기 위해 입후보를 할 수 있고 모든 것은 투표로 결정됐다.

하지만 모든 조직이 그렇듯 책임이 모두에게 똑같이 분담되지는 않았다. '책임'이라는 단어는 부정적인 느낌을 풍기고 '책임자'라는 단어는 잠재적 죄인을 떠올리게 했다. '죄인'이라는 말은 마치 피해자가 있는 사건에서 모두가 이 무시무시한 단어에 숨겨진 폭력 아래 떨고 있는 것 같은 느낌을 자아냈다. 책임은 모두가 당하고 싶지 않아 최대한 피하거나 타인 또는 타 조직에 떠넘기려는 저주처럼 받아들여졌다. 책임을 어쩔 수 없이 받아들여야만 하는 것으로 만드는 부정적인 의미를 긍정적인 방향으로 바꿀 수는 없는 것일까? 책임을 통감하는 대신, 각자가 합리적인 선택과 행위를 하는 방향을 모색할 수 있지 않을까? 몇몇 사람에게 책임을 몰아주는 대신 모두가 일정 책임을 분담할 수는 없을까?

아르들렌, 사회연대경제 기업

본질적으로 이익 추구와는 반대편에 있는 목표(어느 누가 지역 양모시장에 관심을 두겠는가?)를 추구하는 아르들렌은 개인의 영달을 좇지 않았다. 자본 출자금에 대한 잉여 배당금이 낮고 비분할적립금원칙도 공식 조항에 명시돼 있었다. 구성원 모두가 소득과 책임을공유하는 방식으로 작동하는 아르들렌은 영리기업과 성격이 달랐다. 물론 아르들렌도 경제활동을 하는 기업이지만 대안적 시민경제를 표방하는 사회연대경제 기업임을 자임했다. 비록 사회연대경제 기업의 범위가 불분명하기는 하지만 아르들렌은 지역경제의 쇠락을 우려하고 이를 극복하고자 애를 쓴 일종의 저항 공간이었다.

공동 발전과 자기계발 간의 균형을 찾다

기업에서는 모든 종류의 문제에 대응하는 주도성, 결단력, 적응력, 민첩성이 매순간 요구된다. 지역과 국가의 발전을 위해 산업을 재정비하는 활동이라면 더욱 그렇다. 타당성과 추진력을 유지하면서도 실용성, 에너지와 창의성, 노하우를 적극 발휘해야 하기 때문이다. 설립 초기 우리는 '무엇이든 할 수 있다'는 순진한 마음이었고, 이는 까마득한 어려움을 헤쳐나갈 수 있는 동력이 되기도 했다. 우리는 개인이 조직에 필요한 요소를 하나씩 보탤 수 있으며, 복잡하지만 개방적인 상황에서 모두가 발전과 진보에 기여할 수 있다는 것을 믿었다.

오늘날 아르들렌의 구성원은 나이와 전공, 역량이 제각기 다르다. 우리는 평등주의에 입각한 자주관리를 내세우기보다는 조직 내 관계에서 공정성과 박애주의를 표명한다(박애주의는 '자유·평등·박애'라는 프랑스 공화국의 표어와도 연결된다). 각 직원의 업무는 가치상 차등을 두지 않으며, 모두 존중과 배려를 받는다. 그 어떤 것도 정해져 있는 것은 없다. 모든 구성원에게는 자기 역량 강화와 업무능력 향상을 위해 노력할 자유가 있고, 원할 경우 조합 운영에 더욱 적극 참여해 더 많은 책임을 분담할 자유도 있다.

활동하며 학습하다

양모와 섬유 기술에 대해 아는 게 없고, 기업 운영방식에 대해서는 더더욱 알지 못하는 사람들이 모여 아르들렌을 세웠다. 초창기 멤버들은 건축 기술, 일반 과학지식, 석공 작업, 농업, 기계, 경영학, 언어치료 및 교육학 분야의 역량을 갖추었다. 이후 인재 채용은 역량이 아니라 의지를 중심으로 이뤄졌다. 간호사, 요리사, 엔지니어, 전기기술자, 심리학자, 행사 진행자 등 다양한 분야의 사람들이 합류하여 설립 멤버의 역량을 보완해주었다.

초기에는 각자가 농촌지역에서 공동 프로젝트를 실현하려는 의지에 힘입어 스스로 전문성을 취득하였다. 직접 체험을 통해 아는 것과 행동하는 것 사이의 생산적인 시너지 효과를 만들어냈다. 우리는 기본 사항을 배운 후 실전에 뛰어들어 실습하고 이해하며 학습했다. 모든 지성을 한데 모아 각자의 관점과 접근법을 공유했다. 상호 보완을 최대화하고 공동의 목표를 달성하기 위해 각자 한 분야에만 머무르지 않고 활동 영역을 넓혀 모두의 노하우와 자질을 활용하고자 했다.

조합에 필요한 역량은 지식이나 학위보다 능력을 기반으로 강화됐다. 우리가 필요로 하고 중시했던 능력은 주도적 행동 능력, 전략 수립 능력, 경청 능력, 유연성, 문제상황에 발휘되는 기지, 조직 운영 감각, 지속성과 신뢰성, 위기 극복 능력, 열정과 끈기 등이었다. 이러한 능력은 각자에게 이미 내재되어 있는 것들로, 자신의 능력을 알아차리고 개발하고 활용하기 위해서는 동료와 함께 현장에서 활동하며 서로를 알아가는 것이 중요했다.

우리는 업무를 배우는 것은 언어 학습과 비슷하다는 것을 깨달았다. 업무 자체에 '몸을 푹 담그고' 필요할 때마다 전문가에게 도움을 구하면서 배우면 되는 것이다. 실력 향상을 위한 심화 학습이 필요할 경우, 타인을 관찰하고 서로의 지식을 교환하려는 의지를 발휘하면 됐다. 평생 동안 여러 분야를 배울 수 있다는 사실을 알면 개인적인 만족감과 열정이 차오른다. 외국어 하나를 배우고 나면 다른 외국어를 배우는 것이 더 쉬워지듯이. 배움은 모두에게 열려 있다. 물론 개인의 능력 차, 훈련 환경, 시간적 여유 등에 따라 한계 상황도 있지만 누구든지 자신의 잠재력을 적극 활용할 수 있다.

아르들렌에서 이루어지는 평생교육과 독학은 여러 직업이 빠르게 쇠퇴하는 현대 사회에서 유용하다. 기초교육만 거친 후 평생 직업을 찾는 것은 오늘날에는 더 이상 가능하지 않다. 기술 발전 동향에 따라 새로운 분야에서 직업을 찾아야 하며 해고 상황에 놓여 있다면 더더욱 그래야 한다. 평생 교육은 현대적이고 타당성 있으며 오늘날 사회에 적합한 방식이다.

아르들렌이 발전해온 길을 돌아보면 우리는 각 구성원의 인간관계에서도 많은 도움을 받았다. 우리에게 중요한 정보를 알려주고, 사람을 소개해주고, 지식을 전수해주고, 유용한 해결책을 제공해준 이들은 바로 친구들이었다. 인간관계를 구축하는 능력, 정보를 주고받는 능력, 같은 이해관계를 지닌 이들과 믿을 만한 네트워크를 형성하는 능력은 효과적이고 실용적이며 만족스러운 도구다. 지식교환네트워크^{Réseaux d'échanges réciproques de savoirs}[29]가 이를 잘 보여준다. 만약 인간관계 역량이 기초교육에서 중요 과목으로 다뤄진다면 어떨까?

우리는 해당 '업계' 사람들에게 자주 도움을 청했다. 각 분야 전문가가 우리를 가르쳐주었다. 이들은 풍부한 경험과 노하우를 갖고 있었고, 그 덕분에 우리는 단시간에 크게 성장할 수 있었다. 우리는 역량 있는 장인을 찾아가 가르침을 청하는 현대판 도제와도 같았다. 이 전문가들에게 교육 고문이라는 정식 직위를 부여해야 하는 건 아닐까?

아르들렌 조합원은 지식이 우리 조합과 대외협력 프로젝트의 지렛대 역할을 한다는 것을 안다. 이들은 자신이 얻은 경험의 결실을 다른 이에게 전수할 수 있다고 생각한다. 아르들렌은 언제나 문을 활짝 연 채 다양한 분야에 속하는 많은 인턴을 맞이했다. 조합원들은 중학생 대상 교육, 농업 교육, 지역개발 교육 등 다양한 교육을 실시했다. 또한 르파 네트워크 소속 여러 기관과 교류하며 자신들의 공통 역량은 무엇인지, 독창적인 경험은 무엇인지 더욱

29 《지성을 요청하다*Appels aux intelligences*》, 클레르·마르크 에베르 쉬프랭Claire et Marc Heber-Suffrin

잘 파악할 수 있었다. 7년간의 도제 교육은 청년들이 경험을 통해 적성을 찾을 수 있게 했다. 우리는 외부에서 무언가가 굴러 들어오기만 기다리지 않고 경험을 통해 자신만의 학습 진도를 찾아가는 것이 중요하다는 것을 깨달았다. 그리고 이를 청년들에게 전달하는 것이 가장 중요하다고 생각했다. 스스로 할 수 있다고 인식할 때 구성원들은 학습 역량을 발휘해 프로젝트를 달성했다. 손에 닿지 않는 별을 따려 애쓰기보다 걸으면서 자신만의 오솔길을 만들어나갔다. '왜 내가 해야 하나?'에서 '내가 해도 되지 않을까?'로 변화한 것이다. 이것이 가장 중요한 변화였다. 우리가 모두 각자의 독학을 존중한다면 어떨까? 그리고 이익 창출을 목적으로 하는 기업이 아니라 개인의 잠재력을 펼치는 장으로서 기업의 기능을 회복한다면 어떨까? 그리고 기업이 단지 수익 창출을 위한 자본 중심 사회의 도구가 아니라는 걸 인정한다면 어떨까?

인간-일-조직-사회-이윤의 과정을 도구화하고, 안전이 보장되지 않은 조건에서 생산만을 강요하며, 이익 창출을 절대적이고 때로는 부당할 정도로 강조하는 기업의 모습에서 벗어날 수 있을까?

―제라르

아르들렌은 어느 단계를 지나고 있을까?

아르들렌은 다음 단계로 나아가기 위해 조직화 단계를 통과했다고 말할 수 있을까? 20년간 활동하며 직원 30명 규모가 된 우리는 아직 유아기에 있을까, 청년기를 거쳤을까, 아니면 성숙기를 향해 달려가고 있을까? 아르들렌이 모든 성장을 마쳤다거나, 여드름 나는 10대 사춘기를 이제 막 지났다거나 하는 말을 누가 할 수 있을까?

우리가 아는 것은 이제 50대를 훌쩍 넘긴 초창기 멤버들의 정년퇴직 기한이 현행법상 얼마 남지 않았다는 것이다. 아르들렌의 최연장자들은 60대가 되는 2~7년 내에 가장 먼저 퇴직할 것이다. 만약 정년이 연장된다면 좀 더 아르들렌에 머무를 수 있겠지만 아르들렌과 긴밀한 관계를 유지한다 할지라도, 퇴직 후 이들의 역할은 완전히 변할 수밖에 없을 것이다.

아르들렌은 얼마나 지속될 수 있을까? 30년, 50년, 또는 100년 이상? 후계자들이 아르들렌의 역사를 계승할 것이며 이 책은 그 역사를 이해하는 데 도움이 될 것이다. 우리는 아르들렌이 가까운 미래에 '설립 정신'과 관련된 문제보다는 조직 운영, 기술 숙련, 신뢰성, 경영 방면에서 문제를 맞닥뜨리게 될 것이라 생각한다. 바보이건 현자이건 후계자들은 달리는 기차 위에 오르게 될 것이다. 그리고 다른 모든 기업과 마찬가지로 경계를 게을리하지 않으며 지속적으로 역동성과 창의성을 발휘해야 할 것이다.

아르들렌을 설립한 우리는 쿠르비에르 가문의 역사를 물려받았다. 쿠르비에르 가문 전엔 샤리에르 가문이 있었다. 그전에는 17세기부터 양모산업을 했다고 전해지는 퓌오 가문이 있었다. 이제 우리가 그린 그림에서 잠시 눈을 떼고 과거 세대가 쌓은 업적과 미래 세대가 성취해나갈 성과를 조망해보자. '창립 신화'에서도 벗어나자. 그리고 달리는 기차 위에 올라 연료를 주입하고 운전을 하며 호각을 불고 싶은 모든 이를 위해 출입문을 열어놓자. 이 여정이 안전하게 오래오래 계속될 수 있도록 말이다.

무엇보다 '거리 유지'를 계속하기 위해 '거리 두기' 하는 법을 배우자!

지역발전을 위한 협동조합

아르들렌은 양모산업의 가치를 회복하기 위해 활동하는 섬유기업이자 사회적 실험을 하는 연구소다. 문화·교육 기업이자 준농업 기업이기도 하며, 관광 기업이자 유통 기업이기도 하다. 또한 사회연대경제 기업이기도 하다. 대체 아르들렌의 전문 분야는 무엇일까? 그건 '지역발전을 위한 협동조합'이 아닐까? 아르들렌은 지역자원의 가치 회복을 위해서라면 양모가 아닌 밤, 목재 등 다른 자원도 얼마든지 활용할 수 있었을 것이다. 아르들렌은 하나의 모델을 적용하기보다 양모산업 역사와 경기를 분석해 우리의 방법과 전략에 녹여냈다. 아르들렌의 경험은 자산이 돼 새로운 활동을 펼치는 데 도움이 됐다. 아르들렌 설립자들은 후대에게도 이러한 정신을 물려주기 위해 힘쓰고 있다.

과밀화된 도시를 떠나 황폐해진 시골에 정착하고 싶어 하는 사람들은 건물, 삼림, 농산물, 돌봄 서비스를 비롯한 여러 서비스나 관광상품뿐 아니라 혁신기술 등 다양한 종류의 새로운 자산을 필요로 한다. 아르들렌의 독창성은 모든 형태의 협동을 통해 역동성을 발휘하는 데 있다. 새로운 프로젝트를 시작하기 위해 협동하고, 더 나은 삶을 위해 협동하고, 어려움을 더 잘 극복하기 위해 협동하고, 개개인의 더 큰 만족을 위해 협동한다.

'협동'이라는 용어가 진부해졌기 때문에 이제 그 뜻이 축소되어 해석되는 경향이 있다. 협동coopération의 접두사인 'co'는 '함께'를 의미한다. 하지만 현대인은 개인주의를 옹호하기 위해 '집단적인' 것을 악마화한다. 이 때문에 협동은 종종 생산수단의 집산화를 강요하는 것으로 여겨지며 불신을 자아낸다. '협동'은 '공동 작업에 참여하는 것'이라는 일반적 의미를 넘어 시대와 지역의 맥락에 따라 전 세계에서 각기 다른 양식을 보인다. 국립기술공예학교의 사회학 교수이자 협동조합 역사 전문가인 장 프랑수아 드라페리는 이렇게 말한다.

협동조합의 힘은 평화롭고 민주적인 이상과 독창적인 기업의 실천 사이에 이루어지는 상호작용에 근간을 둔다. 협동조합은 끊임없이 스스로를 바로잡는다. 협동조합의 실천은 그들을 도약하게 한다. 협동조합은 성장 모델을 추구하는 과정에서 스스로 부여했던 존재의 정당성을 잃어버릴 때마다 협동조합의 원칙을 상기시켜 자기 변화를 꾀하는 것을 특징으로 한다. 새로운 이상적 모델이 매번 재정립된다. 새로운 모델은 아직 개척되지 않았기 때문에 새로운 실천을 하도록 영감을 주며, 협동조합의 설립 가치와 원칙을 준수하는 것을 가능하게 만든다.

- 〈경제와 인본주의Economie et Humanisme〉[30] 354호, 2000년 10월

협동조합 활동을 지역자원과 연결 짓는 것은 중요하다. 각 지

---

30 프랑스 협회 '경제와 인본주의Economie et Humanisme'의 동명 정기간행물 –옮긴이

역이 보유한 풍부한 자산이 지금 단기적이고 불안정한 이득을 가져다주는 세계화에 밀려 방치돼 있다. 무관심이 계속되면 지역자원에 가치를 부여하는 노하우와 수단은 사라지게 된다. 지역자원이 당장 금전적 가치를 창출하지 못하더라도 시민으로서 우리는 가치의 개념에 대해 다시 생각해봐야 하며, 단기적 측면에서만 측정하려는 행위를 멈춰야 한다. 우리는 '평가할 수 없을 정도로 귀중한' 영역을 알아보고 장기적인 관점에서 적절한 가치를 부여해야 한다. 이것이 미래 세대를 위한 책임감 있고 합리적인 행동이다.

오늘날 경제는 가장 취약한 계층을 착취하고 자원 고갈 위험을 외면하는 포식자의 모습을 띠고 있다. 이에 대한 비판의식도 사회 전반에 고루 퍼져 있다. 하지만 비판과 고발에만 머무르지 말고 행동을 통해 언행일치를 해야 하지 않을까?

산업 문명을 통해 완성된 현대 인류는 토지, 공기, 물 등 생명 유지에 필수적인 요소로부터 더 멀어지고 있다. 현대 인류의 사고 방식과 생활방식은 필수 욕구와 단절된 채 추상적이고 인위적으로 변하고 있다. 생각이 존재를 앞지르고, 성과 중심적인 사고가 역효과를 내고 있다. 오늘날 인류는 생존을 위한 기본적 행위와 노하우를 잃어버리고 말았다. 문명의 역사를 안다면, '청년 세대가 이전 세대의 생존을 가능하게 했던 근본 요소들과의 연결고리를 간직하도록 해야 하지 않을까' 하는 물음을 던지게 된다.

거대한 경제의 바다에서 아르들렌은 보잘것없는 소규모 활동을 펼치고 있을 뿐이지만 전혀 문제될 것 없다. 대안경제에 대한 시민의식이 자라고 있으며 프랑스와 유럽을 비롯한 전 세계에서 새로운 활동이 시작되고 있다. 희망을 갖는 것을 막을 수는 없다. 어쩌면 희망은 무슨 수를 써서라도 반드시 지켜야 하는 것인지도 모른다. 땅, 공기, 물처럼 희망 역시 가치를 '평가할 수 없을 정도로 귀중한' 것에서 태어난 것이 아니던가?

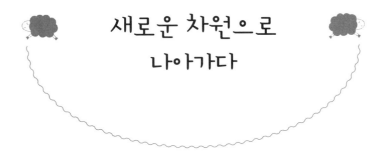

9장

2002~2005

새로운 차원으로
나아가다

아르들렌의 20번째 생일을 축하합니다!

2002년 6월 아르들렌은 설립 20주년을 맞았다. 스무 살이라니, 이 얼마나 아름다운 나이인가! 우리는 20주년 파티를 성대하게 치르고 싶었지만 파티를 기획하기에는 약간 시간이 부족해 2003년에 21주년을 멋지게 축하하기로 했다. 이제 아르들렌은 사람으로 치면 성년을 맞은 지 얼마 지나지 않은 셈이다. 아르들렌은 그간 성숙해져 이제 스스로의 정체성을 더 확고히 정립하게 됐다. 아르들렌이 '왜', 그리고 '어떻게' 존재하는지는 다음과 같이 정의할 수 있다.

> 아르들렌은 지역산업인 양모산업 재건과 같은 다양한 활동을 창
> 출해 지역발전을 모색하고, 공동책임을 기반으로 한 '다르게 일
> 하기'를 시도하는 실험 공간으로 기능한다.
>
> ─제라르

도약을 위한 발판

설립 20주년을 맞은 아르들렌은 미래를 구상하기 시작했다. 설립 정신을 유지하는 것만으로는 향후 동력을 얻을 수 없었다. 역사의 새로운 페이지를 시작할 필요가 있었다. 새로운 숨결을 불어넣고, 새로운 과정을 시작해 현대화할 필요가 있었다. 당시 아르들렌에는 직원 30여 명이 일하고 있었는데 일부는 설립 이후 들어왔다. 설립 이후 아르들렌에 들어온 이들은 일하는 동기가 저마다 달랐지만 이 또한 1세대 구성원들이 지녔던 동기만큼이나 인정받아야 한다. 기업의 생애는 연속적이지 않다. 한 시기를 끝맺으면 다른 시기가 시작되도록 돕는 과도기를 거친 후 또 하나의 주기가 생성되는 과정이 연달아 계속된다.

축제는 새로운 단계로 나아가기 위한 의식을 즐겁게 치르기에 적절한 방식으로 보였다. 변화란 아무런 고통 없이 이뤄질 수 없고, 새로운 주기를 시작하는 것은 곧 이전의 주기와 작별하는 것이라는 사실을 인정하는 것과 마찬가지다. 우리는 시작 단계에서부터 우리의 여정을 줄곧 함께해온 모든 사람을 초대하는 성대한 행사를 상상했다. 문화와 예술이 한데 어우러진 즐거운 행사에 참석한 이들은 우리의 오늘과 내일을 거울에 비추듯 생생히 살펴볼 수 있을 것이다.

행사에는 800명이 참석했다. 설립 초기에 함께한 친구, 사회적경제 활동가들, 연구자, 지역의원, 가족, 협회 네트워크 지인, 파트너 기관의 관계자, 이웃 등 가깝건 멀건 거리에 상관없이 우리 활동을 관심 있게 지켜봐준 모든 사람을 초대했다.

기념 행사는 여러 가지 순서로 하루 종일 진행됐다. 오전에는 연대경제와 지속가능한 발전을 주제로 토론회를 열어 지역 의원들의 발언을 들은 뒤 아르들렌 전체 시설을 관람했다. 시설 관람 시 즐길 수 있도록 각 공간마다 공연도 마련했다. 양모 보관소에서는 무용을, 양모 세척장에서는 중창단 공연을, 매트리스 작업장에서는 즉흥연극을, 카딩 작업실에서는 팬터마임을 선보였다. 아르들렌만의 방식으로 '한 지역에서 함께 협력하는 기술'을 구현한다는 메시지를 전달하는 방법이기도 했다.

행사의 마지막은 아르들렌 이야기를 담은 책,《복종하지 않는 양들Moutons rebelles》[31]의 일부를 유머러스하게 재해석한 연극으로 장식했다. 우리는 한 극단을 찾아가 사전에 이 작업을 부탁했다. 아르들렌을 신성시하지 않으며 거리를 두고 돌아볼 수 있는 좋은 방법이었다. 행사의 대미를 장식할 공연을 외부에 맡기는 건 커다란 도박이었지만 결과는 대성공이었다. 무더운 날씨만큼이나 (행사는 볕이 뜨거운 2003년 6월에 열렸다!) 열띤 시간을 보낸 우리는 새로운 에너지를 충전했다. 행사가 끝난 후 친구들은 떠났지만 그들의 눈빛은 오래 남았다. 소속감이 크게 차올랐다. 그날은 아르들렌의 한 주기가 끝을 맺고 새로운 주기가 시작된 날이었다.

우리는 아르들렌의 문을 활짝 열고 새로운 사람과 새로운 동기를 받아들이게 될 새로운 차원으로 전진했다. 조합의 발전을 위해 차량과 주거지, 음식을 공유하던 시기는 지났다. 구성원 간 친밀도와 필요에 의한 연대의식은 여전했지만 사생활에는 적용되지 않았다. 직원이 30명이 넘는 아르들렌은 체계와 상황이 모두 변했다. 그리고 구성원들은 변화의 시기를 그럭저럭 쉽게 받아들였다. 우리의 시선은 이제 미래를 향해 있었다.

---

31 원제가 'Moutons rebelles'인 이 책을 말하는 것으로, 초판은 2003년에 출간되었다. -옮긴이

우리는 어디쯤 가고 있을까?

우리는 회계, 방적기술, 편물과 봉제, 생산, 홍보, 영업 등 잘 알지 못했던 업무를 독학하며 성공적으로 익혔다. 모든 것이 잘 돌아갔다. 생산과 판매가 순조롭게 이루어지고 매출이 늘었지만 양모 세척, 편물, 봉제 등 분야에서 기술적 한계가 드러났다. 마지막으로 남아 있던 양모 세척장들이 문을 닫으면서 양모산업은 더욱 급격히 쇠퇴하기 시작했다. 양모산업 노하우와 설비들이 한꺼번에 사라져버리지 않을까 걱정이 되었다. 어떻게 하면 양모산업을 안전하게 보호할 수 있을까?

아르들렌 설립 초기부터 결산을 포함한 모든 회계 업무는 카트린이 맡아왔는데 재고를 더욱 효율적으로 관리하고 정확하게 추정하기 위해서는 더 좋은 경영 도구가 필요했다. 당시 아르들렌은 구식 정보처리 시스템을 썼는데 모든 직원이 쉽게 이해할 수 있는 비즈니스 대시보드를 구축할 필요가 있었다. 아르들렌은 계절성 직무를 포함한 다양한 직군의 종사자가 일하며, 원자재 생산에서 판매까지 모든 과정을 아우르는 복잡성을 띤 기업이었다. 여기에 걸맞은 새로운 역량이 필요했다. 어떻게 해야 할까?

아르들렌의 현장 판매, 통신판매, 박람회 및 장터 판매는 뛰어난 효과를 보였지만 우리는 판로 확대 방안을 충분히 숙고해볼 필요가 있었다. 바야흐로 인터넷 쇼핑 시대였지만 우리는 아직 카탈로그 판매를 하고 있었다. 아르들렌의 고객층은 누구인가? 고객은 그동안 우리 서비스에 만족했는가? 고객은 우리에게 무엇을 기대하는가? 우리가 우선적으로 개선해야 할 사항은 무엇인가?

아르들렌을 알리는 홍보는 조합 활동 중 얻은 기회와 성장을 통해 얻은 역량이 이리저리 뒤섞여 행해졌다. 하지만 너무나 다양한 홍보 활동이 제각각 행해져 아르들렌의 정체성을 일관되게 소개하지 못했고, 점점 미적인 측면에만 치중하고 있었다. 우리는 과거에 머물러 있는 우리의 모습에 불편함을 느꼈다. 지금보다 더 잘할 수 있지 않을까?

우리는 설립 이후 처음으로 노사 갈등을 겪어 노사조정법원에 가기도 했다. 우리와 같은 협동조합인에게는 특히나 어려운 사건이었다. 우리는 공동책임 정신을 지향했지만, 이 일로 아르들렌 공동 경영자인 카트린과 제라르는 다른 사람처럼 '고용주'로 취급받는 경험을 해야 했다. 우리는 직원을 보호하면서도 종속적인 근로계약을 통해 직원의 책임을 제한하는 조치를 취했었다. 직원 지위 외에 다른 지위를 마련해 놓지 않았던 우리는 모든 구성원의 업무 관계를 명확히 해야 할 필요성을 느꼈다. 직원 30명으로 구성된 조합은 각 업무를 객관화하고, 이제는 조합의 필요에 따라 직원을 고용해야 했다. 예전처럼 프로젝트에 참여하고 싶어 하는 이들의 동기에 따라 직원을 고용하는 것은 더 이상 불가능했다. 아르들렌은 '공동 프로젝트' 단계를 오래 전에 지났다. 이제 아르들렌은 매니지먼트, 마케팅, 머천다이징, 생산성, 인사 등을 논하는 수준의 기업이 되었다. 또한 이 모든 분야는 전문성이 필요하다.

어떻게 해야 할까? 대학교에 재입학이라도 해야 하는 걸까? MBA를 취득한 전문 경영인을 임원으로 채용해야 하는가? 두 가지 방안 모두 정답이 아니었다. 정답은 그동안 계속해왔던 '학습'을 다른 수준으로 계속하는 데 있었다. 이를 위해 누가 우리를 도와줄 수 있을까? 필요한 인력은 어디서 찾을 수 있을까?

지금까지 우리는 친분이 있거나 시간적 여유가 있는 전문가만을 만나왔다. 새로울 뿐만 아니라 고도로 전문적인 분야에 대한 가르침을 줄 사람은 어떻게 만나야 할까? 우리는 늘 외부 컨설팅을 내키지 않아 했다. 동일임금을 고수하고, 다양한 직무를 병행할 뿐 아니라, 단기적 수익과는 거리가 먼 기업목표를 둔 조직에게 외부 컨설팅 기준은 들어맞지 않을 뿐 아니라 컨설팅 내용도 우리와 맞지 않을 수 있었다. 다시 말해 외부 컨설팅은 우리에게 전혀 도움이 안 되거나 일반 기업에 적용되는 규범을 따르라고 압박을 가하거나, 둘 중 하나였다. 우리는 협동조합과 관련이 있건 없건, 컨설턴트라면 모두 그러할 것이라 생각했다.

경영 역량을 함양하다

우리는 네프의 드롬 주재원인 에릭 블롱도와 아는 사이였다. 에릭 블롱도는 사회적금융 분야에서 자원봉사 활동을 하며 '박애주의 경제'를 주창하는 인물이었는데 아르들렌이 정화조 설치 사업을 진행할 때 재정을 지원해주기도 했다. 경영 컨설턴트이기도 한 에릭이라면 아르들렌의 운영 원칙을 문제삼지 않고 우리의 경영 역량을 강화하는 데 도움을 줄 수 있을 것이라는 생각이 들었다. 우리는 감당할 수 있는 비용으로 그와 컨설팅 계약을 맺는 데 성공했다.

카트린은 그와 함께 일하게 되어 무척 기뻐했다.

"그는 내가 말하는 내용을 이해할 뿐 아니라 우리 기업의 운영방식과 기업정신도 잘 이해하고, 내가 설명하기 어려워하는 것도 자신만의 방식으로 전달할 줄 아는 사람이었다. 그는 내가 생산원가와 생산성을 계산하기 쉽게 자신이 일하는 시간을 예로 들어가며 설명해주었다.

―카트린

에릭과 카트린은 한 달간 회계 업무에 몰두해 아르들렌의 월

간 결산보고서를 새롭게 업그레이드했다. 새로운 결산보고서는 가독성이 뛰어난 동시에 교육적인 측면까지 갖추고 있었다. 모든 구성원이 보고서를 보며 판매 방식별, 생산(및 서비스) 분야별 매출 추이와 주요 지출항목을 확인할 수 있었다.

에릭은 물류 분야 개선을 도와줄 경영 소프트웨어를 추천해 주었다. 이 소프트웨어를 사용하면 자재 물량 변동사항을 살펴볼 수 있었다. 원자재인 양모 수거에서 시작해 양모 세척, 방적, 매트리스와 침구·의류 제작 등 여러 작업을 수행하는 우리에게 안성맞춤이었다. 원자재 수요 예측과 각 단계에서의 수요 조절은 재무 상황 변동을 예측하기 위한 필수 사안이었기 때문이다.

에릭은 우리에게 경영과 관련된 전문 컨설팅을 해주었을 뿐 아니라 우리가 마케팅, IT, 인터넷, 이메일, 물류, 디자인, 정화조 관리, 편직 등 여러 다른 분야에서도 역량을 강화해야 한다는 사실을 일깨웠다. 생산성을 높이고, 수익률을 계산하고, 재고와 인력을 더욱 효율적으로 관리해야 한다고 조언했다. 에릭은 또 직원 조합원과 비조합원 직원 간의 격차가 점점 커질 수 있다고 경고했다.

지역발전에 기여한다는 아르들렌의 역할을 다하기 위해 우리는 지역 거주 구직자라면 사회적경제나 협동조합 활동에 대해 모르거나 해당 활동에 관심이 없어도 고용했다. 조합원 가입은 선택사항이었다. 따라서 조합원이자 직원이라는 '이중 지위'를 갖지 않아도 아르들렌 직원으로 근무할 수 있었다. 먼저 우리는 비조합원 직원이 협동조합의 지분을 보유하고 있지 않더라도 회사 업무에 적극 참여할 수 있는 방법을 마련해야 했다. 동시에 협동조합의 '참여적' 성격을 유지하기 위해 직원 조합원의 비중이 대다수가 되도록 유지해야 했다.

협동조합이든 다른 형태의 기업이든, 중요한 것은 연말에 흑자를 기록하는 것이다. 적절한 상품과 서비스를 고객에게 제공하고, 생산성과 재고 관리의 효율성을 높이는 데 집중해야 했다. 전투적인 마케팅이 펼쳐지는 전장에서 평화적이고 정중한 방식으로 우리 제품을 알리고 우리의 영업 방식이 올바르다는 것을 보여주어야 했다. 지금까지 우리는 우리 제품 사용자와 대화를 하며 발전해왔다. 하지만 이제는 통계자료 분석을 기반으로 한 판매 관리 소프트웨어를 반드시 구비해야 한다.

한번은 영업 교육을 받으라는 광고 전화가 걸려온 적이 있다. 수화기 너머 상대편은 우리 영업사원들이 늑대인지 양인지 물었다. 확실한 건, 우리 영업사원들이 포식자는 아니라는 것이다!

영업 역량을 함양하다

기술공예직종장려협회[Société d'encouragement aux métiers d'art, SEMA]가 프랑스 내 희귀직종에 대해 조사를 한 적이 있다. 협회는 이 분야의 중소기업들이 제품 판매에 어려움을 겪고 있다는 것을 확인하고 컨설팅이나 교육을 지원해주겠다고 제안했다. 그 협회는 기술공예 종사자가 지역발전에 기여할 수 있는 잠재성을 가지고 있다는 사실에 관심이 있었다. 어느 날 협회 담당자가 우리를 찾아왔다. 우리는 한 가지 분야에 특화된 공예기업은 아니었지만 지역에서 사라져가는 여러 직종과 노하우를 보유한 기업이었기 때문에, 협회가 지원하는 업체로 선정됐다. 협회 소속 컨설턴트인 파트리크 레오나르가 우리와 접촉했다.

우리는 영업만 전문으로 하는 팀을 운영하는 걸 늘 거부해왔다. 생산 과정에서 영업이 과도한 영향력을 행사하지 않을까 염려됐기 때문이다. 직원 30명 중 20명 정도가 현장 판매나 박람회 판매 등 제품 판매 업무를 수행하고 있었다. 우리는 고객을 상대로 '공격적인' 판매 전략을 펼치는 것도 거부했다. "내가 박람회에 참가하는 것은 물건을 팔기 위해서가 아니에요." 크리스틴 위박이 말했다. "우리는 아르들렌이 좋아요. 우리가 만들어내는 제품도 좋고요. 이를 전달하고 공유하려고 노력하죠." 이것이 바로 아르들렌이 오늘날까지 존속하고 발전할 수 있었던 이유다. 그렇기 때문에 우리는 처음에 파트리크 레오나르를 의심의 눈초리로 바라봤다.

파트리크 역시 아르들렌의 독특한 운영방식에 놀라워했다. 하지만 그는 우리 조합에 대한 설명을 즐겁게 들어주었다. 조합의 모든 구성원이 판매에 투입될 수 있고, 모든 직원이 실무 회의에 참여할 수 있다는 설명을 듣고 난 뒤 그는 우리 조합을 '이데올로기적'이라 평했다. 우리는 그에게 매트리스, 침구, 의류 등을 판매할 때 무엇보다도 제품의 실용성과 품질을 중심으로 설명하는 카탈로그를 만들어서 사용했다고 설명했다. 실용성과 품질은 양모산업의 전체 '과정'을 숙달하는 것과도 깊은 연관이 있었다. 파트리크는 우리에게 미적 측면과 창의적인 측면에 대해 질문을 던지며 고객 수요에 대해 생각해보라고 말했다. "이탈리아 사람들을 생각해보세요. 그들은 참신하고 색다른 제품을 만들잖아요. 여러분은 너무 진지해요!" 파트리크가 말했다. "사회 운동을 하는 것은 좋아요. 그런데 사람들이 좋아할 만한 예쁜 제품을 만들어야 한다는 거죠!" 그는 반발과 반대로 가득한 우리의 항변과 조합 신조에 대한 설명에 귀를 기울였다. 파트리크와 우리는 상호 존중과 유머를 잃지 않으면서 언제나 유익한 대결을 펼쳤다.

우리는 아르들렌의 정체성을 수립하는 데도 많은 노력을 기울렸다. 아르들렌은 하나의 브랜드인가, 패션 하우스인가? 우리 스스로가 내리는 아르들렌에 대한 정의는 무엇인가? 우리는 아르들렌의 상에 대해 확신을 가지고 소개하고 있는가? 시대 안에서, 프로젝트로서, 네트워크 속에서, 시장 점유 측면에서, 산업 표준 면에서, 지역에서 아르들렌은 어떻게 자리하고 있는가? 이 모든 사항을 어떻게 고려하며 어떻게 다져가고 있는가? 아르들렌이 표준을 준수하고 있는지에 대한 논쟁이 가장 활발했다. 아르들렌의 어떤 측면이 기준에 부합하고 어떤 측면이 기준에 부합하지 않는가? 아르들렌의 입장을 정식으로 표현하고 명확히 논증해야 했다. 새롭게 합류한 직원과 기존 직원이 힘을 합쳐 아르들렌과 아르들렌의 이야기를 발전적으로 만들어나갔다.

우리는 아르들렌 제품의 가격, 비용구조, 시장가격 등을 비교 검토했다. 미리엄은 "파트릭 덕분에 가격에 대한 콤플렉스에서 벗어나게 됐어요."라고 말했다. 매장에서 고객 만족도 설문조사도 진행했다. 이전에는 상상도 못한 작업이었지만 막상 설문조사를 하고 보니 배운 점이 아주 많았다. 설문지에 고객이 적은 답변을 읽으며 고객들이 우리를 지원하기 위해 귀중한 시간을 할애했다는 사실에 감동했다. 설문을 통해 의류 품질을 높이고 양모를 더욱 부드럽게 만들며 더욱 독창적인 제품 개발에 힘써야 한다는 사실을 깨달았다. "제품을 현대화할 필요가 있어요." 우리가 자주

들었던 말이다! 우리는 고객카드를 개선해 더욱 철저하게 관리해야 한다는 깨달음도 얻었다.

온라인 결제 보안 시스템이 정비된 후 프랑스에서 인터넷 판매가 자리 잡기 시작했다. 그전까지 우리는 인터넷 판매에 큰 관심이 없었다. 매트리스와 같은 수제품보다는 대량 생산품 등이 인터넷 판매에 더 적합해 보였기 때문이다. 하지만 이제는 우리도 카탈로그를 통한 통신판매와 더불어 인터넷 판매를 도입해야만 했다. 결국 우리는 이전에는 전혀 도전하지 않았던 색다른 방식으로 여러 데이터를 연구했다. 우왕좌왕하기는 했지만 많은 것을 배웠다. 우리는 인터넷 판매라는 새로운 장벽을 마주했지만 우리만의 차별화된 강점을 잘 파악하고 있었고 어떤 방식으로 우리 전문성을 드러낼지도 잘 알고 있었다.

홍보 역량을 함양하다

홍보는 내가 담당한 분야였다. 당시 나는 박물관 브로슈어와 제품 카탈로그, 그리고 제품에 부착된 라벨 사이에 일관성이 없다는 사실을 발견했다. 우리는 비용 절감을 위해 카탈로그 디자인은 자체적으로 해결했고 디지털화할 때만 그래픽 디자이너의 도움을 받았다. 그래픽 디자이너는 편집 과정에만 참여할 뿐 디자인 구상에는 참여하지 않았다. 홍보 업무를 보조하던 나디아 자푸리는 최신 IT기술을 잘 다뤘다. 그는 홍보 업무에 잠재력을 보였지만 인지과학을 전공한 것 외에는 홍보와 관련 있는 교육을 받은 적이 없었다. 나는 현장에서 부딪히며 경험을 쌓아왔고 나만의 방식으로 홍보 노하우를 구축했기 때문에 나디아에게 홍보 업무를 제대로 전달하기가 쉽지 않다고 생각했다. 그래서 전문 홍보업체와 협업하면 기술적으로도 도움이 될 뿐 아니라 나디아를 교육하는 데에도 좋을 것이라고 생각했다. 하지만 하루 홍보 컨설팅을 받는 비용이 우리의 한 달 치 월급과 맞먹을 정도로 턱없이 비쌌다. 다행히 론알프스 주정부와 아르데슈 도청 그리고 중앙정부가 분담하여 지원하는 보조금으로 이 비용을 충당할 수 있었다.

우리는 우리 홍보를 지원해줄 업체로 우리와 비슷한 가치를 추구하는 한 업체를 선택했다. 그 업체는 친환경 활동으로 유명한 노동자협동조합이었다. 하지만 우리 기대와 달리 그 업체와 관계를 맺는 일은 쉽지 않았다. 우리는 그 업체가 제시한 디자인 대부분이 너무 '도식적'이고 아르들렌의 특징을 잘 살리지 못한다고 생각했다. 우리는 일하는 사람의 모습을 담은 인간적인 이미지를 부각시키고 싶었지만 그 업체가 제안한 디자인 시안에는 아르들렌 로고를 넣거나 캘리그래피 아티스트인 친구에게 글씨를 써

달라고 맡기고 싶은 기분이 들지 않았다. 반면 그 업체는 우리 카탈로그에 가차 없는 비판을 퍼부었다. "너무 어설퍼요." 심미성을 추구하는 담당자가 말했다. 하지만 우리는 모든 것을 규격화하고 획일화하는 디자인보다 우리의 어설픔이 더 좋았다. 어떻게 하면 적절한 타협점을 찾을 수 있을까?

우리는 아르들렌 작업을 담당하는 그 업체 디자이너에게 우리 조합을 방문해달라고 요청했다. 보통 업체 대표가 고객관리를 맡고, 디자이너는 사무실에서 작업하는 방식이라 우리는 디자이너를 꼭 만나야 했다. 아르들렌을 직접 보며 우리가 누구인지, 우리가 무엇을 하는지 제대로 이해할 수 있도록 말이다. 협업하며 다양한 업무를 수행하고 지칠 줄 모르고 배우는 우리의 조직문화는 세분화되고 서열화된 조직문화와 대조를 이뤘다.

우리의 제안을 쉽게 이해하지 못하던 업체 대표는 홍보물을 제작해주는 대신 디자인 작업 과정을 가르쳐준다는 조건하에 승낙했다. 하지만 교육 과정은 원활하지 않았다. 아무래도 우리가 교육을 의뢰할 때 요구사항을 제대로 전달하지 못한 모양이었다. 결국 우리는 업체 대표로부터 몇 가지 '그래픽 디자인 툴'과 필요할 때 바로 사용할 수 있게 색채 작업까지 완료된 홍보물 시안을 받는 것으로 마무리했다. 이렇게 하면 기본 디자인을 유지한 채 우리가 자유롭게 디자인을 완성할 수 있을 터였다. 이렇게 받은 홍보물 시안 위에 이 지역 산처럼 굽이치는 선을 그려보기도 하고 산책하는 양떼도 그려봤다. 양 여러 마리를 그릴 때 반드시 한 마리는 뒤집어진 모습으로 그렸다. '획일적 기준에 따르지 않는' 모습을 은유적으로 살짝 표현한 것이다.

교육을 받는 동안 업체 관계자와 갈등을 겪기는 했지만 많은 것을 배웠다. 결과적으로 매우 유익한 경험이 된 셈이다. 우리 한계를 명확히 인식하게 됐고 한 걸음 물러서서 우리 상황을 바라볼 수 있었다. 그리고 10년 이상 유용하게 활용할 수 있는 여러 디자인 툴도 갖게 됐다.

전문기술 파트너 찾기

우리는 그 수가 얼마 남지 않았지만 양모 세척, 방적, 염색 기술을 지켜나가고자 분투하는 전문가들과 지속적인 네트워크를 유지했다. 섬유산업은 계속해서 쇠퇴했기 때문에 이 분야에 남아 있는 최후의 종사자들은 모두 연대의 필요성을 느끼고 있었다. 아르들렌에서 양모 전문기술 분야를 담당한 피에르 티시에는 알리에에서 운영 중인 양모 세척장 사람을 만났다. 당시 우리 세척 장비로는 우리가 취급하는 양모 분량을 더 이상 감당할 수 없었기 때문에 우리는 그 업체에 양모 세척을 맡겼다. 그 양모 세척장은 양모 수거도 하고 있었는데 그중에는 친환경 사육 인증을 받은 양모도 있었다. 덕분에 아르들렌은 양질의 양모를 추가로 공급받을 수 있었다.

로안에 있던 편직 파트너사는 점점 성장했다. 하지만 이 파트너사와 함께 일하던 협력업체는 다른 많은 기업과 마찬가지로 파산을 신청했다. 편직 공장이 모두 아시아로 이전했기 때문이다. 설비를 그대로 유지하고 남은 이들은 유기농 면으로 옷을 제작해 판매하는 협동조합을 설립했다. 우리는 이들과 가까워졌고 이들은 아르들렌의 조합원이 되었다. 우리는 좋은 관계를 유지하며 협업을 점차 늘려나갔다.

IT 역량 강화를 위해 우리는 서버와 영업관리 소프트웨어에 투자했다. 웹사이트도 제작했다. 아르들렌의 고객이자 이제는 조합원이 되어 우리를 잘 이해하는 장피에르 브리포의 제안 덕분이었다. 우리는 소프트웨어 사용자가 데이터 구축에 참여할 수 있도록 하고, 우리가 능숙하게 사용할 수 있는 도구를 제작하도록 했다. 웹사이트를 개설할 때는 비용 절감을 위해 직접 웹사이트 제작법을 배우고자 최대한 노력했다. 늘 그래왔듯이 전문적이고 특히 비용이 많이 드는 분야에 필요한 기능을 익히기 위해 이번에도 노력했다. 월급보다 훨씬 높은 비용을 요구하는 외주업체에 과하게 의존해 아르들렌을 위험에 빠뜨리는 일이 없도록 하기 위해 서였다. 우리 일은 많은 품이 들지만 이윤은 크지 않았다. 섬유 가격은 임금이 프랑스 통상 임금의 10분의 1밖에 안 되는 아시아에 맞춰져 있었다. 이러한 상황에서 아르들렌이 럭셔리 브랜드로 이름을 올리지 않고도 성공적으로 운영될 수 있었던 것은 엔지니어링, 건축, 전문기술, 경영, 홍보, 판매 등에 생산비보다 큰 돈을 들이지 않았기 때문이다.

다른 분야에서도 적극적으로 활동하다

다른 분야의 전문가와 교류하는 것은 새로운 것을 배우는 데 유익했을 뿐 아니라 조합 이미지를 제고하는 데도 도움이 됐다. 아르들렌 박물관 담당자인 시몬은 '아르데슈 여가·문화유산 Ardéche Loisirs et Patrimoine' 협회장을 맡으며 이를 체감했다.

"협회 활동을 하면서 관광지로서 아르들렌의 긍정적인 이미지를 만들어낼 수 있었어요. 경영진이 매달 1만 유로를 월급으로 가져가지 않는 회사가 있다는 것을 알린 거죠! 그리고 아르들렌은 조합원만을 위해 운영되는 조직이 아니라 환경을 위해서도 시간과 힘을 들인다는 것을 알렸어요. 여러 기관이 연결된 네트워크 속에서 아르들렌이 활발하게 활동하는 것이 중요해요."

－시몬

생산 이전 단계를 담당하는 피에르는 서서히 사양길로 접어들고 있는 유럽 양모산업을 지켜내고자 노력하는 장인들과 기업들이 소속된 '유럽양모작업장Atelier des laines d'Europe' 네트워크에서 활동 중이다. 다양한 사람과의 만남, 연수, 경험 교류를 통해 피에르는 양모산업에 한층 더 확고한 비전을 갖게 됐고 새로운 기술 파트너도 만날 수 있었다.

아르들렌의 재무를 담당하는 카트린은 노동자협동조합을 위한 금융기관인 소피스콥SOFISCOP의 이사이면서 몽트뢰이의 유기농 제품 소비자협동조합인 레누보로빈슨의 감독위원회 위원으로도 활동한다. 카트린은 여러 활동을 통해 아르들렌보다 규모가 큰 조합이 겪는 경제적 문제를 파악할 수 있었다. 레누보로빈슨의 대표인 장 마타는 아르들렌의 조합원이기도 했는데 장은 카트린이 조합에 대해 이야기할 때마다 귀 기울여 들어줬다.

아르들렌의 발랑스 작업장 운영을 담당하는 탄야는 르파 네트워크에서 운영하는 '도제 인턴십' 교육에 관여했는데 그녀는 농업, 문화, 상업 등 다양한 분야에 종사하는 10여 개의 사회연대경제 기업 또는 대안기업 대표로 구성된 인턴십 교육팀을 구성했다. 아울러 탄야는 비엘오동 청년 작업장 활동과 교육을 관리하는 르마트아르데슈 Le Mat Ardèche 협회 회장도 겸하고 있다.

발랑스 작업장에서 자재 관리, 견본 개발, 영업 등을 담당하는 미리엄은 르마트드롬 Le Mat Drôme 협회 회장이었는데, 지역주민과 함께 동네정원 조성 작업을 하며 콘크리트길을 녹색으로 물들였다. 그녀는 시청에서 토지를 제공받아 20여 가구가 사는 건물 화단을 공유정원으로 가꿨다. 이 사업으로 공공기관과 협력하는 경험을 쌓을 수 있었다. 미리엄은 또한 현장 업무와 이론수업을 병행하는, 국립기술공예학교 '사회·문화기업 운영' 과정을 2년간 수강했다. 논문은 아주 훌륭한 성적으로 통과됐고 대학 교양과정 2년 수료에 준하는 학위도 취득했다. 대입자격시험인 바칼로레아에 합격한 후 대학에 가지 않고 곧바로 아르들렌에서 일하기 시작한 미리엄이 이룬 너무나도 훌륭한 성과였다.

제라르는 5년째 프랑스재단 환경위원회 위원으로 활동하면서 네트워크 폭을 넓히고 환경 분야 프로젝트 심사를 하면서 프로젝트 선정기준을 가까이에서 보고 파악할 수 있게 되었다.

나는 5년째 경제 및 문화 분야의 혁신적인 프로젝트에 지원금을 제공하는 네프의 윤리위원장으로 활동하면서 이사까지 맡게 됐다.

크리스틴 위박은 고문 반대 협회에서 활발히 활동했다. 이 밖에도 아르들렌 직원들은 각기 다른 기관이나 협회에서 다양한 역할을 했다. 모든 직원의 활동을 소개하려면 지면이 모자랄 정도다. 중요한 것은 아르들렌 구성원 모두가 사회참여 활동의 중요성을 알고 있었고, 자신이 배운 것을 아르들렌과 함께 나눴다는 것이다. 아르들렌과 직접 연관이 없는 분야에서도 활동하면서 우리는 더욱 발전했다. 그리고 늘 귀를 연 채 '세상의 소리'를 들을 수 있었다. 직원 교육은 기업의 필요나 당장의 이익을 위해서만 제공돼야 하는 것이 아니다. 직원 교육은 늘 사회와 연결되어 있어야 한다.

'연대고객' 제도를 도입하다

양모산업에 대해 알아보던 초장기 시절 우리는 양털 깎기, 양모 세척, 방적 등 생산 과정과 제품판매 과정만 생각했다. 하지만 양모산업 한쪽에는 양 사육자가 있었고 다른 쪽에는 고객이 있었다. 우리는 아르들렌에게 중요한 양 사육자 및 고객과 각각 다른 성격의 관계를 맺는 것이 중요하다고 생각했다.

양 사육자들과는 단순히 공급업자와 고객이라는 관계에 머무르지 않고 좀 더 나은 관계를 구축하고자 품질 계약서를 체결하고 아르들렌 상품권을 제공하는 등 다양한 시도를 했다. 하지만 법적·문화적 측면에서 어려움을 겪었다. 농업협동조합은 쇠퇴해 갔고, 양 사육자들은 양모산업에 크게 신경쓰지 않았기 때문에 아르들렌 외부 조합원이 되는 일에 관심이 없었다. 우리는 양 사육자조합과 파트너십을 맺고 새로운 협회를 설립하는 등 해결 방안을 찾았지만 소용없었다. 그러다 구상한 것이 양털 깎기 축제였다. 마침내 우리는 모든 양 사육자의 인정을 받고 협력관계를 구축하게 됐다.

다른 한 편에는 고객이 있었다. 어떻게 하면 고객 참여를 더 이끌어낼 수 있을까? 우리는 고객 중에 단순 제품 구매를 넘어 더 많은 활동을 하고 싶어 하는 이들이 있다는 것을 깨달았다. 노동자협동조합은 직원 조합원이 자본금의 과반을 보유해야 법적으로 노동자협동조합으로 인정된다. 이러한 규정에 근거해 외부 조합원의 출자 비중을 늘리지 못하는 제약이 따르기 때문에 다른 방식으로 고객이 협동조합 활동에 참여하도록 해야 했다. 우리는 2001/2002년 제품 카탈로그에 '아르들렌과 연대하는 고객이 되고 싶으신가요?'라고 묻는 작은 카드를 함께 넣어 보냈다. '연대고객'이 정확히 무엇인지 설명하지는 않았다. 이 카드에 관심을 보이는 고객과 함께 '연대고객'의 의미를 만들어나가는 것이 좋겠다고 판단했기 때문이다. 우리는 고객 200여 명에게서 회신을 받고 깜짝 놀랐다. 조합 활동에 관심을 가진 고객이 확실히 있었던 것이다.

이듬해 우리는 이 고객들에게 첫 번째 '연대 서한'을 보냈다. 우리 조합의 역사를 소개하고, 오늘날 우리 조합이 이룬 성과를 설명한 서한이었다. 우리는 고객들에게 아르들렌 제품 카탈로그 배포 작업에 협력해달라고 제안했다. 또 고객이 거주하는 지역에서 열리는 박람회에 우리가 참가할 경우 숙박을 제공할 수 있는지 묻는 질문지도 동봉했다. 아르들렌 제품의 품질 향상을 위한 제안이나 그밖에 다른 제안이 있는지도 물었다. 이렇게 해서 우리는 비공식적 연대고객 네트워크를 만들어나가기 시작했다. 2년에 한 번씩 연대고객에게 서한을 보냈다. 우리가 진행하는 프로젝트의 현황을 설명하고, 조직의 구성원과 직무를 소개하는가 하면 우리의 모험과 현재 우리가 겪는 어려움을 공유했다.

대안적 활동으로 시작한 모험, 공유 기업문화를 전파하다

지방자치단체와 국립고용센터가 지원하는 부티에르 현장지원센터Site de proximité des Boutières는 지역 고용문제와 관련해 실업자가 차고 넘치는데도 고용주는 구인에 어려움을 겪는다는 사실을 확인했다. 론알프스 주정부의 재정 지원을 받은 현장지원센터는 이 문제를 지역 기업들과 함께 해결하려고 한 컨설팅 회사에 사업을 위탁했다. 우리는 그 사업의 일환으로 진행되는 '다르게 기대하고 다르게 채용하기'라는 활동에 함께해 달라는 제안을 받았다.

당시 우리는 아르들렌 신규 채용이 많아지고 있다는 사실에 걱정하고 있었다. 많은 신입직원들이 짧은 햇수만 채우고 퇴사했기 때문이다. 새로운 사람과 지속가능한 협력을 이루는 일이 아직도 가능할까? 기업들은 노동시장 기준에 부합하는 임금을 지불할 수 없으면서 점점 더 스펙이 좋은 구직자를 원했다. 전문기술과 사회적 관계, 지역사회와의 연결성을 해치는 경제 시스템에 저항하는 사람들로서 우리는 시장 만능주의만을 내세우는 부조리한 고용방식에서 벗어나야 했다.

아르들렌은 새로운 이를 받아들여 협력하는 일에 한계를 느꼈다. 무엇보다도 '채용'이라는 용어가 마음에 들지 않았다. '채용'이라는 말에서는 '협력'한다는 의미를 전혀 찾아볼 수 없었다. '채용'이라는 말은 업무를 맡기 위한 조건, 학위, 경력 등을 떠올리게 했다. 이전에 매트리스를 한 번도 만들어본 적이 없는 사람을 어떤 기준에 맞춰 채용할 것인가? 제품 생산, 판매, 행정 업무를 모두 맡게 될 사람을 어떻게 채용할 것인가? 직원이 조합원으로 가입해 자본과 책임을 분담하는 협동조합이라는 사실을 어떻게 설명할 것인가? 면접은 어떻게 진행할 것인가? 우리의 특수성을 어떻게 지키고 발전시켜나갈 것인가?

이러한 질문들이 머릿속을 가득 채웠다. 채용 문제와 관련해 적절한 입장을 취할 수 있는 지혜를 얻어야 했다. 나는 '다르게 기대하고 다르게 채용하기' 활동이 이를 위한 좋은 기회가 될 것이라 여겨 참여하기로 결정했다.

나는 지역 기업 대표들과 함께하는 회의에 여러 번 참여했다. 섬유산업, 보석세공, 건축, 농산물 가공업 등 다양한 업종에 종사하는 이들과 만날 수 있었다. 기업 규모도 다양했고, 직원 수도 적게는 5명에서 많게는 1,000명에 이르기까지 다양했다. 각 기업의 특성과 이들이 겪고 있는 채용 문제를 공유하면서 기업이 공통적으로 겪는 어려움과 각각의 업종, 기업문화, 기업 규모에 따라 다르게 나타나는 문제점을 파악할 수 있었다. 회의에 참여하는 모든 기업 대표자는 지역사회와 연결돼 있고 고용을 유지하겠다는 의지를 갖고 있었다.

이 회의는 지역에서 활동하는 모든 경제 주체가 처음으로 한데 모인 교류의 장이었다는 데 의미가 있었다. 그래서 이 자리가 더욱 소중하게 느껴졌다. 보통 지역 기업인이 함께 모이는 자리는 없었고 우리는 주로 의원, 정확히 말하면 의원 아래에서 일하는 담당자하고만 만나왔다. 지역 경제주체들이 지역발전에 매우 결정적인 역할을 할 수 있는데도, 의원들은 지역발전에 대해 논할 때 이들의 목소리를 충분히 듣지 않았다. 마치 이들이 지역의 발전과는 아무 상관도 없는 것처럼 말이다. 물론 이들 기업은 민간 성격을 띠고 있었지만 그렇다고 해서 오로지 금전적 이익에만 관심을 보이는 건 아니었다.

지역 기업과 함께 우리는 '지역 거주 청년에게 지역 고용이 가진 잠재성 알리기'와 같은 프로젝트를 추진했다. 지역 중학교 교장을 만나 대화를 나누고, 지역 내 고용을 창출하는 기업을 표시한 지도 제작을 구상했다. 많은 이들이 관심을 보였지만 이 아이디어는 결국 실현되지는 못했다. 하지만 몇몇 기업은 이 아이디어를 활용해 자사의 채용 기준을 발전시킬 수 있었다. 한편 기업 컨설턴트 마리 프랑스는 단순히 일반적인 인력관리 툴만 제공한 것이 아니라 우리 조합에 깊이 관여했다. 우리는 전형적인 민간 기업 출신인 그가 우리 조합과는 완전히 대척점에 있는 사람일 것이라 생각해 다소 걱정을 하기도 했다. 하지만 탁월한 감각과 단호한 태도를 고루 갖춘 마리 프랑스는 우리가 아르들렌의 여러 기능을 정리하고 각 기능의 타당성에 대해 생각해보도록 이끌었다. 그는 우리의 운영방식을 존중하면서 질문을 했고, 우리 조합이 쌓아온 가치의 중요성을 강조하면서도 한 걸음 더 물러서서

객관적으로 바라볼 수 있도록 했다. 우리가 가장 필요로 했던 작업이었다.

활동을 마친 후 이 활동을 계속 이어나갈 생각이 있느냐는 제안도 받았다. 나는 이를 기회로 재정 지원을 얻어냈고 협동조합 문화를 전파하는 공동 작업을 시작했다.

2005년 어느 봄날 아르들렌의 모든 직원은 "아르들렌에서 일하는 것이 다른 곳에서 일하는 것과 어떤 차이가 있는가?"라는 토론을 하기 위해 한자리에 모였다. 우리는 여러 소그룹으로 나뉘어 토론한 후 내용을 종합해 함께 결론을 내렸다. 종합 작업은 어렵지 않았다. 모든 구성원이 매우 일관성 있는 의견을 공유했기 때문이다.

"아르들렌에서는 언제나 무언가를 배워요. 직원 개개인뿐 아니라 아르들렌도 함께 성장하죠!" 직원 대부분이 이 점을 강조했다. 배움은 자신의 역량뿐 아니라 창의력과 성찰력도 함께 향상시킨다. 타인을 향한 개방성을 갖추게 하고 새로운 것이나 변화를 열린 마음으로 받아들이게 한다. 역량을 높이는 것은 개인적인 일인 동시에 공동의 발전이기도 하다. 누군가의 역량이 높아지면 모두의 역량이 함께 올라간다. 교육은 생각하거나 규정하는 작업이 아니라 대화를 나누며 함께 만들어가는 작업이다. "아르들렌은 우리가 위를 향하도록 밀어줘요. 머리를 짓누르지 않죠. 명령을 하지 않고 알려주거든요!" 스테판 말발의 말이다.

지식과 책임 나눔: 우리 직원은 모두 동등한 위치에 있다. 하지만 민주적 투표나 특정 업무에서 발휘하는 역량과 업무 적합성을 감안해 경영진이라는 지위를 부여받는 이들도 있다. 모든 것은 유동적이다. 업무 지식은 직원 간 계급을 나누거나 누군가에게 권력을 더 부여하기 위해 사용되는 것이 아니라 '공동의 이익'을 창출하기 위해 활용된다. "더 많이 알면 책임자가 될 가능성이 높아져요." 아르들렌의 경영진은 관리 기능을 맡은 것이지 최고 권한을 가진 것이 아니다. 이들은 책임자와 교육자의 역할을 맡을 뿐이며 함께 일하면서 지식을 전수한다. 경영진이 감독 기능도 수행하지만 강력한 권력을 갖는 것은 아니다. 경영진이 기틀을 만들면 이후 작업은 알아서 이뤄질 것이라는 신뢰가 있다. 또한 의례적인 업무 체계 내에서 위아래로 자유롭게 이동 가능하다. 아르들렌 대표는 건축 설계, 건설 노동, 기계 작동을 모두 한다!

장인 문화: 아르들렌은 산업화 방식이 아니라 장인 방식으로 일한다. 개인의 자율성과 책임성이 부여된 공간에서 소그룹으로 일한다. 아르들렌의 또 다른 특징은 다기능성이다. 우리는 계절성

업무를 포함한 다양한 작업을 수행하고 제품 생산이나 판매에도 참여하며 다른 업무에 지원을 나가기도 한다.

투명한 회계처리와 의사결정 : 분기 회의 때마다 직원 전체가 모여 회계 결산 내역을 공유한다. 이사회에서 내린 의사결정도 모두 공개한다. 기업의 자금 순환 내역을 모든 구성원에게 공개하는 것은 조직의 주요 쟁점을 모두가 이해하도록 하기 위해 꼭 필요한 일이다. 직원에게 대차대조표 이해를 돕는 교육도 한다.

'함께하기'를 기반으로 한 연대 문화 : 아르들렌에서는 서로 다른 업무를 맡은 직원끼리 경쟁하지 않는다. "문제가 발생하면 다 함께 해결책을 찾을 겁니다." 동료가 도움을 요청하면 다른 업무를 담당하는 이들도 다기능성과 연대정신을 발휘해 그를 돕는다. 아르들렌이 중요하게 여기는 상호성 원칙에 기반한 것이다. "아르들렌에서는 모든 업무가 팀 단위로 이뤄지죠. 그래서 동료와 내가 어떤 분위기를 만들어내는가가 중요해요. 자신감 상승에도 도움이 되고요." 소니아 플랑탱의 말이다.

일관성과 신뢰 : "말하는 것과 실천하는 것 둘 다 중요하죠! 그리고 이 모든 것은 정직함을 기반으로 하고요. 우리가 고객을 대

하는 방식도 마찬가지예요. 우리는 진심을 다해 우리 제품을 판매합니다. 고객도 그걸 느낄 거예요. 우리는 거짓말하거나 속임수를 쓰지 않아요!" 프랑수아즈 밀라니의 말이다. 신뢰는 한 번에 쌓을 수 있는 것이 아니다. 신뢰는 매일매일 삶 속에서 실천해야 비로소 구축된다.

연회 : 즐겁게 노는 것도 아르들렌에서는 소중한 자산이다. 우리는 자율적으로 운영되는 구내식당에서 함께 식사하며, 내부적으로 축하할 만한 일이 있을 때나 손님을 맞이할 때 잔치를 연다. 우리는 유머와 연극으로 온화한 분위기를 조성하며 사람들과 친밀하고 원활한 관계를 맺는다.

개방성과 다양성 : 우리는 고객과 직접 소통하고 수천 명의 방문객을 맞이한다. 또 새로운 직원과 르파 네트워크 프로그램에 참여한 인턴을 맞이하고 다양한 지역사회 활동에도 참여한다. 덕분에 우리는 '우리끼리'만의 틀에 갇히지 않을 수 있었다. "개방성을 지닌 덕분에 더욱 바람직한 방식으로 발전할 수 있었다." 아르들렌의 신조는 출신, 나이, 직업의 다양성을 더욱 강화하는 것이다.

이동성과 유동성의 문화 : 우리는 프랑스 전역을 다니며 제품을 판매하고 각종 박람회와 유기농 상점에서 우리 제품을 소개한다. 멈추지 않고 끊임없이 돌아가는 조합 내에서 우리는 쉬지 않고 일을 이어간다. 개인적으로 끊임없이 전진할 뿐 아니라 조합 또한 계속해서 발전해나간다. 우리는 앞으로도 오랫동안 계속해서 많은 것을 발전시켜 나가야 한다는 것을 잘 알고 있다.

우리는 토론을 거치며 수년간 우리가 구축한 역량이 무엇인지 확인할 수 있었다. 또한 우리가 만들어온 것들 중 확실한 것은 아무것도 없으며, 앞으로도 계속해서 일상에서 발전을 이루어나가는 것이 중요하다는 것을 깨달았다. 우리는 팀워크의 약화, 신규 직원 채용 문제, 조합의 주요 파트너 이탈이라는 문제에서 자유롭지 않다.

우리가 보기에 아르들렌의 '성공'은 경쟁이 심하지 않은 틈새 시장을 찾아냈기 때문이 아니라 조합 문화 덕분에 가능한 것이었다. 따라서 아르들렌의 문화를 분명하게 파악하고 이를 더욱 견고하게 유지해나가는 것이 무엇보다도 중요하다. 그렇다면 단순히 취업이 목적인 신규 직원들에게 아르들렌 문화를 어떻게 전승할 수 있을까? 종교 단체에서 새신자 교육을 하는 것처럼 '아르들렌 입문 교육'을 하거나 기존 직원이 '나 때는 말이야…' 하며 무용담을 늘어놓는 방식을 피하면서 말이다. 아르들렌 협동조합 문화의 특징은 무엇보다도 실천을 통해 계승된다는 점이다. 물론 일상적인 조합 활동에서 만들어진 문화도 있다. 중요한 것은 이렇게 만들어진 문화에 대해 끊임없이 생각해보고 새로운 요소를 상상해보는 것이리라. 우리의 행동이 만들어낼 결과와 파급력을 생각하고, '우리끼리'만의 틀에 갇히지 않도록 주의하면서 말이다.

앞으로 보완해야 할 점은 무엇일까?

쉬어가는 시간 갖기: 끝없이 몰아치는 계절별 작업과 각종 활동을 정신없이 수행한 후에는 한 걸음 물러서서 휴식 시간을 갖는 것이 필요하다. 게다가 특정 업무에 몰두하다 보면 다른 업무의 중요성을 간과(하거나 심지어 무시)하게 될 위험도 있다. 그러니 우리가 수행하는 각각의 업무를 타 업무 담당자에게 소개하는 시간을 기획하면 좋을 것이다. 한 업무 과정이 종료되면 그런 시간을 기획해볼 수 있겠다. 가능하다면 유머를 곁들여서! 내면에서 우러나오는 웃음을 모두와 나눈다면 많은 어려움을 해결할 수 있을 것이다.

이론 학습에 시간 할애하기 : 학습을 위해서는 때로 전문가에게서 지식을 배우는 정식 이론 수업도 필요하다. 경제학 등 이론적인 학습이 필요한 때는 이론 수업을 수강하는 시간을 별도로 기획하면 좋을 것이다.

스터디 그룹 만들기 : 조합에 필요한 기능을 함양하기 위해서 또는 단순히 원활한 정보 공유를 위해서도 스터디 그룹은 필요하다. 이미 구성된 스터디 그룹에 참여해도 좋고, 서로 다른 업무 간 교류를 위해 새로운 스터디 그룹을 만들어도 좋을 것이다.

상호지식 교환하기 : '늘 무엇인가를 배운다'는 것에서 오는 만족을 느끼기에 앞서, 어떻게 하면 우리의 지식과 노하우를 전승할 수 있을지도 생각해야 한다. 우리는 클레르와 마르크 에베르 쉬프랭이 고안한 '상호지식 교환'으로 얻은 경험을 떠올렸다. 매트리스 제작자는 석공일을 배우고 싶어 하고, 비서 일을 하는 사람은 의류 제작을 배우고 싶어 하는 등 구성원들이 서로 다른 업무에 관심을 갖고 있다. 그래서 우리는 조합 내 공간과 기자재를 활용해 직원들이 근무 외 시간에 상호지식 교환 활동을 해볼 것을 제안한다.

다른 기업 방문하기 : '개방성' 함양을 위해 우리는 매년 다 함께 다른 기업을 방문한다. 이를 통해 다른 업무와 다른 역사를 배웠다. 우리는 우리 분야에만 갇히지 않고 다른 분야 종사자와도 알고 지내기 위해 일 년에 수차례 '공동 작업'을 했다. 또한 해마다 세미나를 개최해 모든 직원과 함께 한 해를 정리하고 활동을 성찰하며 이듬해 활동을 전망한다.

아르들렌에 알맞은 인재경영 방식을 개발하다

지난 2년간 직원 역량을 강화하기 위해 했던 활동은 매우 유익했다. 우리는 새로운 지식을 배우고 새로운 도구를 갖게 됐을 뿐 아니라 우리 조합 문화에 대해 한층 더 잘 이해하고 우리 조합의 기능이 무엇인지도 잘 알게 됐다. 조합 구성원이 개인적으로, 그리고 공동으로 글을 쓰면서 우리가 해온 일과 우리가 공동 소유했던 것이 어떤 것인지 깨달았고, 다른 기업과 우리 조합의 차이점도 잘 이해하게 됐다. 직원 30명으로 구성된 기업에서는 제대로 된 인재경영을 해야 한다는 사실도 깨달았다. 그래서 우리는 '인재경영' 업무를 신설했다. 담당자로는 내가 선정됐다. 이제 각자가 자신의 업무와 역할을 더욱 명확히 해야 했다. 우리는 구성원 모두가 모든 진행 상황을 눈으로 확인할 수 있도록 각 분야의 임무와 기능 그리고 업무를 명확히 지정했다.

설립 초기 구성원들이 아르들렌의 정통성과 기능에 대해 기초적인 설명을 제공하지 않으면 신규 직원이 아르들렌과 원활하게 조화를 이루지 못할 것이라는 점도 알게 되었다. 10~20년이 넘게 협력 활동을 해온 조직이 불투명한 모습을 보인다면 자발적 의지와 훌륭한 역량을 갖추고 조합에 참여한 새로운 인물들이 책임자 역할을 맡게 되기는 어려울 것이었다.

우리는 아르들렌이 더 이상 일과 삶이 일상에서 뒤섞인 채 살아가는 장인, 농민, 상인, 프리랜서로 구성된 조직이 아니라는 사실을 인정해야 했다. 우리가 사는 생피에르빌에서는 '식료품점에 간다'거나 '잡지 판매점에 간다'고 말하는 일이 없었다. 그 대신 주민들은 '플로랑네 집에 간다' 또는 '파니네 집에 간다'고 말하고는 했다. 배관 수리를 해야 할 때는 '배관공'을 찾는 게 아니라 '프랑시스'를 찾았다. 이제 아르들렌의 직원은 개인으로서의 존재와 자신이 맡은 업무 및 책임을 구분해야 하는 시기를 맞고 있었다.

우리는 연간회의를 통해 각자가 맡은 책임의 변화와 교육 필요성에 대해 논의했다. 우리는 조합의 경제활동 성과와 업무에 필요한 소요 시간을 감안해 고용 필요성을 예측하는 도구를 개발했다. 우리는 전형적인 인재경영 방식을 배웠지만 이를 우리 조합만의 특징적인 문화와 결합시켜 발전적으로 적용했다. 아르들렌에 내재돼 필수불가결한 다기능성과 업무의 다양성, 업무의 계절성이라는 여러 복합적인 요소를 고려해 인재경영 방식을 발전시키게 된 것이다. 우리는 신규 직원들이 조합의 각 구성원과 만나며 각자가 맡은 분야에 대해 알아가는 시간을 갖는 과정을 도입했다. 우리 조합의 독창성과 복합성을 고려해 모든 구성원이 조합의 전체적인 성격을 이해할 수 있도록 돕는 방법을 고안한 것이다.

과도기를 거치다

전문성 강화는 모든 기업이 발전기에 흔히 겪는 일일지도 모른다. 하지만 우리는 많은 기업이 과도기에 설립 정신과 멀어지거나 심지어 주요 인물 사이에 갈등을 겪는 경우가 종종 있다는 것을 알았다. 많은 기업이 경제적 수익성, 규모 변화, 시장 수요, 경쟁 압력, 고급 기술 요구, 지배적 사고 등 다양한 이유를 내세워 설립 초기에 지녔던 자신의 이상을 저버리곤 했다.

과도기를 겪으며 아르들렌이 얻은 것, 혹은 잃은 것은 무엇일까? 아르들렌 이사들의 이야기를 들어보자.

"우리는 '아마추어'로 시작해 '프로'가 됐어요. 하지만 우리만 이런 변화를 거친 게 아니라 아르들렌도 이 변화를 거쳤죠."

- 카트린 샹브롱

"우리는 구성원 각자가 하는 일을 모두가 이해할 수 있도록 업무와 업무 담당자를 분리했어요. 많은 노력이 필요한 일이었죠. 왜냐하면 우리는 실전을 통해 역량을 길렀기 때문에 해당 업무를 전문적으로 파악한 적이 없거든요. 우리는 비정형성에서 벗어나야 했어요. 모든 것을 바쳐 일하던 시기에서 모든 것을 측정하는 시기로 넘어가는 것은 매우 고통스러웠죠. 그래도 인간성을 지켜냈어요! 이러한 변화를 시도한 것은 정말 통찰력 있는 선택이었죠. 새로운 사람은 조합 역사의 크나큰 무게를 짊어질 필요 없이 조합에 통합될 수 있었고, 기존 구성원은 신규 직원이 자신의 자리를 차지할 것이라는 두려움에서 벗어났거든요. 이 과도기를 거치지 않았다면 아르들렌은 지금까지 존재하지 못했을 거예요."

- 프랑수아즈 밀라니

"우리는 신규 직원을 맞이해 통합을 돕고 교육을 시켜 새로운 역량을 길러냈습니다. 덕분에 우리는 늘 차분한 개방성을 유지할 수 있었고, 떠나는 사람과의 이별도 잘 받아들일 수 있었죠."

- 탄야 볼프

"직원이 늘어나고 그들의 사회적 구성이 더욱 다양해지면서 우리 조합은 엘리트주의 기업이 아니라는 것이 확실해졌어요. 조합이 겪은 과도기는 내 업무에도 큰 변화를 불러왔어요. 이전에는 내가 문화 업무 전반을 관리했는데 이제는 그렇지 않아요. 덕분에 외부 네트워크 구축에 시간을 더 할애하게 됐죠."

–시몬 티시에

"나는 이 시기를 '아르들렌의 사회화 과정'이라고 부르고 싶습니다. 과도기에 '나는 정말 이곳에 살고 싶고 이들과 일하고 싶은가?' 하고 끊임없이 자문했습니다. 초창기 공동 활동을 거쳐 과도기로 넘어가는 동안 이전에 조합원들과 함께했던 상호부조 방식을 변화시켰어요. 지역주민과 공동구매하는 방식을 만들고 마을 어린이집 건설을 위해 다른 부모와 연대했죠."

–나탈리 티로노

"아르들렌에 처음 들어왔을 때 환대받는 느낌이었어요. 다른 구성원들과 대등하게 역사의 한가운데 들어와 있다는 느낌이었죠. 창립 21주년 파티는 내가 아르들렌에 동화되는 데 중요한 역할을 했어요. 자발적으로 운영되는 구내식당에서 함께하는 식사도 큰 도움이 됐고요. 아르들렌은 협동의 공간일 뿐 아니라 혼자 일하는 성향을 지닌 내게 큰 가르침을 주는 공간이기도 했습니다. 나는 교육 시간을 '채우는 시간'이 아니라 '나누는 시간'으로 활용했어요. 외부와 협업하고 아르카디나 비브락트 같은 다른 기업, 다른 섬유공장을 방문하는 것도 너무나 흥미로웠어요."

—나디아 자푸리

"처음에는 일자리가 필요해 아르들렌에서 일하게 됐습니다. 아르들렌도 여느 기업과 마찬가지일 거라 생각했죠. 시간이 흐르면서 아르들렌이 어떻게 운영되는지 조금씩 알게 되었고, 특히 직원을 신뢰하며 스스로 책임을 다할 수 있도록 믿고 내버려둔다는 것을 깨달았어요. 우리가 열심히 하는 만큼 조합이 성장하고 우리가 의욕을 발휘하면 조합이 발전할 수 있다는 것을 느끼며 일했습니다. 구성원 간의 연대정신, 협동, 지역발전에 대한 기여는 내 가치관에도 잘 부합했고요. 나는 다른 협회와 일을 할 때도 아르들렌에서와 같은 마음으로 임했습니다."

—크리스틴 위박

"오트루아르에서 양털 깎기 작업, 양모 세척 작업, 양모 수거 작업, 편직 작업 등 여러 가지 업무를 조합 내에서 복합적으로 수행하는 과정은 매우 어려웠어요. 이 과정을 무사히 마칠 수 있었던 것은 양모산업 전문가들과 신뢰에 기반한 네트워크를 구축해 교류하며 협업한 덕분이죠."

—피에르 티시에

"조합 규모와 패러다임은 변화했지만 우리가 조합 활동을 하는 '이유'는 변함없이 그대로예요."

—미리엄 프라주

"조합 규모 확대와 급격한 성장은 조직을 약화시킬 수 있는 요인입니다. 조직의 적절한 기능 수행이 조직 구성에 밀려 사라질 수 있기 때문이죠. 아르들렌은 과도기를 겪는 동안 모든 구성원이 변화에 적극적으로 참여한 덕분에 공동의 역량을 건강한 방식으로 발전시킬 수 있었다고 생각해요. '아르들렌'이라는 누에고치는 실을 뽑아낸 후에도 여전히 살아있는 거죠!"

—제라르 바라스

발전과 균형 회복을 이룬 우리는 이제 아르들렌이 계속해서 전진할 수 있는 가능성을 확보했다는 것을 느꼈다. 튼튼한 협동조합인 아르들렌은 자체적으로 자금을 조달할 능력이 있다. 이제는 어떻게 발전해 나갈지를 생각해야 했다. 현재 이뤄놓은 것들을 개선하며 지금의 기능을 연장해나갈 것인가, 아니면 새로운 발전 단계로 나아가기 위해 위험을 무릅쓰고 도전할 것인가? 우리는 어떤 잠재력을 지녔는가? 우리에게 필요한 것은 무엇인가? 어떠한 자원을 활용할 것인가? 어떠한 새로운 동력이 필요한가? 우리의 새로운 야망은 무엇인가?

10장

2006~2013

아르들렌,
다시 날다

이 기간에 은퇴를 한 제라르는 조합과 거리를 두고 부분적인 역할만 맡았다. 아르들렌 대표였던 제라르의 관심사는 한 가지로 모아졌다. 안정적인 미래를 확보하기 위한 기업의 진로였다. 아르들렌은 이제 미래를 위한 기반이 탄탄하게 다져졌다고 확신해도 될까? 아니면 새로운 단계를 구상해야 할까?

이즈음 직원들 사이에서는 한 가지 공감하는 점이 있었다. 기업이 제대로 운영되려면 모든 에너지를 쏟아야 하는데 혹시 이미 성취한 것에 만족해버리지는 않을까 하는 것이었다. 기업은 달리는 자전거와 같아서 앞으로 나아가지 않으면 균형을 유지할 수 없다. 안정을 유지할 것인지 역동적 행보를 펼쳐나갈 것인지가 문제로 떠올랐다. 사실 그 둘은 서로 얽혀 있었다. 어느 한쪽만 취한다면 경제라는 영역은 잘 작동하지 않을 수 있기 때문이다.

2006년 초에 우리는 아르들렌이 2010년대에 들어섰을 때 어떤 지평을 열게 될지 상상해야 했다. 협동조합은 잘 운영됐지만 박물관과 생피에르빌 직판장 방문자가 줄어 걱정이었다. 대형 유통사가 '친환경 시장'에서 지배력을 넓히고 있는 상황에서 유기농 박람회의 미래는 불확실했다. 게다가 5년 안에 설립자 다수가 60대가 된다는 점도 우려스러웠다. 설립자들의 성취를 이어받아 새로운 미래를 찾는 것이 당시 과제였다. 기업을 지금처럼 유지해야 할까, 아니면 어떤 위험을 감수하고서라도 새로운 사람과 새로운 활동을 도모해야 할까?

아르들렌 비전 문서

제라르는 '가능성과 역동성'에 주목했다. 그는 이사회에 문서 하나를 제출했다. 6가지 영역에서 아르들렌의 발전 가능성을 환기시키는 내용이었다.

- 지역자원 가치화 영역 : 박물관을 보완하는 새로운 인기 장소로 양고기 식당을 만들어 지속적으로 양모 가치 제고하기
- 에너지 영역 : 목재 보일러 설치 및 소수력 발전망 연결하기
- 폐기물 관리 영역 : 하수 처리의 친환경적 효과를 향상시키기
- 인구 유입 영역 : 주택과 일자리 창출을 통해 새로운 인구의 유입과 지역 안착화 방안 개발하기
- 관광 영역 : 생태를 주제로 한 공원을 만들어 아르들렌 확장하기(서점 카페 입주, 양들을 위한 외부공간 마련 등)
- 교육훈련 영역 : 아르들렌과 관련된 지식이나 정보를 습득할 수 있는 교육훈련센터 설립(지역개발, 관련 산업, 협동조합 운영 등)

우리는 자체 자금조달 및 대출을 받을 가능성 등 금융자원을 조사했다. 1990년에 박물관을 세웠고, 1997년과 2000년에는 현대적인 생산공장 확보를 위해 건물에 투자했다. 그리고 박물관에 제2전시관을 만들었다. 차용금이 아직 남아 있었지만 다른 자금도 알아보기로 했다. 아마 2010년쯤이면 새로운 투자 수단을 확보할 수 있을 것으로 보였다.

정부의 '농촌우수거점' 계획

2006년 봄, 우리는 '농촌우수거점^{Poles d'excellence rurale}'이라는 정부 정책에 대한 정보를 입수했다. 지속가능한 지역개발을 위한 사업이었는데 지원 규모가 큰 반면 선정 조건이 매우 까다로웠다. 정부는 프랑스 전역에서 오직 300개 프로젝트만 지원할 계획이었다. 코뮌간협력공공기관^{Établissement public de coopération intercommunale,} EPCI[32]만이 사업 신청서류를 제출하도록 한정했다. 이 사업에 선정되려면 민·관이 협력적 틀 속에서 결합하고, 무엇보다 고용이 창출돼야 했다. 사업기획서 마감은 9월이었고, 선정된다면 실행계획서를 12월 이전에 제출해야 했다.

우리는 늘 지역 기관과의 협력이 미흡하다는 점을 유감스럽게 생각하곤 했다. 우리 조합에 투자하라고 자주 제안해봤지만 헛수고였다. 제2전시관 건립 때도 마찬가지였다. 아르들렌이 건설비용을 모두 책임져야 했다. '농촌우수거점' 사업이 추진되는 것은 이러한 상황을 돌파하는 데 매우 좋은 기회가 될 것 같았다. 우

32 코뮌간협력공공기관은 지방자치단체법에 근거해 여러 시가 연합해 각자의 권한 일부를 공동으로 행사하기 위해 만든 행정조직을 통칭하는 것으로, 코뮌연합조합, 코뮌공동체, 도시공동체, 대도시 공동체, 메트로폴 등의 유형이 있다. -옮긴이

리는 2006년 4월 19일 이사회에서 "비수기에도 우리 지역 방문
자를 맞이할 수 있도록 새로운 건물을 건축하는 것"에 대해 검토
하기로 했다. 목표는 지역자원(새끼양고기 등)의 가치를 높이고 사회
연대경제를 활성화하는 한편 교육활동을 증진하는 것이었다. 우
리 지역을 사람들이 찾아오고 싶은 '농촌생태지구'로 자리매김하
는 구상이었다. 그런데 '농촌생태지구'는 어떤 모습이어야 할까?

서점 카페와 양모 작업장 투어 프로그램을 구상하다

　　문화가 있는 서점 카페는 따뜻하고 친밀하고 우호적인 분위
기의 개방된 장소를 찾는 사람에게 공간 제공은 물론 교양을 쌓
는 즐거움까지 선사한다. 사람들은 서점 카페에서 한가로이 음료
를 마시며 친구들과 지내는 사이 자신을 재발견한다. 우리는 지역
적 특성이 다소 약한 우리 지역에 사람들이 더 오래 머물고 싶도
록 서점을 열기로 했다. 우리가 만들 서점은 역사문화 유산, 생태,
아르데슈 강, 양모산업, 지역개발, 사회적경제 같은 주제를 담은
책으로 가득 찰 것이다. 우리는 방문객들이 서점에서 우리의 시도
에 공감하는 데 도움을 줄 책과 '대안'에 관한 책을 만날 수 있기
를 바랐다.

아르들렌을 찾는 방문객 중에는 작업장을 견학하거나 양모 작업 공정을 배우고 싶어 하는 사람이 많았다. 이런 작업을 접할 기회가 거의 없는 지역에 살기 때문일 것이다. 우리 또한 그런 기회가 점점 사라지는 것에 큰 아쉬움을 느껴왔다. 우리는 작업이 없는 시간대를 골라 방문객이 작업장을 견학할 수 있도록 하는 방안을 구상했다. 방문객에게 양모 작업을 보여주고 체험해보게 하기 위해 우리는 작업장을 다용도로 이용할 수 있도록 구조 변경을 해야 했다.

아르들렌은 모두를 위해 다양한 활동을 제공할 수 있어야 한다. 그래서 사람들이 방문하고 싶어 하고 환대받는다고 느낄 수 있어야 하며, 다시금 찾고 싶은 곳이 돼야 한다.

양은 버릴 것이 없다!

아르들렌은 양모의 가치를 높이기 위해 25년 전부터 노력해왔다. 여기에 양고기를 더하기로 했다. 식재료에 대한 가치화와 지역화는 오늘날 매우 중요한 과제이다. 음식은 지구 반대편까지 공급할 수 있는 흔한 상품인 동시에 투기 대상이기도 하다. 농식품산업에서 벌어진 여러 소동은 이익만 추구하는 식품 기업이 얼마나 위험한지 알게 해주었다. 이들 기업은 식품산업이 환경이나 건강에 미치는 영향에 대해서는 아랑곳하지 않는다.

아르데슈는 규모가 작지만 매우 다양한 농산물을 생산하고 있었다. 생피에르빌 반경 50킬로미터 안에서만 해도 양과 염소 그리고 소를 키우는 모습을 볼 수 있는데 이들에게서 고기와 치즈를 얻었다. 돼지고기 가공제품도 지역 특산품이다. 밤 주산지인 이곳에서는 각종 베리류와 채소도 많이 생산됐다. 몇 킬로미터 떨어진 아르데슈 강 하류에는 포도와 같은 지중해성 작물이 잘 자라는데 이리외 강이 끝나고 론 강이 나타나는 지점에 넓은 과수원이 펼쳐져 있다. 지역 농산물은 환경과 건강을 존중하는 다양한 방식으로 재배되고 운송 역시 가능한 한 최소한으로 이동했다. 우리는 아르들렌에 새롭게 만들어질 식당을 양을 비롯한 다양한 지역 농산물을 부각시키는 전시장처럼 삼고자 했다. 지역 농산물로 가공식품을 생산한다면 지역 농산물 생산이 늘어날 것이고 그렇게 된다면 생산자와도 안정된 관계를 맺을 수 있을 것이다. 그렇게 해서 어느 정도 시간이 흐른다면 우리 마을만의 풍취를 더욱 풍부하게 간직하게 될 것이 틀림없다.

지난 10년간 아르들렌 박물관을 찾는 방문객이 줄어들고 있었다. 우리는 마을 식당과 협력관계가 끊긴 뒤로 많은 방문객을 잃었다. 박물관 근처 좋은 식당은 여행객, 특히 단체 여행객을 끌어들이는 데 매우 중요한 요소였기에 우리는 새로운 대안을 모색했다. 우선 이웃 마을의 식당 주인에게 아르들렌에 음식을 제공해달라고 요청했다. 하지만 우리 방문객들은 배달된 음식을 보고 '진짜 식당'이 아니라는 점에 실망했다. 그래서 우리는 시청에 공익적 관점으로 생피에르빌에 새로운 식당의 필요성에 관한 연구를 진행해달라고 요청했다. 이 연구는 이 지역 주요 관광지인 아르들렌과 밤나무 집, 두 곳을 겨냥한 것이었다. 연구는 주립자연공원과 부티에르 현장지원센터 지원금으로 진행할 수 있게 돼 시청의 부담을 덜 수 있었다. 곧 컨설턴트가 선임됐지만 시의회는 "시에서 사적 성격의 연구에 자금을 댈 수 없다."는 입장을 표명하며 예산 심의에 참석하기를 거부했다. 그래도 우리는 실망하지 않았다. 그들은 전형적인 민간 기업과 사회연대경제 기업을 구별하지 못하는 이들이었다. 아르들렌이 협동조합이라는 사실, 특히나 부의 분배에 대한 근본적인 차이가 있다는 점과 지역발전을 위한 역할을 한다는 것에 대해서는 더더욱 알지 못했다. 정부가 추진하는 지역개발 사업에서 시너지를 창출하는 민관 협력은 없어서는 안 될 요소일 뿐 아니라 이미 다른 지역에서는 폭넓게 실행되고 있다는 사실을 그들은 알지 못했다.

우리 코뮌공동체와의 협력

최근 생피에르빌을 중심으로 6개의 작은 시(코뮌)가 모인 코뮌공동체Communauté de communes가 구성됐다. 우리는 코뮌공동체 의장에게 '농촌우수거점' 계획에 어떻게 대응할 것인지 묻고 우리 계획을 설명했다. 몇 가지 자금조달 계획도 포함돼 있었다. 우리는 이 사업을 '밤나무와 양의 고장에서 사업을 창출하기'라 부르기로 하고 코뮌공동체가 실행할 '농촌우수거점' 사업의 실현 가능성을 연구하자는 데에 공동으로 합의했다.

아르들렌은 750제곱미터 면적의 3층 건물 건립을 구상했다. 1층은 서점 카페와 이벤트홀로, 2층은 새로운 사무실로, 3층은 식당과 가공식품 작업장으로 쓸 예정이었다. 하지만 내장 공사와 식당 설비 투자는 아르들렌이 감당할 수 없었다. 양모 기업이 요식업까지 잘 수행하기란 어려울 것이라 생각되었다. 아르들렌은 이미 많은 역할을 하고 있을 뿐 아니라 계절에 따라 다양한 업무까지 감당해야 하는 상황이었다. 그래서 우리는 내장 공사와 식당 설비를 베르주라드에 맡기기로 했다. 베르주라드는 박물관 사업을 처음으로 시작한 1990년에 설립돼 박물관 관리를 맡다가 1999년 박물관 운영을 아르들렌 내부로 통합하게 된 뒤로는 지역발전 연구, 비전 수립을 위한 기획 역할을 주로 수행하고 있었

다. 지역자원의 가치를 높이는 활동을 확대하는 것이 현명하다고
생각했기 때문이다.

사업 견적을 내는 시간이 무척 빠듯해 서둘러 일을 추진했다.
대략적인 비용을 추산해보니 아르들렌에 30만 유로, 베르주라드
에 25만 유로가 필요했다. 여기에 두 조직 모두를 지원하기 위한
자금으로 10만 유로의 여분이 더 필요했다.

'농촌우수거점' 사업으로 선정되다

정부는 아르데슈에서 8개의 농촌우수거점 사업을 선정했다.
매우 기뻤지만 한편으로는 의구심이 들었다. 정부가 예정보다 훨
씬 더 많은 계획안을 받아들였기 때문이다. 따라서 여러 코뮌간협
력공공기관이 제안한 각 계획마다 예산을 30%씩 축소해야 했다.
매우 까다로운 협상의 과정이 남아 있었다. 계획안에서 어떤 비용
이 삭감될까? 민간 쪽? 아니면 지자체 쪽?

우리 코뮌공동체 의장은 공익을 매우 중시했다. 그래서인지
모르겠지만 코뮌공동체가 직접 수행할 계획보다 아르들렌과 베
르주라드가 수행할 계획에서 예산을 더 많이 삭감하도록 했다. 하
지만 이는 잘못된 처사였다! '협동조합' 기업으로서 그동안 해온

기여를 고려하지 않은 것도 전혀 이해할 수 없다. 우리 협동조합은 공익 차원에서 지역발전을 위해 지역주민 모두에게 고루 혜택이 돌아가는 일을 해왔는데 말이다. 학교 유지와 기간시설이 지역 일자리 창출에 기여하는 지역에서, 게다가 민관 파트너십에 아주 중요한 가치를 부여하는 '농촌우수거점' 사업에서 공공과 민간을 대립시키는 것은 옳지 않은 것으로 보였다.

우리는 계획 실행 방안을 검토하기 위해 연구 단계를 건너뛰었다. 다음 단계는 프로젝트별로 서류를 제출하는 것이었다. 각각의 서류에는 자세한 재무분석, 자금조달 계획과 운영 예산안 등이 포함돼야 했다. 이사회의 동의로 다음 단계로 넘어갔지만 우리에겐 시간이 부족했다. 제라르는 곧 건물 스케치에 돌입했다.

기업의 사업개발 계획을 수립하는 데에는 많은 노력과 품이 든다. 기존 업무를 소홀히 하지 않으면서도 견적서를 만들고 예산안을 세우고 현 상태를 진단하고 자금조달 협력자를 찾아야 했다. 어떻게 시간을 낼 수 있을까? 아직 알지 못하는 새로운 업무를 어떻게 가늠할 수 있을까? 제라르가 건축 관련 일을 맡을 것이었지만 문서를 일목요연하게 정리하고 구체적 과제를 추진하기 위해서는 도움이 필요했다.

계획 수립을 위한 학생 그룹과의 협력

그때 사회적경제 석사과정에 있는 학생 그룹에 도움을 요청하자는 묘안이 떠올랐다. 학생들은 졸업 전 4월부터 7월까지 4개월간 의무적으로 인턴을 해야 한다. 우리는 협동조합 문화 교육 차원에서 매년 르파 네트워크의 도제 인턴들을 맞이하곤 해서 그러한 일에 익숙했다. 우리는 청년이 그룹으로 일할 때 어떤 이점이 생기는지 알고 있었다. 또 사회연대경제 전공 학생들이 다른 학부 학생과 거의 대동소이한 방식으로 배운다는 점을 매우 아쉬워하고 있다는 것도 알고 있었다. 르파 네트워크 도제 인턴들은 보름 동안 작은 프로젝트를 실현하기 위해 '그룹 활동'을 한다. 기간은 더 길어질 수도 있고 더 중요한 의미를 갖는 프로젝트를 수행할 수도 있다.

리옹2대학의 학생 두 명이 우리 요청에 응했다. 실비 리앙주와 프랑수아 바수였다. 우리가 학생들에게 프로젝트 내용을 설명하자 곧 관심을 보였다. 얼마 후에는 캉 대학의 사회적경제 석사과정에 있는 학생 한 명이 우리에게 전화를 걸어와《복종하지 않는 양들 *Moutons rebelles*》을 읽고 아르들렌을 알게 된 학생 세 명이 실습을 원한다고 했다.

프로젝트 문서를 정리하는 다섯 명의 인턴. 이상한가? 너무 번

잡한가? 아니면 헛수고? 이성적 판단과 달리 우리는 그들 모두를 받아들였다. 다섯 명이 견고한 팀을 이룬다면 매우 생생하고도 교육적인 집단 경험을 할 수 있을 것이다. 협동은 실천 속에서 배우는 것이니까. 우리는 마을에서 학생들이 묵을 집 하나를 내줄 수 있었다. 함께 살면서 실행한 연구에 대해 많은 사람이 흥미를 가질 것이다. 실비와 프랑수아는 2007년 3월에 도착했고, 그로부터 한 달 후 피에르 가브로, 클레망 뷔넬, 마리옹 뤼팽이 도착했다. 그들은 여름까지 우리 지역에서 머물다가 추억을 갖고 고향으로 돌아갈 것이다. 그리고 우리는 12월에 보조금 신청서를 제출할 계획이었다.

우리는 학생들에게 서점 카페, 식당, 저장식품 가공 작업장 등 모든 계획에 대해 정리해줄 것을 제안했다. 아울러 협동조합 문화의 계승에 관한 연구도 덧붙였다. 우리는 론알프스에 있는 노동자 협동조합의 책임자들을 만나보라고 제안했다. 그들에게 '노동자 협동조합에서 사람들은 어떻게 협동을 배우고 실천하는가?'라는 질문을 해보자는 취지였다. 임무를 나눈 후 학생들은 각자 업무계획을 짜고 연구에 필요한 사항을 우리와 협력하기로 했다. 각자에게 사무공간이 주어졌고 업무가 시작됐다. 일을 하지 않을 때는 학생들도 각자의 일상을 보냈다. 정원을 가꾸거나 스스로를 위한 활동들이었다. 제라르와 나는 네 달 동안 그들에게 도움을 주거나 협력했다. 학생들은 음식점이나 서점 카페 분야를 탐색했고, 사전에 고려해야 할 요소들을 찾아냈다. 그리고 협동과 관련된 생각을 다져나갔다.

학생들의 연구는 2007년 7월에 끝났고 우리는 예산안 작성과 자금조달 계획, 그리고 향후 전망과 관련해 진일보했다. 학생들은 투자 유치를 위한 협력적 자금조달 연구와 그에 대한 모의실험까지 진행했다. 학생들뿐 아니라 우리에게도 의미있는 경험이었다. 실비 리앙주는 이렇게 회상한다.

"연구 과정에서 잊을 수 없는 체험을 했다. 바로 실행 속에서 이루어진 협동학습이다. 책에서는 배울 수 없는 종류의 학습이었으며 개인적인 교육과도 대별되는 것이었다. 우리는 좋으면서도 힘든 순간들을 경험했고, 이 순간을 통해 서로 소통하는 법을 배웠다. 의사소통 없이 협동은 불가능하기 때문이다. 그리고 혼자서 모든 것을 할 수 없다는 점도 깨달았다. 정말 중요한 시간이었다. 우리는 각자의 강점을 서로 지지해주는 법을 배워야 한다. 실제로 우리는 많은 것을 배웠다."

―실비 리앙주

학생들은 론알프스 주 소재 노동자협동조합의 책임자 30명과 함께하는 교육 대담을 진행했다. 이 대담은 매우 유익했다. 애초에는 론알프스 노동자협동조합 지역연합회는 물론 협동조합대학Collège Coopératif, 그르노블정치학연구소Institut d'études politiques de Grenoble, 그리고 사회연대경제지역회의와 협력해 이 프로젝트를 진행해보려고 했지만 성사되지 않았다. 자금을 조달하지 못했기 때문이다. 우리는 노동자협동조합이 추진하는 적극적 시도는 환영받지 못한다는 점을 깨달았다. 우리 노동자협동조합과 사회연대경제지역회의는 교육이 그들의 영역이라는 점을 인정했다. 하지만 교육에 관여하는 이들은 대학 구성원이거나 비즈니스 스쿨 출신 사람들이었다. 일반적으로 그들은 협동조합 기업을 경영해본 경험이 없었다. 우리 관점에서는 협동의 실천가들이 자신의 경험을 들려주는 것, 나아가 일하는 과정에서 경험적 지식을 전수하는 것이 매우 중요하다고 생각했다. 하지만 이런 생각이 논쟁을 불러왔고 우리는 우리 계획을 철회해야 했다.

실행에서 마주한 시련, 비용 초과와 까다로운 건축 표준

2007년 12월 우리는 코뮌공동체의 농촌우수거점 계획서를 도청에 제출했고, 큰 문제없이 승인됐다.

아르들렌은 750제곱미터 면적의 3층 건물 건축의 발주자가 됐다. 장기임대차 계약에 따라 3층은 베르주라드에 임대를 할 것이었기에 베르주라드 경비로 내장 공사와 식당 공사를 진행했다. 하지만 얼마 지나지 않아 우리가 추정한 비용이 과소 산정됐음을 깨달았다. 건축비용은 크게 늘어났다. 약 20%가 초과됐는데 이는 우리 건물을 에너지 절약형으로 짓기 위해 투입되는 비용과 일치했다. 우리는 주정부나 재단들, 유럽기금에도 자금을 조달할 수 있는 방법을 적극적으로 알아봤다. 곳곳에 문서를 보내고 접촉하느라 모든 시간을 쏟아부어야 했다. 우리는 다시 실비 리앙주를 채용했다. 실비는 생피에르빌에 살면서 일하기로 승낙했다. 그리고 인사 부서에서 일하던 마뉴엘라 필리포도 도움을 주기 위해 왔다. 그녀는 관련 작업을 진행한 경험이 있었다.

우리는 2009년 12월까지 농촌우수거점 계획을 실행해야 했다. 업체들과의 계약, 추가적 기술 연구, 건축설계 등 시간에 쫓기는 작업이 시작되었다. 하지만 작업은 2010년 6월까지 계속됐고 제라르가 협업을 이끌어갔다. 정부가 계획 완료 기한을 6개월 연장 승인해주었지만 많은 계획이 지연됐다. 우리는 지역 업체에 건축 작업을 의뢰했다. 벽돌 공사는 한 업체에게만 맡기기 부담스러워 두 개 업체에게 협업을 요청했다. 아름다운 협동이 아닐 수 없었다!

우리는 건축 표준도 면밀히 점검했다. 허가기준에 맞는지 행정당국의 점검을 받아야 했기 때문이다. 기술자들이 요구사항을 항상 맞춰주는 것은 아니다. 그래서 세면대를 1센티미터 옮기거나 거울을 5센티미터 옮기는 일도 큰 인내심을 발휘해야 했다. 그러다 가장 민감한 오점을 서류에서 발견했다. 우리는 건물에 남자 화장실 한 개, 여자 화장실 한 개 그리고 장애인 화장실 한 개를 두려고 계획했다. 하지만 이는 매우 차별적인 것으로 받아들여질 만했다. 우리는 비장애인 화장실뿐 아니라 장애인 화장실도 남녀 각각 하나씩 두 개를 만들 의무가 있었다. 화장실은 누구든 이용할 수 있어야 하기 때문이다.

난방설비에 대해서는 많은 시간을 들이지 않았고 전문가 자문도 받지 않았다. 절전 가능하고 친환경적인 방법을 연구할 시간이 꼭 필요했는데도 말이다. 우리 건축사가 선택한 사무소들은 공사 현장에 맞는 실제적인 역량을 갖추지 못했다. 우리는 최대한 절전 가능한 난방시설과 에너지원을 선택했다. 무심코 지나쳤다면 장작을 연료로 하는 보일러가 설치될 수도 있었다.

베르주라드가 만든 식당 공간도 많은 깨달음을 주었다. 우리는 표준이나 설비시설 등에 완전 문외한이었지만 비싼 컨설턴트 비용을 지불하기도 힘든 처지였다. 우리는 촉박한 시간에 쫓기면서 서비스 위생에 관한 규제사항과 주방설비회사의 권유 사이에서 헤매야 했다. 그나마 다행인 것은 식당 전문가 친구에게서 조언을 구할 수 있었다는 것이다.

자금조달에 힘을 실어준 연대고객

결국 농촌우수거점 계획의 총예산은 다소 증가했고 우리는 아르들렌뿐 아니라 베르주라드를 위한 협력 자금까지 조달할 방법을 찾는 데 성공했다. 건축 비용은 총 107만 7,000유로에 이를 것으로 예상됐다. 중앙정부와 주정부로부터 20%를 추가로 조달할 수 있을 것으로 예상됐고, 매우 다행스럽게도 프랑스재단, 전력공사재단Réseau de transport d'électricité[33], 마시프 재단, 상호신용금고Crédit mutuel 재단의 지원으로 6%를 추가로 마련할 수 있었다. 그때까지 아르들렌이 자체조달한 금액은 이사회 승인을 받아 네프에서 차용한 금액으로 총 예산의 50%였다. 그래도 아직 20% 정도가 부족했다.

자금을 더 끌어오는 것은 어려워 보였다. 그때 생각한 것이 출자증권titres participatifs이었다. 노동자협동조합은 7년 거치 후 상환하

33 프랑스의 전력시스템운영공사가 지역의 사회연대경제 발전을 위한 목적으로 운영하는 재단 –옮긴이

고 보상을 하는 조건으로 증권을 발행할 수 있다. 보상은 대부분 저축은행Caisse d'Epargne 이자율에 따르며 나머지는 수익에 연동해 보상한다. 우리는 곧 출자증권을 발행하자는 데 의견을 모으고 연대고객 네트워크에 호소해보기로 했다.

우리는 우리 프로젝트에 공감할 만한 고객에게 총 15만 유로의 출자증권 예약 신청을 제안하는 우편물을 발송했다. 그토록 빠르게 예약 신청이 들어올 줄은 상상도 못 했다. 정말 무척 놀랐다. 그 이후에 자금이 더 필요해서 한 번 더 요청을 했고, 그렇게 모두 27만 3,150유로를 조달할 수 있었다. 이 자금으로 우리는 계획을 실행할 수 있었다. 그때 주위에 아르들렌을 지지하는 사람들이 많이 있다는 걸 확인하고 얼마나 큰 위안을 받았는지 모른다. 그들은 우리 계획을 이해했고 그 계획을 지원하기 위해 우리 편이 되어준 사람들이다. 이런저런 걸림돌과 마주하며 힘겨운 시기를 지나온 우리는 모든 장애물을 뛰어넘기 위해 밤낮으로 노력했다. 끊임없이 닥쳐오는 '충돌' 위험을 감수해야 했지만 고객의 지지는 우리에게 용기를 주었고 우리 결정에 힘을 실어주었다. 비단 자금 문제뿐만 아니라 시간과 노력이 필요한 어려운 과제에서도 차근차근 풀어나가는 힘을 보여주었다. 대안경제를 위한 연대나 생산자와 소비자를 연결하는 시민경제의 좋은 사례라 하겠다. 이런 사례는 조화롭고 인간적인 사회적경제의 발전이라는 관점에서 볼 때 격차와 부정적인 영향을 줄이고 사회의 가치체계를 좀 더 공평하게 정립하는 데 기여한다. 베르주라드 협회 역시 정부의 농촌우수거점 계획, 론알프스 주정부, 아르데슈 도청을 통해 필요한 지원을 받을 수 있을 것이다. 또 이 계획에 진지한 관심을 갖는 전력공사재단이나 아르데슈 생태자연재단Nature Vivante에서도 큰 지원을 받게 될 것이다.

우리는 이제 새로운 활동에 착수해야 할 시점에 서 있었다.

서점 카페와 양모 작업장 투어 프로그램

여름에 박물관과 직판장 입구에 텐트형 작은 카페를 열었다. 음료와 크레이프 만드는 일도 전혀 못할 일은 아니었다. 우리는 현장에서 음식을 제공할 수 있는 '작은 식당'에 대한 인가를 요청했고 필요한 면허도 취득했다. 이 과정에서 중요한 규칙과 표준, 그리고 법 위반 시 부과되는 벌금에 대한 정보를 얻을 수 있었다.

서점 카페는 완전히 새로운 분야였다. 어려운 상황에 놓일 때마다 우리는 전문가에게 조언을 구했다. 우리는 제르 지역 사랑 마을에서 서점을 경영하는 디디에와 카트린 바르디 부부를 알고 있었다. 둘 중 한 명은 서점을 열기 전 지역 일을 맡아본 경험도 있었다. 사랑은 아주 작은 농촌 마을이었지만 서점은 항상 손님으로 붐볐다. 동네 서점이 대형 인터넷 서점과 경쟁하기 점점 더 어려워지는 상황에서 그들이 성공할 수 있었던 비결은 무엇이었을까? 그건 바로 '빵 서점'이라는 데 있었다. 사람들은 마음의 양식을 찾기 위해서도 서점에 오지만 막 구워져 나온 맛있는 빵을 즐기기 위해서도 찾아왔다. 핫초코 향이 은은하게 흐르는 가운데 오리 가슴살과 퐁듀 치즈를 곁들인 빵을 맛볼 수 있었다. 또 다른 비결은 손님 취향에 맞는 책을 소개해준다는 점이었다. 새삼 우리 사회가 책을 많이 선호한다는 것을 알 수 있었다. 그들 부부는 '이동하는 서점'도 운영해 프랑스 전역에서 반향을 불러일으켰다. 지역개발이나 연대경제를 주제로 하는 모든 토론회가 이 서점을 참조했다.

우리 조합에서는 나디아 자푸리가 열정적인 독서가였는데 그녀는 홈페이지 제작 및 관리와 카탈로그 제작 등 홍보 업무를 맡고 있었다. 우리는 그녀에게 서점 일을 맡아달라고 제안했다. 그녀는 대답했다. "좋아요! 새로운 사업 영역에 투입될 수 있다니 얼마나 좋은지 몰라요!" 나디아는 장서 구비를 맡았다. 사랑의 서점과는 협력관계를 맺고 3년 동안 사업기반을 갖춰나가기로 했다.

새 건물 건축에 앞서 박물관 방문객 유치는 시몬이 맡기로 했다. 그녀는 상근 가이드 2명과 회사 내부에서 부가적 업무를 수행할 지원자 10명을 기획자로 충원했다. 이 문화사업에는 새로운 직무가 포함됐다. 서점 관리 및 운영, 카페 관리 및 운영, 고객 안내, 작업장 활성화, 아르들렌 양모 작업장 투어 안내 등인데 아르들렌 양모 작업장 투어에서는 아르들렌 작업장을 방문한 고객들에게 아르들렌의 역사와 정체성, 사업방식 등을 소개할 예정이었다.

아르들렌을 알리고 방문자를 확대하기 위해서는 홍보와 광고 업무를 더욱 강화해야 했다. 이를 위해 새로운 사람을 영입해야 했는데, 향후 우리는 이 업무를 '문화안내 및 교육Culture Accueil et Pédagogie, CAP'이라 부르게 됐다. 나는 시몬이 은퇴한 후, 그녀가 이 일을 맡았던 것이 정말 다행이었다고 느꼈다. 그녀는 이 영역의 정체성과 응집력을 동시에 강화시켰고 다른 영역들과도 연결시켰다. 누구도 한꺼번에 그것을 할 수 없었을 것이다. 이 일은 상호인식, 직무 이해, 기업문화의 리듬에 맞춘 시간 속에서 이루어졌다.

식당 운영을 위해 아르들렌 자회사를 설립하다

식당은 어떻게 운영해야 할까? 아르들렌에 식당 운영을 통합하는 것은 불가능해 보였다. 아르들렌은 이미 다양한 일을 하고 있었고 식당은 독자적으로 운영됐다. 우리가 단체 예약을 받거나 주말 방문객을 많이 유치해도 식당은 문 닫는 시간을 독자적으로 결정했다. 따라서 우리는 방문객을 맞이하기 위해 상호연계를 중시하는 방향으로 식당을 운영하는 방식을 검토해야 했다. 검토 끝에 우리는 '노동자협동조합 형태'로 아르들렌의 자회사를 설립해 식당을 운영하기로 했다. 아르들렌이 식당 노동자협동조합에 조합원으로 출자해 지분을 갖되 과반을 넘지는 않기로 했다. 아르들렌 노동자협동조합과 식당 노동자협동조합은 정관상의 관계로 연결되었다.

그 다음은 식당을 맡을 팀을 꾸리는 일이 남아 있었다. 아르들렌은 자회사에 출자를 하고 조합원 둘을 자회사 설립에 참여시켰다. 행정, 법률, 재무 업무를 위해 채용한 세실 페라댕과 내가 일부 출자를 했고 기업 설립 관련 전문지식을 보탰다. 그러나 요리와 식당 서비스 경험이 있는 사람은 아무도 없었다. 식당 직원을 구하는 것이 급선무였다.

우리는 사회연대경제와 유기농 관련 인터넷 사이트에 채용공고를 올렸다. 요리사 모집에 특화된 사이트는 아니었지만 지역발전과 유기농 식당에 관심을 갖고 노동자협동조합의 틀 안에서 활동할 수 있는 사람이 필요했기 때문이다. 우리는 동기가 강해 보이는 젊은이 셋을 뽑았다. 세 명 모두에게 식당 업무를 맡길 생각은 아니었지만 일정 기간 훈련은 시킬 계획이었다. 그들 가운에 하나였던 조안 테트는 나와 함께 자회사 공동운영을 맡았다. 아르들렌의 조합원들은 필요한 자금을 모았다. 우리는 방문객 수나 매출액 등을 예측하기 힘든 상황에서 식당 위생기준 충족 등 다양한 변수에 부딪혀야 하는 식당 개업의 모험을 시작했다. 손익분기점을 넘길 수 있으려면 연간 1만 명의 고객이 필요하다는 추산을 하며 일을 진행했다. 과연 몇 년쯤에야 이 숫자에 도달할 수 있을까?

지역 유기농 식당, 우리가 추구할 경제 모델

식당에서 쓰이는 식재료는 향신료를 제외하고는 반경 최대 50킬로미터 안에서 구입하기로 원칙을 세웠다. 유기농뿐 아니라 가능하면 지역 생산자와 직거래를 하기 위해서였다. 우리는 생산자들이 우리에게 식재료를 배송해줄 수 없다는 것과 수지를 맞추기 위해 도매보다는 소매에 더 관심이 많다는 것을 알게 되었다. 이윤이 너무 적어서 양쪽 다 상생할 수 있는 관계를 맺어야 했다. 거대 유통 플랫폼 기업과는 차이가 컸다. 외식산업 전문 유통 대기업이 대량 재배되는 농산물을 매우 파격적인 가격으로 판매한다는 것은 대도시 안을 한번 둘러보기만 해도 금방 알 수 있다. 그런

재료를 쓴다면 싼값에 음식을 판매하면서도 많은 이익을 얻을 수 있을 것이다. 사실 채소 껍질을 직접 벗기고 모든 소스를 직접 만드는 데에는 시간도 많이 들었다. 보수를 주고 맡기기에도 한계가 있는 일이었다.

우리는 지역 양고기가 높은 가치를 갖기를 바랐다. 뉴질랜드산 양고기는 프랑스산 양고기에 비해 값이 두 배이다. 곡물 가격은 급등하는데 양고기 가격은 몇 년째 오르지 않으니 프랑스 양 사육자들은 어려움을 겪을 수밖에 없다. 우리는 저평가된 지역 농산물의 가치를 높이면서도 적정한 가격을 유지해야 했다. 팀을 만들어 일은 시작했지만 우리가 생각한 경제 모델로 성공을 할 수 있을지는 확실하지 않았다. 모든 비용을 고려해 시간을 효과적으로 활용하면서 낭비를 막아야 했다.

식당에서의 협동과 혁신

식당은 중압감과 스트레스 속에서 일하는 서열화된 세계이다. "네, 셰프!"가 관계의 기본이고 핀잔과 고함이 다반사다. 불을 사용하는 주방에 들어가 보면 금방 알 수 있다. 큰 규모에서 다양한 요리를 제때 공급하려면 훌륭한 조직과 숙련된 솜씨가 필요하다.

아르들렌 서점 카페와 식당 서점에는 생태, 양모 산업, 지역개발, 사회적경제 같은 주제를 담은 책을 구비해 방문객들이 우리의 시도를 공감하고 '대안'에 관한 책을 만날 수 있기를 바랐다. 또한 식당의 식재료는 반경 최대 50킬로미터 안에서 구입하는 것을 원칙으로 하여, 지역 생산자와 직거래를 하는 지역 유기농 식당으로 운영하고자 했다.

토론을 하거나 장갑을 낄 시간도 없다.

노동자협동조합의 새로운 출자자들은 이중적 지위를 갖고 있다. 직원인 동시에 조합원인 것이다. 직원처럼 행동하지만 다른 한편으로는 기업 운영을 전적으로 책임지는 기업가이기도 하다. 이것은 무엇을 의미하는 걸까? 식당 사장은 많은 자본과 시간을 투자하고 가능한 한 많은 수익을 내려고 한다. 이 업계에선 요리

비결이 비밀스럽게 전수된다고 알려져 있다. 우리 직원의 경우 계절노동자가 많다. 특정 계절에 많은 시간 일하고 4~6개월은 쉬면서 하고 싶은 일을 한다. 우리의 경우 사업을 지속적으로 발전시키는 데 기여하는 것이 목적이다. 따라서 사업 발전을 위해 상당 기간 노력해야 하고, 협동을 위해서는 어떤 의혹도 생기지 않도록 재정 투명성을 갖춰야 한다. 즉 신뢰의 문제다! 이는 새로운 식당 모델이지만 직종 특성상 갈등이 생길 수 있었다. 어떻게 하면 좋을까? 우리는 섬유업계나 다른 업종처럼 급여를 받는 경영인이 한 팀으로 활동하는 것이 가능하다고 생각했다.

아르들렌을 주도한 사람들의 동기는 수익이 아니었다. 수익만 생각한다면 기업을 팔아버릴 수도 있다. 아르들렌은 많은 투자를 받아왔고 그렇게 모인 자기자본을 튼튼히 유지하고 확대하면서 가치를 높여왔다. 무엇보다 아르들렌은 항상 직원들의 것이었다. 우리 직원들은 '부유한' 기업이 장기간 고용을 유지할 수 있다는 것을 알고 있다. 그리고 기업을 사들이거나 일을 계속 하기 위해서 빚을 질 필요가 없다. 자금과 에너지 면에서 얼마나 큰 이점이 생기겠는가!

동기는 직업을 갖는 것에만 있지 않다. 우리는 일을 하거나 고객을 만나거나 우리가 생산한 것을 대하거나 지역 일자리를 창출하면서 만족감을 비롯한 다양한 것을 얻을 수 있다. 우리는 자신만을 위하거나 다른 사람만을 위해서 일하지 않는다. 우리는 '함께' 의미 있는 계획을 실행하기 위해 일한다. 우리의 과제는 지역에 혜택이 돌아갈 수 있도록 유용한 일을 실행하고 만족감을 창출하는 것이다.

식당을 막 시작할 무렵 요리사 및 서빙 팀이 합류했다. 그들은 합류하자마자 새로운 활동을 펼쳐가야 하는 상황을 받아들여야 했다. 새로운 분야를 시작하는 것이라 부담감이 컸지만 아르들렌의 경제적 필요와 고객 환대를 위해 감수하기로 했다. 피서가 한창인 계절에 개업했으므로 고된 시작일 수밖에 없었다.

개업한 지 일 년이 되었을 때 식당의 첫 조합원 셋 가운데 두 명의 근로계약이 끝났다. 식당에서 '인원 교체'는 흔한 일이지만 누가 이 일을 맡을 준비가 돼 있는지에 대한 확실한 근거를 바탕으로 이루어져야 했다. 동시에 경제 모델의 지속성도 고려돼야 했다. 우리는 노동자협동조합 지역연합회 대표자들과 이 주제에 관해 의견을 나누기 위해 만남을 제안했다.

식당 운영 이후, 저장식품을 만들다

식당을 개업해본 우리는 저장식품 제조에 대해서는 신중하게 접근했다. 처음에는 식당이 저장식품 제조까지 맡을 수 있을 것이라 생각했지만 그건 힘들다는 것이 금방 드러났다. 완전히 다른 분야일 뿐 아니라 계절성이 갖는 어려움도 있었기 때문이다. 과일과 채소는 여름에 공급되는데 식당 손님들 역시 그 시기에 가장 많았다. 겨울에는 고기류의 가공 작업을 할 수도 있겠지만 피로가 쌓인 식당 직원들에게는 휴식이 필요했다.

식품가공 일을 시작하려면 작업장 운영 인가부터 받아야 했다. 우리는 외부 사람들이 작업장 시설을 이용하도록 할 계획이었는데, 우리 설비는 한 작업장 안에서 여러 직종의 사람들이 일할 수 있는 조건을 규정한 유럽 표준에 들어맞지 않는다는 문제를 안고 있었다. 특례의 가능성이 있을 텐데 그에 대한 충분한 정보를 얻기가 쉽지 않았다. 우리는 컨설턴트에게 상담을 의뢰하고 (매우 비싼 비용을 들여야 했다.) 도청의 사회통합 및 주민보호국[DDCSPP]과 다른 작업장으로부터 필요한 정보를 입수하기도 했다.

마침내 협회 구성원만 작업장을 이용한다는 조건하에 베르주라드 협회 차원에서 저장식품 가공 작업장을 운영할 수 있다는 승인을 받았다. 우리 주위에는 협회 차원에서 작업장을 운영해본 적이 없었기 때문에 누구도 그렇게 하면 된다는 것을 말해준 사람이 없었다!

당시 우리는 비엘오동 청년 작업장에 활기를 불어넣어 주던

한 청년 그룹과 지속적으로 관계를 이어오고 있었는데 그 청년들은 먹거리 자립에 열의가 있었다. 그래서 텃밭을 가꾸고 가르에 있는 작업장에서 저장식품을 만들기도 했다. 이 청년들은 이제 다른 단계의 작업을 원했다. 지역 생산자와 연계해 저장식품 관련 경제활동을 활성화하는 것이었다. 이들 중 장 방튀라와 클레르 드 보프는 비엘오동을, 마리옹 바라스는 발랑스를, 기욤 레이는 생피에르빌 근교를 근거지로 삼았다. 우리는 이 청년들에게 저장식품 가공 작업장을 함께 만들자고 제안했다. 청년들은 직접 단체를 만들어 베르주라드와 협력관계를 맺었다. 그들은 지역자원을 활용하고 위생 및 기술은 외부와 협력하면서 활동을 펼쳐갔다. 청년들은 스스로 전문가가 되어갔는데 특히 마리옹과 기욤은 조리법 개발과 시범 생산에 주력했다. 그리고 생산자나 유통업자와 연계해 과일이나 채소가 남는 곳을 신속히 알아냈다. 그들은 저장식품을 만들고 교육을 진행하며 2년 정도 활동했다. 스스로를 '어릿광대'라 부르는 이 청년들은 '항아리 속에 아이디어'를 담아놓고 있었다. 그들 단체가 활동을 시작하는 데 있어서는 외부 지원 덕을 봤지만 그들에겐 놀라운 역동성과 실행력이 있었다.

한편 요리 경험이 있고 퀘벡에서 지낸 적이 있는 얀 브니스가 베르주라드로 연락을 해왔다. 얀은 자기 형제와 함께 라마스트르에서 수제맥주 양조장을 만든 적이 있는데 식품 유통의 지역화에 관심이 있던 차에 우리를 알게 되었다고 했다. 얀이 사는 곳에서 아르들렌까지는 1시간이 걸렸지만 그는 지역 먹거리 계획의 코디네이터로서 우리와 협력하기로 했다.

식당 개업 3년, 우리가 얻은 성과

커다란 창으로 빛이 들어오는 100제곱미터 규모의 식당은 이제 자리를 잡았다. 창 너머로는 아름다운 밤나무 숲이 한눈에 들어왔다. 2011년에는 목표치인 9,500명 분의 식사를 제공했다. 요리는 큰 호응을 얻었고 로컬푸드와 연결된 경제적 효과도 무시하지 못할 정도가 됐다. 2013년 로컬푸드 연계 효과는 6만 5,000유로에 이른다. 식당은 콘서트나 공연, 영화상영 등 저녁 문화 형성에도 기여했다. 팀 구성원도 새로워지고 직원들의 참여도 눈에 띄게 높아졌다.

저장식품 가공 작업장은 식당과 달리 좀 더 천천히 진행됐다. 법규 준수와 기술력 확보에 시간이 들었기 때문이다. 작업장을 알리는 홍보를 꾸준히 했고 제품 생산은 해가 거듭할수록 늘어났다. 2013년에는 병조림을 5만 개 생산했다. 수요 역시 늘고 있어 매우 고무적이었다. 작업장을 찾는 사람은 다양했다. 남는 농산물이 있거나 생산물의 가치를 높이고 싶어 하는 농민들도 있었고, 소비자 식탁에 지역 식품을 제공하고자 돼지고기 제품을 만들러 온 음식점주들이나 사과조림을 만들기 위해 모인 사람들도 있었다. 저장식품 제조는 지역 농산물을 보존하고 그 가치를 높이려는 사람들의 목표와 딱 들어맞았다.

아르들렌 서점은 독특한 주제와 독창성으로 알려지기 시작했고 해마다 매출액이 늘었다. 카페도 성장세가 뚜렷했다. 인근 주민은 물론 외지 방문객이 많이 찾았다. 손뜨개 강습, 작가 초청 프로그램, 양모 정보 제공 및 실습 등으로 이루어진 교육 프로그램은 새로운 사람들을 불러들였다.

아르들렌을 찾는 방문객은 계속 늘었고, 지역에 끼친 경제적 효과도 성공적이었다. 2008년부터 2013년까지 아르들렌은 상근 일자리 7개를 더 만들어냈고, 식당에서 4명, 베르주라드에서 0.5명, 그리고 저장식품 가공 작업장에서 2.5명이 추가로 일하게 되었다. 지역 산업현장에서 100명, 300명이 해고됐다는 소식이 여기저기서 들려오는 상황에 생피에르빌에서는 14명이 새로운 일자리를 찾았다는 것은 의미가 크다.

아르들렌의 '다르게 일하기'에 담긴 의미

2013년 아르들렌은 지역에서 업종 간 연계와 연대의 총체였다. 생산 이전 단계 팀은 양 사육자 250명의 농장에서 양 6만 마리의 양털을 깎았다. 조합원이자 직원인 쥘리앵 발라드가 상당 부분의 양털을 깎았고 나머지는 양 사육자들이 깎은 뒤 잘 정리해주었다. 피에르 티시에는 프랑수아즈 밀라니에게 점차 양모 수거 책임을 넘겨주었다. 아르데슈, 오트루아르, 로제르, 알리에 지역에서 2013년 한 해에만 모두 70톤의 양모가 수거됐다.

양모 세척 작업은 25년 만에 중단됐다. 설비가 낡기도 했지만 우리가 취급하는 양을 감당하려면 중대한 쇄신이 필요했다. 프랑스에서 양모 세척장은 점차 사라지는 추세라 우리는 가능한 한 가장 가까운 세척장에 우리 양모를 의뢰했다. 우리 지역에서 500킬로미터 떨어진 이탈리아 북부 도시 비엘라에 대규모 양모 센터가 있는데 이들은 이탈리아 양모산업 와해에 대응하고 있었다. 이곳이 없었다면 벨기에 북부나 독일로 가야 했을 것이다.

매트리스와 침구 제작에 쓰일 양털 카딩 작업은 생피에르빌 작업장에서 이루어졌고, 올리비에 발레트가 작업을 지휘했다. 우리 카딩 기계 세트는 처음 장만했던 그대로다. 관리가 잘 됐고 전자화로 없이 도르래와 톱니바퀴 장치로 작동되는 튼튼한 기계설비의 내구성을 보여준다. 방문객들은 우리가 사용하는 오래된 기계에 감격스러워한다.

아르들렌의 침구 제작 작업장은 매트리스, 커버, 양모 이불, 베개 및 기타 부속물 등을 생산한다. 조엘 뒤무쏘와 로랑스 뱅송은 수년 동안 이 일을 하며 상당한 전문가가 됐다. 이 역량은 새로 참여하는 이들에게 전수될 것이다. 아르들렌 작업장을 방문한 사람들은 우리가 제품 대부분을 손으로 만드는 모습에 놀란다. 생산비용 절감을 위해 가능한 한 많은 부문을 외주로 돌리는 기계화, 산업화 시대에 이곳은 여전히 수공업 생산이 이뤄지고 있기 때문이다. 개성을 존중하며 인간을 위한, 인간에 의한 경제를 만드는 기업 의지가 회자된 지는 오래다. 물론 판매가격은 아시아에서 생산되는 스펀지 매트리스나 합성섬유 이불과 비교조차 되지 않는다. 그러나 여기에는 소비에 대한 다른 관점이 깔려 있다. 우리 매트리스는 8~10년에 한 번씩 다시 손질해 평생 사용할 수 있고 양모 이불 역시 20년 정도까지는 쾌적하게 쓸 수 있다. 언젠가 그것을 버려야 할 때가 오더라도 어떤 오염도 발생시키지 않고 버릴 수 있다. 양털은 땅에서 분해되면서 질소를 배출하니 양질의 비료가 된다. '다르게 생산하기'는 '다르게 소비하기'와 밀접하게 연결된다.

아르들렌 제품 98%가 현장 직거래나 프랑스 전역 유기농 박람회 그리고 카탈로그와 인터넷을 통한 통신판매로 이루어진다. 판매는 정해진 팀을 통해 정기적이고 안정적으로 진행되는데 계절마다 여러 부문의 직원들이 참여한다. 직원 4분의 3은 적어도 1년에 한 번은 박람회 한 곳에 참여한다. 고객과 직접 만나 자신의 성과를 확인할 수 있는 기회이기 때문이다. 고객과의 접촉은 애프터서비스로 이어지는데 이때는 스스로 정성껏 의무를 다하게 된다.

양모 세척과 같은 특정한 활동은 하청을 맡기는 반면 하청 주던 일을 내부 업무로 재통합하기도 했다. 편물 공정이 그러한데, 편물 작업 상당 부분을 맡았던 로안 지역의 기업이 파산하여 아르들렌은 다시 설비를 구입하고 장마르크 고딜레라는 편직공을 새로 들였다.

1986년부터 아르들렌 의류는 발랑스에 있는 작업장에서 제작됐다. 미리엄과 탄야가 다른 네 사람과 함께 작업장을 관리했다. 그들은 때때로 큰 기획을 성공시켰는데 이 기획으로 미리엄은 레지옹도뇌르 상을 받았다. 그들은 시청 지원을 받아 퐁바를레트 지역에서 주민과 함께하며 매우 넓고 아름다운 동네정원을 가꾸기도 했다. 그들은 '감수성 풍부하고 정 많은 사람들'로 불리는 그곳 사람들이 아름다운 정원을 가질 수 있도록 한 것에 자부심이 있었다. 약 60가구를 위한 1헥타르 규모의 정원에는 초등학생을 위한 공간, 양로원, 음식물 쓰레기를 처리하는 퇴비장도 있었다. 오아시스 리고^{Oasis Rigaud}라 불리는 이 동네정원은 평화, 나눔, 교육의 장이자 가족의 휴식공간으로 알려져 있다. 아르들렌 작업장은 미리엄이 르마트협회를 설립해 동네정원을 만들 때부터 하나의 참고 기준이 됐다. 미리엄이 "보세요, 아르들렌처럼 했어요. 우리는 지역에 관심이 많아요!"라고 말했던 것처럼.

탄야와 미리엄은 쇠퇴하는 지역을 되살리기 위한 우리 방법의 타당성과 실효성을 입증했다. 그들은 우리 방법을 우선도시개발지구 삶의 질 향상을 위해 적용했다. 이는 헌신과 결의 덕분이기도 했지만, '다른 사람과 함께하는 법'을 체득했기에 가능한 일이기도 했다. 협동은 산도 옮겨놓을 수 있다! 변화의 경험을 좀 더 널리 퍼트릴 수는 없을까? 아르들렌이 소규모로 이룬 일을 더욱 큰 규모로 펼칠 수는 없을까?

노동자협동조합에서 지역협동조합으로

2013년 노동자협동조합 아르들렌은 매출액 200만 유로를 넘어섰다. 직원 45명이 일하며 세 지역(생피에르빌, 발랑스, 로안)에서 다양하고 상호보완적인 활동도 여전히 병행하고 있다.

아르들렌은 현재 적어도 4세대가 함께 모여 있는데 구성원들의 평균 나이는 43세이고 상당수가 여성이다. 항상 여성이 대다수였던 것은 섬유업종이라는 특수성 때문이기도 했지만 여성 비중이 매우 큰 투어 프로그램과 이벤트 업무가 더해졌기 때문이기도 하다. 직원들마다 지리적, 문화적 배경은 물론이고 일하는 동기가 다양했고 각자의 선택에 따라 조합원이 되기도 했다. 2013년 12월 현재 직원 45명 가운데 조합원은 33명이다.

아르들렌의 정체성은 '지역협동조합'으로 확장됐다. 지역 협동조합이라는 용어는 자발적으로 지역에 뿌리내리고자 하는 용기를 지닌 다른 경험에 적용되며 사회연대경제 틀 안에서 지역 순환경제를 통해 지역을 개발하고자 하는 경험에도 사용할 수 있다. 지역에서부터 지속적인 발전을 이루어나가는 것은 매우 중요하다. 돈보다 인간을 우선시하는 것, 사회와 세계에 열려 있으면서도 지역에 뿌리내리는 것, 거기에 미래가 있다.

우리는 우리와 같은 방향을 추구하며 일하는 다른 실천가들과 관계를 이어간다. 그들과 연대하고 시너지를 창출하면서 지역 자원의 가치를 높이고, 생산자와 고객을 연결하며, 다방면의 시도를 한다. 이 모델이 성공하기 위해서는 더욱 긴밀하게 협력할 수 있는 공공 파트너를 찾는 것 또한 필요하다.

2020년 아르들렌은 어떤 모습일까?

우리는 우리가 7년 전에 표명한 계획의 상당 부분을 이룬 것에 자부심을 느낀다. 아르들렌은 지역경제와 문화, 음식을 연결하는 생산활동을 통해 '생태농촌공원'을 조성했다. 지역 활성화를 위한 지역자원의 가치 증대는 큰 발걸음을 내딛었고 지역개발과 관리에 있어서 국제적인 성과를 이루었다.

발전의 다른 경로는 아직 진행 중이다. 에너지 관리의 성과 향상, 새로운 인구 및 다른 사업자 유입을 위한 기반조성은 아직 멀었다. 많은 사람이 열망하는 소규모 농장도 아직 만들지 못했다. 우리의 지식과 기술을 전달하는 일도 이제 막 시작됐을 뿐이다. 우리의 경험이나 경영 방식에 대해 알고 싶어 하는 이들이 점점 늘고 있다.

2014년 1월 아르들렌 조합원들은 향후 5년을 전망하는 자리를 가졌다. 우리는 많은 주제에 대해 이야기를 나눴다. 급여가 오르면서 생기는 어려움이나 걱정거리, 바쁜 업무로 인한 여유 부족 등을 이야기했다. 전반적인 목표도 공유했다. 운영에서든 제품 생산에서든 창의적이고 혁신적일 것, 신뢰하고 연대할 것, 역량과 책임감을 키우기 위해 교육할 것, 새로운 홍보 방식을 적극 수용할 것, 집단지성을 발전시킬 것, 건물과 물품창고를 개선할 것, 공사현장 에너지를 절약할 것, 업무 간 통일성을 이룰 것 등이었다. 오래지 않아 다가올 변화에 대해 모두가 걱정하고 있었다. 1세대 설립자들이 운영 책임을 내려놓을 것이 분명해졌기 때문이다. 시몬은 2011년 6월, 카트린은 2014년 6월 활동을 그만두었다. 피에르는 은퇴 이후에도 계속 일했지만 차츰 자신의 책임을 넘겨주었다. 제라르와 나 역시 2015년부터 은퇴를 고민하기 시작했다. 시몬은 이렇게 말했다.

"삶에는 샘, 강, 하구가 있다. 지금 나는 내 삶의 하구 삼각지에 있다! 공식적으로는 아르들렌에서 은퇴했지만 이사회 멤버로 몇몇 활동에 조금씩 참여할 예정이다. 아르들렌도 우리의 삶처럼 시간이 지나면서 어려움을 마주할 것이다. 그럴 때마다 어려움에 맞서게 하는 힘은 연대임을 기억해야 한다. 우리는 건물과 설비를 갖추기 위해 많은 노력을 했다. 이를 토대로 지역에 계속 머무르려면 일자리를 만들고 거기에 매진해야 한다. 미래는 우리 손에 달렸다. 그런 점에서 나는 여러분을 신뢰한다."

—시몬

1세대 대부분은 아르들렌과 베르주라드 주위에 머무르는 걸 고려중이다. 흔히 '인적 자원'으로 불리는 수요에 부응하기 위해

서다.

행정과 재무 분야에서 카트린이 해온 업무 대부분은 몇 해 전부터 그녀와 함께 일해온 크리스틴 위박과 마뉘엘라 필리포에게 전수됐다. 문화 영역에서 시몬의 경험은 엘리자베스 로시테에게 전수됐다. 내가 했던 홍보 업무는 나디아 자푸리와 클레르 트로티뇽에게 전수됐다. 우리는 인적 교체를 위해 업무역량을 향상시키고 책임을 감당하는 파트너십이 구축되는 과정을 경험했다. 양 사육자와 양모 구입에 관련한 피에르의 업무는 프랑스와즈 밀라니가 이어받았고, 미리엄은 원료 공급 수요를 점검하기로 했다. 직무 승계는 새로운 사람을 채용하기에 앞서 가능한 한 내부 직원 중에서 찾는 방식으로 천천히 이루어졌다. 생산과 판매 조직은 오래 전부터 전반적으로 새로운 세대가 관리하고 있었다. 탄야는 인적 자원과 관련해 자신이 맡은 역할을 수행하면서 전체가 통일성을 갖도록 신경을 썼다. 온화하고 서로 존중하는 분위기 속에서 일함으로써 집단지성을 최대로 끌어올릴 수 있었다.

이사회에서든 운영위원회에서든 우리는 기업의 공동소유를 위해 각자가 할 수 있는 최대한의 노력을 했다. 우리는 매각을 하려고 인수자를 찾는 중소기업과는 거리가 멀다. 노동자협동조합은 직원 조합원에게 동의를 얻는 가운데 점진적으로 승계를 함으로써 시스템이 지속될 수 있음을 보여주었다. 외부에서 새로운 역량을 찾을 필요가 없다는 말은 아니다. 다만 탄탄하고 응집력 있는 기반을 갖추어야 그런 역량을 지닌 이들을 받아들일 수 있을 것이다.

피할 수 없는 격랑 속에서 배를 똑바로 유지하고, 위기를 맞았을 때 필요한 결정을 하며, 장기적 관점에서 비전을 수립하는 법을 아는 것도 중요하다. 사람들이 마음에 품고 있던 도전 과제가 집단의 힘을 통해 해결되어나갈 것이다. 제라르는 이렇게 말한다.

"혹시 미래에 대해 말한다면 나는 우리가 모험을 시작할 때부터 미래가 정해져 있지 않았다는 것을 상기시키고 싶다. 모험이 펼쳐지면 우리는 때때로 변화할 것이다! 우리의 연대는 살아있고 지속되며 새로워진다. 나는 연대하는 인간 집단은 가혹한 환경에서도 존속할 수 있다고 믿는다. 우리는 지금까지 여러 상황 속에서 지식과 기술을 이어왔다. 우리는 지금까지의 경험을 바탕으로 집단지성을 온전히 이어갈 것이다."

－제라르

이어지는 이야기

지난 10년 동안 아르들렌은 계획을 실현하며 성장해왔다. 아르들렌은 개척자 시절을 거치고 활동이 왕성하게 전개되는 단계를 지나 여러 시기를 경험했다. 일자리는 1982년 1개에서 2014년 약 50개로 늘어났다. 해마다 한두 명이 결합했으니 일정한 곡선을 그리며 늘어난 것이다. 이런 발전은 투자전략과 주요하게 연결되는데 이는 우리가 지은 건물만 보아도 쉽게 알 수 있다. 아르들렌은 다양한 활동이 펼쳐지는 진짜 마을이 되었다.

핵심적인 계획은 변질되지 않으면서 각 단계마다 변화와 발전을 이루었다. 아르들렌은 언제나 협동에 기초한 지역발전을 목표로 두었다. 5명이 협동하는 것과 50명이 협동하는 것은 확연히 다르다. 시작 단계에 있는 작은 집단의 공생이 "내부 소통의 질에 대해, 그리고 부문과 부문 사이를 연결하고 의사결정을 하는 방식에 대해 끊임없이 질문해야 하는 조직으로 진화했다."고 탄야는 말한다.

오늘날 양모산업과 관련해 아르들렌은 크게 네 가지 직무 단위로 이루어져 있다. 첫 번째 직무는 생산 이전 단계(양털 깎기, 양모 선별과 수거)와 관련된 공급, 방적과 염색, 다른 하청업자 및 공급자와의 관계와 관련된 직무이고, 두 번째는 편직 작업장과 세 개의 작업장에서 진행되는 생산(매트리스, 침구, 의류) 직무이며, 세 번째는 현장 판매나 상점 판매 또는 통신판매로 이루어지는 판매 직무이다. 그리고 마지막 네 번째 직무로는 방문체험과 이벤트, 서점 카페 및 양모 작업장 투어 프로그램과 연관된 직무가 있다. 거기에 지금은 식당과 저장식품 가공 부문이 추가됐다. 이 부문은 아르들렌 자회사와 베르주라드가 맡고 있다. 모든 활동은 각기 3~5명으로 이루어진 팀들이 관리하는데 팀은 큰 자율성을 갖는다.

협동조합 생활은 전체 회의를 통해 조율되며 대의체계는 최소화하고 있다. 모든 직원이 작업장 간 회의에 참석하고 계획 수립 시 모든 이의 의견이 반영된다. 실비 리앙주는 "모두가 종속됐다고 느끼지 않고 참여자와 당사자라고 느낀다. 바로 노동자 평등이라는, 일과 관련된 오랜 바람이 이루어진 것이다."라고 말한다.

다기능성은 집단의 응집력을 높이는 데 항상 큰 역할을 한다. 탄야는 인사관리(그녀는 이 영역을 '인간의 풍부함'이라 일컬었다)를 맡는 동시에 편직 작업장에서 일하면서 박람회 업무도 맡았다. 프랑수아즈 밀라니는 양털 깎기와 양모 수거 관련 업무를 맡는 동시에 현장 판매 및 통신판매도 담당하고 있다. 매릴린 부라는 침구 작업장에서 일하면서 상점 판매도 맡고 있다. 그녀는 예술적 재능도 많아 직원들은 그림 그리기 같은 일이 필요할 때면 그녀를 찾는

다. 조합원 대부분은 주 업무, 보조 업무, 단발성 업무 이렇게 세 가지 임무를 맡는다. 이런 다기능성은 단점도 있지만 매우 중요한 것으로 여겨진다. 적절한 결정을 내리려는 의지를 갖고 화합하면서 원활한 관계를 유지하는 데 큰 역할을 하기 때문이다. "우리는 극도의 전문화가 불러오는 반생산성에 대해 점점 더 확신하게 됐다."고 제라르는 말한다.

이 지역에서 개최되는 축제처럼 큰 행사에서도 장벽이 사라지는 모습을 볼 수 있다. 행사가 진행되는 하루 내내 서로 다른 역할과 팀이 섞여들며 어우러진다. 공동 작업장에서도 일과 중 "내 작업 좀 해봐."라며 권유하고 실행하는 것이 보장돼 있다. 연 1회 열리는 세미나에서는 각 팀의 대표자로 구성된 교류 그룹을 운영하는데 각 팀은 서로 한 해 결산과 다음해 성과목표를 공유한다.

다른 곳과 마찬가지로 이곳에서도 조직 내외부에서 많은 교육이 진행된다. 대부분 내부 구성원을 대상으로 정보 전달과 기업 문화 이해에 많은 시간을 할애한다. 많은 사항을 고려해 최선의 교육을 제공하려 하며, 전반적으로는 개인의 윤리와 신념, 동기에 대한 교육이 주를 이룬다.

모든 참여자가 기업에서 일어나는 일을 잘 알게 하려면 어떻게 해야 할까? 우리는 사내 신문을 보름마다 메일로 발행했는데 누구든 직원들에게 유용하다고 생각되는 정보를 직접 작성할 수 있다. 그리고 모든 구성원이 1년에 3~4회 모여 총매출과 비용 증가에 대해 보고받는다. 모두가 정기총회에 참석할 수 있지만 비조합원에게는 투표권이 없다.

이사진은 총회에서 선출되고 분기마다 개최되는 회의 결과는 전 직원에게 전달된다. 그동안은 인력관리 차원에서 전체 업무를 조정해왔는데 2년 전부터는 직원 50명을 보유한 기업의 특성에 맞춰 각 업무 간 연계 및 조정 확대를 위해 조합 대표 1인과 각 부문 책임자 4명으로 구성된 운영위원회를 만들었다. 운영위원회는 매달 열리는데 인사관리(탄야), 재정(카트린), 판매(미리엄), 홍보(베아트리스), 개발(제라르) 부문 책임자가 참석한다. 운영위원회에서는 이사회를 위한 문서를 준비하고 긴급사항에 대한 결정을 내린다. 하지만 이 구성도 머지않아 변화가 생길 것이다.

아르들렌은 매우 특별한 노동자협동조합으로 남을 것이다. 직원이 거의 평등하고(임금 격차가 1.2배 이내) 의사결정권자와 실무자 사이에 칸막이 없이 책임이 분담된다는 의미에서 그렇다. 게다가 점점 명성이 높아지면서 우리 경험과 경영방식에 대해 듣고자 하는 외부 사람들이 많아졌다. 제라르는 참여를 통해 전체를 관리하는 특징을 더 잘 나타낸다는 이유로 경영보다 '운영'이라는 말을 선호했다. 우리는 파리고등경영대학^{HEC Paris}과 같은 그랑제콜,

리옹경영대학[l'Ecole de management de Lyon], 파리경영대학[l'Ecole de Paris du management], 사회연대경제센터 설립을 추진하고 있는 국립기술공예학교와 같은 다양한 곳에서 강의 요청을 받는다. 제라르는 "베아트리스와 나는 종종 함께 강의 요청에 응하는데 보통 일이 아닙니다. 우리는 가장 쉽게 주제를 설명하기 위해 서로 이야기를 나눕니다. 시연을 하기도 하지요. 어려운 작업을 함께하는 것과 마찬가지로 대화를 나누면서 협동하는 모습을 보여줄 수도 있습니다."라고 말한다.

미디어도 아르들렌의 경험에 관심을 보였다. 우리 조합은 프랑스 앵테르[France Inter]의 아침 라디오 방송, 〈리뷰XXI〉과 같은 잡지나 신문, '뿌리와 날개[Des racines et des ailes]' 같은 대형 탐사TV 방송사, 그리고 최근에는 국영 TV 채널 〈프랑스3〉이 방영한 52분 분량의 다큐멘터리에서도 다루어졌다.

아르들렌은 많은 수상으로도 인정받았다. 협동조합은행 기금에서 수여하는 지역 이니셔티브 트로피[Trophée régional de l'initiative]와 세계적인 장인 활동가로 알려진 클레르 조르주가 시상하는 중소기업 경영대학원의 '다시 생각하기' 제1회 트로피도 받았다. '다시 생각하기[Rethink]' 상은 지속가능한 세상을 위한 기획을 제시하거나 미래 비즈니스 모델을 구상한 학생이나 사회적, 환경적 가치를 창출한 자에게 수여되는 상이다. 또한 제라르와 나는 각각 2012년과

2014년에 국가공로 훈장Ordre national du Mérite과 기사장médaille de chevalier을 받았다.

우리는 아르들렌의 경험이 오늘날 폭넓은 관심을 불러일으키는 것에 기쁨을 느낀다. 아르들렌은 사회 전체에 큰 고통을 주는 문제에 대한 확실한 답을 보여주었다. 지역경제에 대해, 일에 대해, 쇠퇴하는 지역에 대해, 세계적 위기에 필요한 것들에 대해 적절한 대안적 발전 방식을 찾아낸 것이다.

그리고 무엇보다 이 주인공들의 시선은 미래를 향해 있다. 어떤 조합원은 오래 전부터 이곳에 있었고, 또 다른 이들은 저마다의 이상을 품고 중도에 합류했다. 그 어느 때보다도 우리의 생활방식과 생산방식을 시급히 변화시켜야 한다는 필요를 가슴에 품은 채 평화롭고 지속가능한 세상을 만들기 위해 노력하고 있다.

우리는 하나의 기업이 태어나면 살아가다 마침내 죽는다는 것을 안다. 그렇기에 기업의 건강에 주의해야 한다는 것도 안다. 직원 조합원은 협동조합의 지속가능성을 함께 확인하기 위해 연초에 한자리에 모인다. 경쟁, 급여 상승으로 인한 어려움, 아시아 섬유가격, 경제 위기와 연관된 불확실성 등 서로의 관심사에 대해 이야기를 나눈다. 생산도구 교체, 근무조건 향상, 홍보 방법과 제품 현대화, 역량 강화, 다양한 기관과의 연계 강화, 창의성과 집단 지성 개발의 필요성이 제기된 적이 있다. 하지만 무엇보다도 중요한 것은 결국 신뢰와 결속, 공생의 문화를 함양하는 것이다. 우리가 모인 목적과 취지를 살려야 한다.

어려움이 닥칠 수도 있지만 우리는 '집단적으로 쌓아온 지식과 정보'라는 훌륭한 기초를 갖고 있다. 퀘벡에서는 이와 관련해 '여럿이 교육하기'라는 표현을 썼는데 제라르는 이것을 '여럿이 행동하기'로 바꿔 부르곤 했다. 아르들렌은 스스로 새로워지는 살아있는 조직이다. 협동조합은 역동적으로 존속해야 한다. 이는 확신을 갖고 전진해야 함을 뜻한다. 그리고 내딛는 걸음 하나하나가 전체의 균형에 변화를 일으킨다는 점을 알아야 한다. 그리고 과도기를 경험해야 한다. 과도기의 변화가 때론 어려움을 불러올 수 있지만 응집력과 통일성으로 극복해내야 한다.

응집력은 관계의 끈을 튼튼히 할 때 생긴다. 팀 결속이 느슨해지는 것을 경계하고 분열을 일으킬 수 있는 긴장 상태를 잘 관리해야 한다. 생산부서와 관리부서 사이, 구세대와 신세대 사이, 의사결정권자와 실무자 사이의 대립은 항상 순식간에 찾아든다. 그러나 우리는 그 어려움을 잘 헤쳐나갈 수 있다. 그러기 위해서는 팀 안에서 다기능성을 함양하고 다양한 직무를 맡아 경험의 폭을 넓혀야 한다.

통일성은 각자가 기업의 계획을 바탕으로 자신의 역할을 살피고, 자신의 재정 상태에 걸맞게 지속적으로 출자할 수 있는 여건을 고민해야 함을 뜻한다. 노동자협동조합 조합원으로서, 자신이 맡은 일에서 윤리와 개성을, 또한 말과 행동에서도 통일성을 가져야 한다.

협동에 힘을 기울여야 바람직한 결과를 얻을 수 있다. 이는 자신이 일하는 환경과 지역, 공급자와 고객은 물론 일하는 사람 모두에게 영향을 미치기 때문이다.

이 모든 것에 세심한 주의를 기울이지 않으면 좋은 결과를 얻을 수 없다. 이는 각자의 참여 수준, 구조화하는 역량, 명철한 인식을 기르는 역량, 관계 맺기의 역량, 그리고 무엇보다도 열정을 잃지 않는 힘과 연결돼 있다. 우리가 지금까지 이룬 성과는 저절로 얻어진 것이 아니다. 아르들렌은 30년 동안 협동조합 운동을 하며 경제 활성화를 위한 실질적인 실험을 했다. 아르들렌은 시간과 노력이 요구되는 분야에서 '돈'이 유용할 수 있고 또 공평하게 분배될 수 있다는 점을 보여줬다. 사람들이 지속적으로 연대할 수 있고 역경 속에서 제 역할을 해낼 수 있음을 보여주었다. 아르들렌은 많은 영역에서 선구자 모습을 보였다.

경제적이고 사회적인 이 작은 작업장에서 형성된 지식과 정보가 미래를 위해 유익하게 쓰이길 바라며, 나아가 영감을 얻고자 하는 모든 이에게 전해지길 바란다.

이어지는 모험을 향해 다시, 출발이다!

아르들렌 사람들 아르들렌에서 일하는 이들은 제각기 다른 동기를 갖고 있다. 중요한 것은 해야만 하는 일을 하는 것이 아니라 하고 싶은 일을 하는 것, 조직의 객체가 아니라 주체가 되는 것, 더 나아가서는 조직을 직접 구성하는 주체가 되는 것이다.

다르게 일하기, 다르게 기업하기를 실현한 노동자협동조합 이야기

별난 기업으로 지역을 살린 아르들렌 사람들

1판 1쇄 인쇄 2020년 2월 27일 **1판 1쇄 발행** 2020년 3월 6일

지은이 베아트리스 바라스 **옮긴이** 신재민·문수혜·전광철

펴낸이 전광철 **펴낸곳** 협동조합 착한책가게

주소 서울시 은평구 통일로 684 1동 3C033

등록 제2015-000038호(2015년 1월 30일)

전화 02) 322-3238 **팩스** 02) 6499-8485

이메일 bonaliber@gmail.com

ISBN 979-11-90400-5-3 (03330)

• 책값은 뒤표지에 있습니다.

• 잘못된 책은 구입하신 서점에서 바꾸어 드립니다.

이 도서의 국립중앙도서관 출판예정도서목록(CIP)은 서지정보유통지원시스템 홈페이지(http://seoji.nl.go.kr)와 국가자료공동목록시스템(http://www.nl.go.kr/kolisnet)에서 이용하실 수 있습니다.

(CIP제어번호: CIP2020007767)